地図で読みとく

江戸・東京の「地形と経済」のしくみ

EDO&TOKYO

鈴木浩三
Kozo Suzuki

日本実業出版社

はじめに

現在の東京の骨格は、江戸時代につくられた。

主な道路網や、政府機関、金融・商業といった機能が集積した地域などが、もともとの地形を活かす形で整備された。三種類の貨幣（金・銀・銭）の変動相場制、労働市場、為替決済といった資本主義的なしくみの誕生も、この〝江戸づくり〟と深く結びついている。

それゆえ、東京という都市の機能を考えるときは、「地形」や「経済」の面から江戸時代の〝元の姿〟を想像することが大切になってくる。

これまでも、「地形」と「経済」、それぞれ別々の視点から江戸・東京を分析する作業については、先人たちによって豊富な蓄積がなされてきた。この本も、それら多くの業績に支えられている。

江戸時代になる前から、程度の差はあっても江戸・東京にヒト・モノ・カネ・情報が集まり続け、新たな価値をつけて発せられてきた。とはいえ、こうした〝集めて発する機能〟を具体的に浮かび上がらせ、その背景を検証することは、なかなかむずかしい。

そこで本書では、「地形」と「経済」を同時に視座の中心に据えながら、江戸・東京を語ることとした。それによって、江戸・東京の地理的ポテンシャルと、経済のダイナミズムとの相互関係への視点が開かれるのではないかと期待したからである。

また、「地形」と「経済」を軸にした江戸・東京の歩みという、見方によっては複雑なシナリオも、「一話完結型」にまとめることによって、「わかりやすい話」になるように工夫してみた。

本文でも述べるように、東京の姿と機能が現在のような形になったのは、地理的な条件ゆえに江戸が〝集めて発する機能〟を持ち続けることができたこと、また、それぞれの時代時代において、この機能を高める努力が積み重ねられてきたからだといえるだろう。

それに加えて、家康による江戸の大改造、明暦大火や関東大震災に伴う復興など、江戸・東京は、ハード面だけではなくソフト面も含んだスクラップ・アンド・ビルドを繰り返してきた。

それを繰り返しながら、空間的規模と質的機能を進化させてきた点も、江戸・東京の特徴である。そこには、時代の変化に適応した側面と、新たな時代をつくってきた側面があり、江戸の地形そのものや地理的条件が経済活動と結びついて、新たな優位性を生み出す場面も多かった。

現在、明治150年を過ぎ、平成の世も次の時代を迎えようとしている。

今日の東京は、人口減少、少子高齢化、大地震のリスクなどに直面しているだけでなく、国際競争力の維持・強化や、持続可能な発展も喫緊の課題としている。

これらの課題に向き合うにあたっての視座を定めるためには、江戸・東京の発展の歩みと、その背景への理解が欠かせないだろう。この本が、そうした作業に、少しでもお役に立つのであれば、筆者として、それ以上の喜びはない。

平成31年3月

鈴木浩三

◎「武州豊嶋郡江戸庄図」（「寛永図」）の江戸前島の範囲

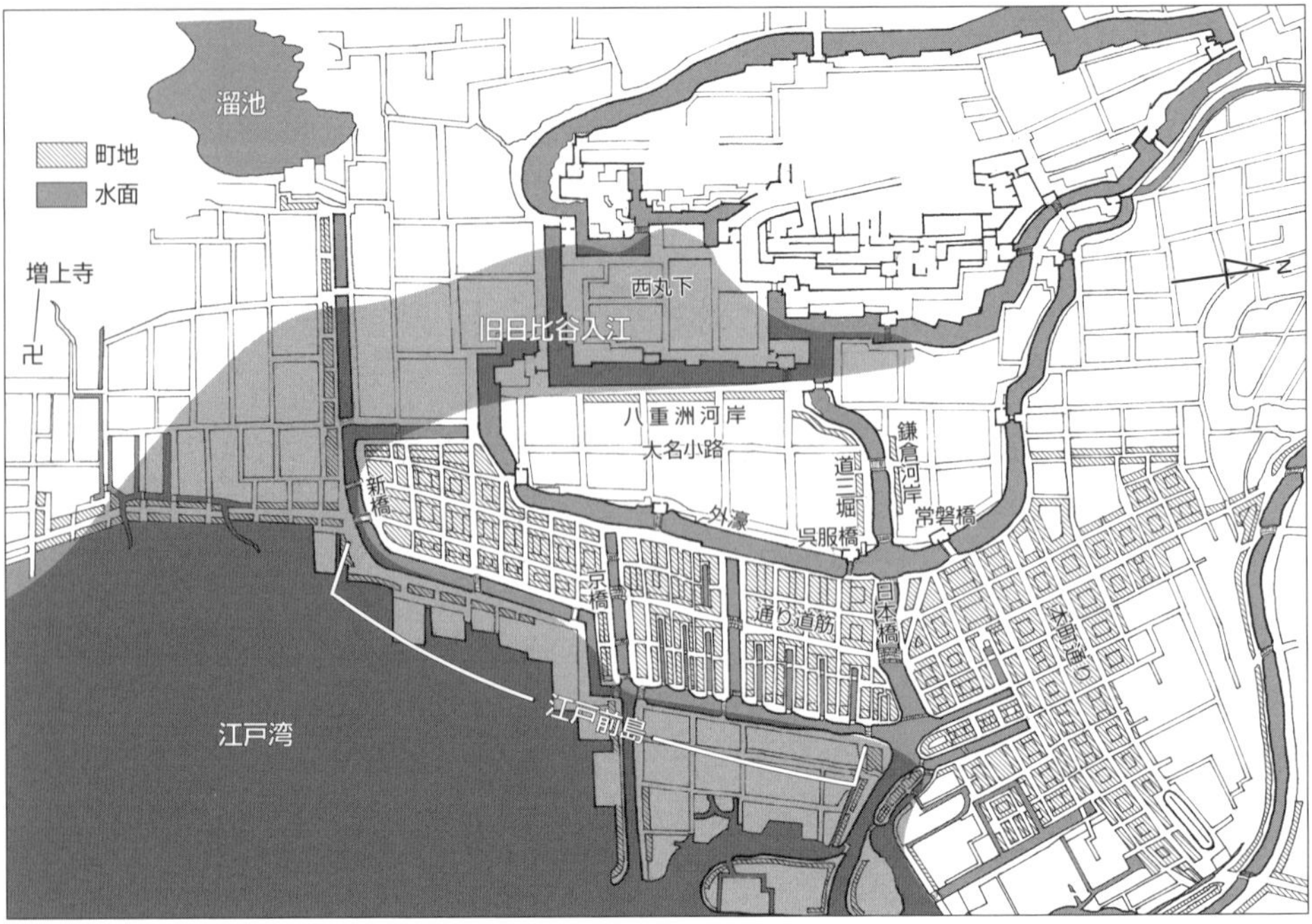

◎上図とほぼ同じ範囲の現代地図

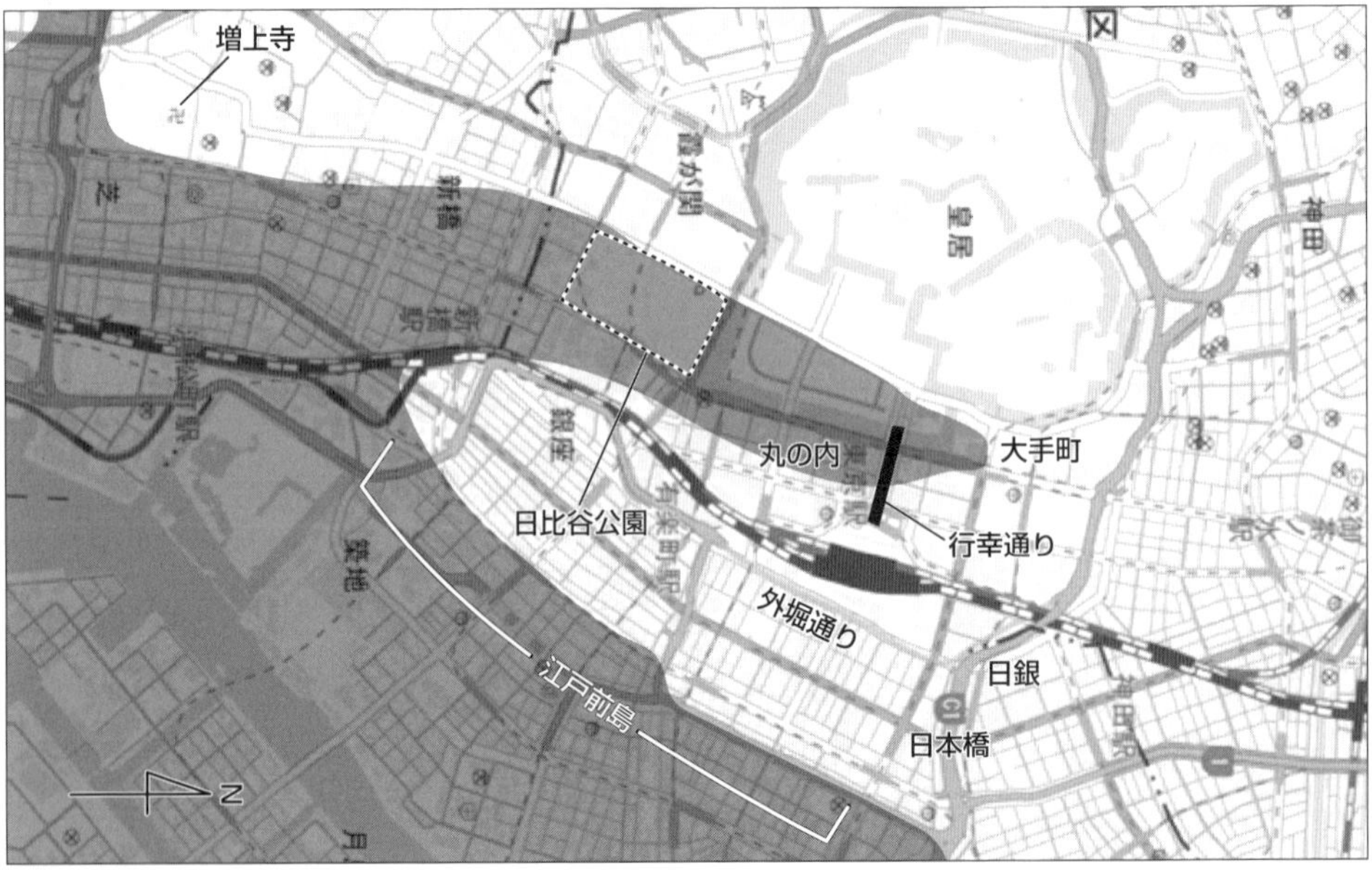

※「地理院地図」より。北を右にしている。

◎東京の起伏と主要鉄道

「武州豊嶋郡江戸庄図」と江戸前島

寛永図に旧日比谷入江を重ねてみると（右ページ上図）、江戸前島を南北に走る外濠の東側半分（この図では外濠の下部分）は、そっくり町地となっていることがわかる。

ここは経済機能の中心地として、大消費都市となった江戸にヒトやモノを受け入れる機能を持ち続けた地域である。

※「地理院地図」陰影起伏図より作成。

地図で読みとく　江戸・東京の「地形と経済」のしくみ ● 目次

第3章 家康の江戸経営のしくみ

第4章 天下人の江戸づくり…天下普請の時代

第5章 連続する天下普請で、ますます強まるおカネの力

第6章 拡大していくヒト・モノ・カネの流れ

第7章 日本橋を中心に発展していく江戸

第8章 江戸時代のお金と経済のしくみ

装丁／ＥＢｒａｎｃｈ冨澤崇
本文ＤＴＰ／一企画
カバー画像／「武州豊嶋郡江戸庄図」（東京都立中央図書館蔵）

第1章

家康が入ってくるまでの江戸

1 「江戸」の地理的ポテンシャル

なぜ、江戸はこれほど発展することができたのか？

●秀吉が家康を江戸に移した理由は

豊臣秀吉は、小田原の北条攻めが決着した天正《てんしょう》18年（1590）7月、駿河・遠江《とおとうみ》・甲斐・信濃・三河の5か国を領有していた徳川家康に対して、関東6州への移封とともに、江戸に本拠を置くように命じた。

天下統一を目前にした秀吉は、家康を江戸に置いて東北の諸大名に対してにらみを利かそうとしたのである。

なぜ、秀吉は家康を江戸に置いたのか？

1つは、北条攻めの小田原の陣にギリギリで間に合ったとはいえ、まだまだ危険な存在だった伊達政宗や東北の諸大名に対する最前線が江戸であった点にある。

2つ目は、「江戸」の地理的・戦略的なポテンシャルが高かったからである。

大河である旧利根川の河口部にあり、関東平野やその後背地、さらには東北地方南端の経済圏が重なり、古くからヒトやモノが集まる場所であった。

家康が入った頃の江戸は衰退していたといわれるが、太田道灌《おおたどうかん》が江戸で活躍した15世紀後半には、伊勢湾（尾張＝愛知周辺）と江戸湾の間では海運が盛んで、なかでも「江戸前島《えどまえじま》」を中心とする江戸湊や品川湊には、多くの外航船が寄港し、広い商圏を持った市場が成り立っていた。

第3に、織田信長の後継者である秀吉や尾張出身の家臣たちは、交通の結節点であり、かつ広い経済圏を持った「江戸前島」について、豊富な情報を持っていたとみられることがあげられる。

江戸に関する情報量は、家康よりも秀吉側が圧倒的に

■1－1　家康入府当時の江戸

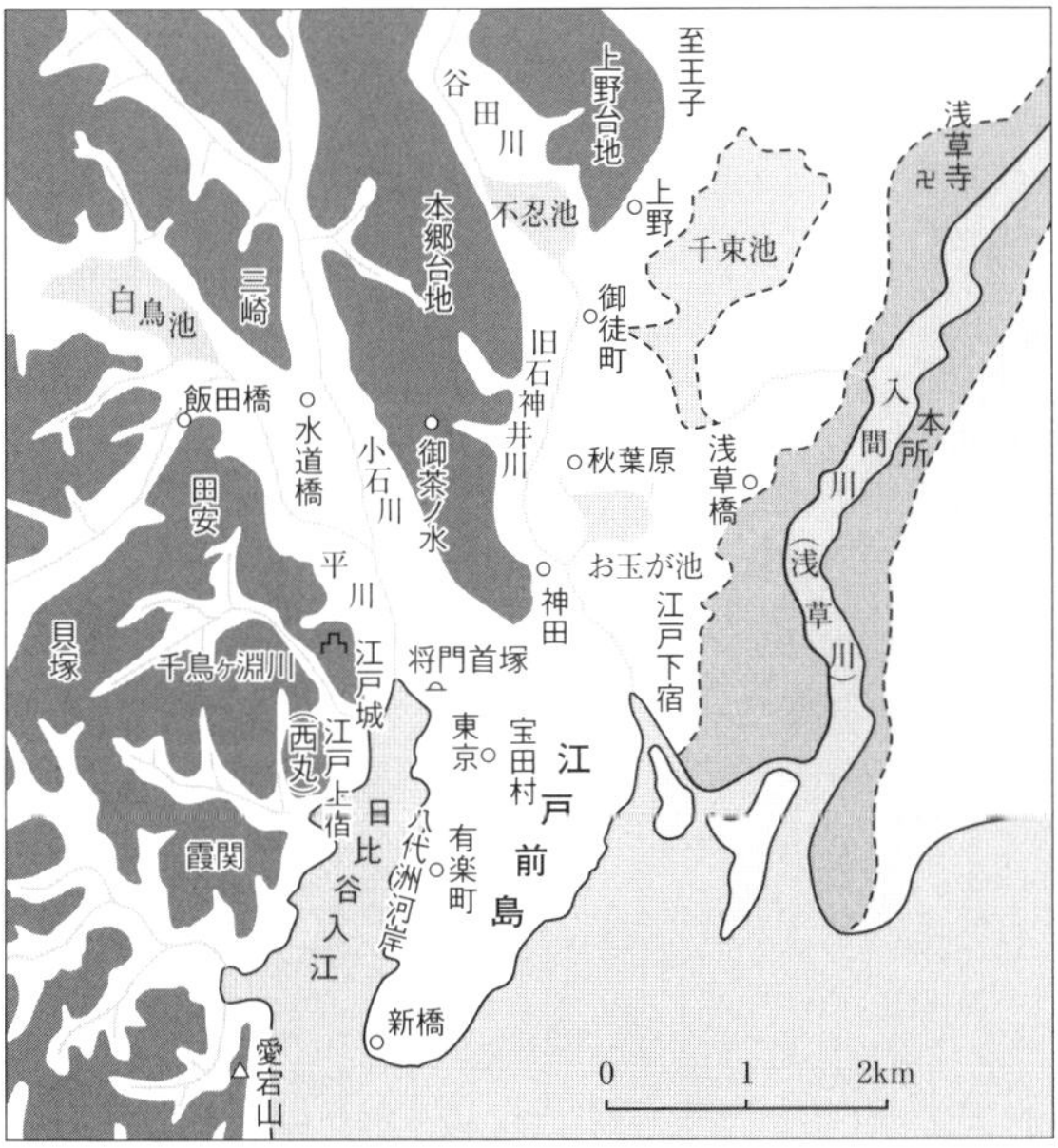

自然堤防により陸化していた土地
洲または陸化しつつある土地
山の手台地
○　ＪＲ駅

※鈴木理生『江戸はこうして造られた』筑摩書房より。

■1－2　旧利根川河口部

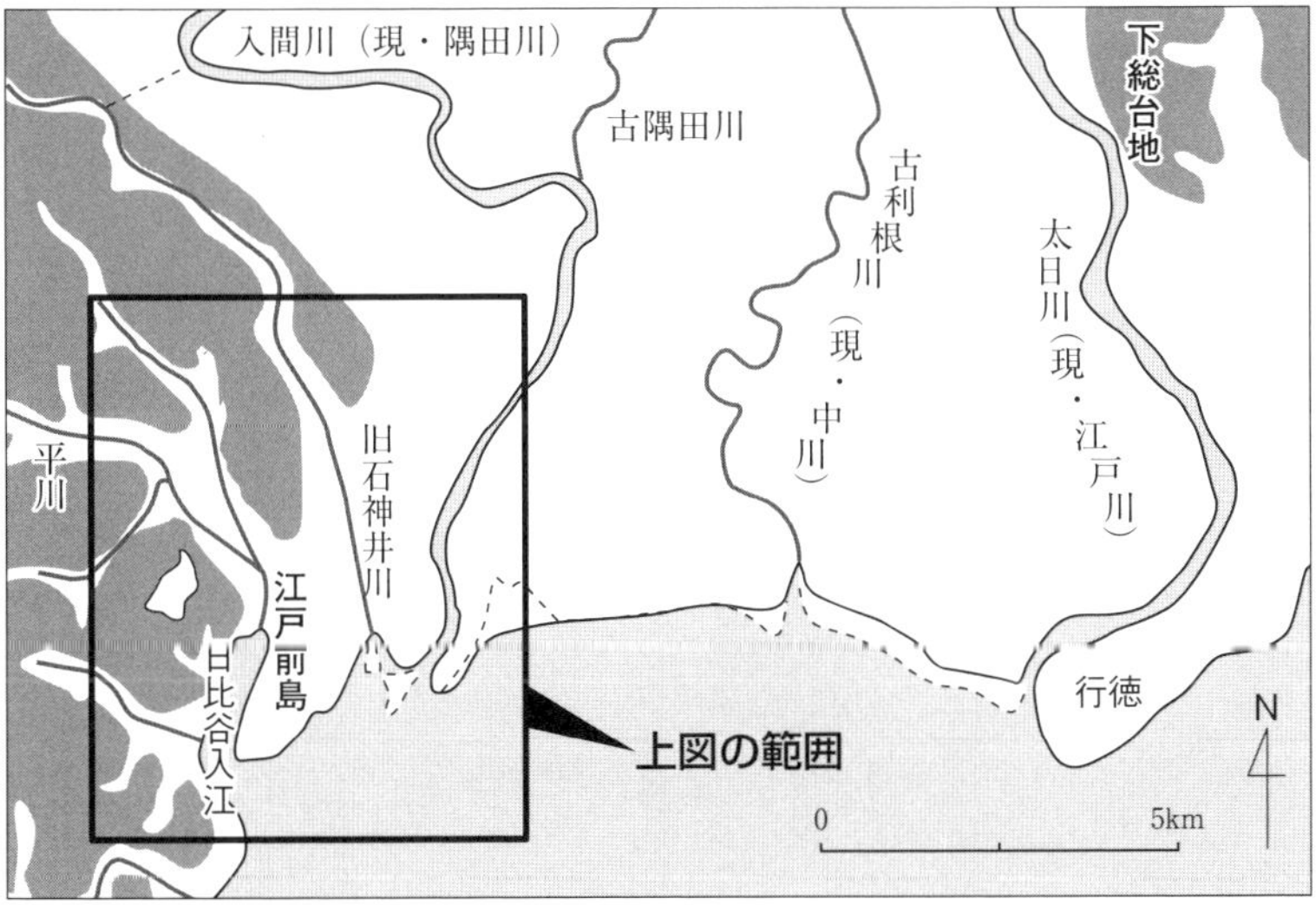

※鈴木理生『江戸はこうして造られた』筑摩書房より。

多かった。

その理由は、のちに詳しく述べるが（19ページ）、尾張国にあった冨田荘《とみたのしょう》（現・名古屋市中川区にあった荘園）と江戸前島が、正和《しょうわ》4年（1315）の時点で、いずれも鎌倉「円覚寺《えんがくじ》」の所領となっていたからである。

冨田荘からは、鎌倉に向けて年貢米や円覚寺の塔頭寺院建設用の木材が廻漕《かいそう》（船による運搬）されていた。

15世紀になると、織田氏が尾張側の水運に強い影響力を持つようになっていた。

たとえば応永《おうえい》30年（1423）、尾張国の守護代・織田常竹《じょうちく》が「洪水で美濃から流されてきた円覚寺正続院《しょうぞくいん》の造営用の材木を、同寺の材木奉行に引き渡せ」と長良川沿岸の者たちに命じている。

織田氏は円覚寺の荘園経営とそれにともなう鎌倉向けの水運に深く関与しており、信長はこの常竹の系譜につながるとされている。

つまり、秀吉やその家臣たちは、冨田荘のカウンターパートであった江戸の潜在力、とりわけ関東、南東北、甲信のヒトやモノなどの交流地としての重要性を認識していたとみるのが自然である。

さらに、第4の理由として、大大名とはいえ豊臣氏の一大名の立場であった家康は、秀吉の転封命令には逆らえなかったからである。

家康の後任として、駿河国などに国替えを命じられた織田信雄《のぶかつ》（信長の次男）が不満を漏らしたとたんに、大名の地位を剥奪されたのは有名である。

●江戸の原型となる「江戸前島」と「日比谷入江」

当時の江戸の範囲は、江戸湾の最奥部で、「江戸前島」と「日比谷入江《ひびやいりえ》」を中心とした場所であった（**図1－1**）。

この「江戸前島」とは、本郷台地（武蔵野台地の一部）の先端が波によって削り残された波蝕《はしょく》台地で、江戸湾に半島状に突き出した微高地であった。

その範囲は、現在の大手町・丸の内・有楽町・内幸町・新橋・銀座・宝町などを結ぶ範囲で（4ページ図）、尾根筋は、現在の中央通り（銀座通り）の中心を通って新橋付近まで続いていた（丸の内の標高は約3メートル）。

江戸前島の西側の「日比谷入江」に面した場所は江戸

湊の中心部で、入江の奥には、現在の日本橋川と神田川の原形である平川が注いでいた。

江戸城は、江戸前島からみて日比谷入江の対岸、武蔵野台地が海に達する場所にあり、日比谷入江や江戸前島を間近に見下ろしていた。

江戸湾全体からみると、江戸は東の下総台地（現・千葉県市川市）と、西の武蔵野台地の間に挟まれた広大な沖積平野である「広義の利根川河口」（幅にすると約20キロメートルほど）の最も西寄りで、湾の最も奥の場所にあった（**図1－2**）。

この広義の利根川河口には、東から太日川《ふとひ》（現・江戸川下流部）、古利根川（現・中川）、入間川（現・隅田川）といった関東平野の大河が流れ込んでいた。

それゆえ江戸は、関東平野のほか東北南部などとの水運の便に恵まれていた。

しかも、日比谷入江や江戸前島は、大河や外洋に接していないため、洪水や高波などの自然災害の影響を受けにくく、船の出入りや荷役、交易などを安心して行える環境にあった。そのため江戸には、古くから広域的な市場が生まれていたのである。

●江戸氏は江戸湊の〝大福長者〟

江戸湾の周辺では、8～9世紀には瓦葺きの浅草寺が建てられるなど、古くから開けていた浅草湊のほか、江戸前島の芝崎には神田明神の前身となる社《やしろ》も祀られたとされている。

現在の千代田区大手町1丁目で三井物産の隣に祀られている「将門公首塚」（将門塚）も、江戸前島に古くから人々が往来していたことを物語っている。首塚の由来は、天慶《てんぎょう》3年（940）、平将門事件で討たれて京都で晒《さら》されていた将門の首が、神通力で芝崎村に飛来して祀られたというものである。

実態は、将門の支持者たちが首などを持ち帰って、東国の水運の中心地であった江戸前島に祀ったのだろう。

当時の関東一帯では、農業のほか水上交通や騎馬による移動、製鉄も盛んで、朝廷側による搾取の対象になっていた。将門は、それに対抗する東国のリーダーだったからである。

源頼朝が治承《じしょう》4年（1180）に挙兵した当時、頼朝に敵対する江戸重長《しげなが》が、江戸のほか下総国と武蔵国を分ける広義の利根川河口の〝制河権〟を押さえていた。しかし、形勢不利とみた江戸氏一族の豊島清光と葛西清重の調停により、重長は頼朝に降伏している。

そこで、市川の陣にあった頼朝は、市川から水郷地帯であった太日川・古利根川（現・中川）を渡り、隅田宿《すんだ》（現・墨田区）、入間川（現・隅田川）の長井渡を経て、武蔵野台地に至るため、重長らに浮橋の設置を命じた。『源平盛衰記《げんぺいじょうすいき》』によれば、「在家ヲコホチテ浮橋尋常ニ渡シタリ」、つまり、材料として民家を壊して浮橋をつくった。それができたのは、旧利根川河口部の湿地帯に点在していた自然堤防の上に、漁業や水運業などに従事する多数の人々の民家があったからである。

一方、『義経記《ぎけいき》』では、頼朝は投降した江戸重長に「江戸太郎八ケ国の大福長者と聞くに（中略）、水の渡に浮橋を組んで、頼朝が勢武蔵国王子板橋に附けよ」と命じたとなっている。そして、江戸・葛西両氏は、浮橋をつくり、釣舟（小舟）や西国船（外航船）を徴発して、頼朝一行を渡河させた。江戸湊周辺には多数の小舟や西国船が行き交っていたわけである。西国船は、関西・九州を越えて東シナ海を渡る貿易船だったとみられる。

また、先に出てきた〝大福長者〟という表現は、江戸重長は武士ではなかったが、強力な武装商人のような存在だったことを表している。

鎌倉幕府の正史である『吾妻鑑《あずまかがみ》』でも頼朝は、降伏はしたものの実力のある重長に、頼朝が「現在、お前（重長）は武蔵国の棟梁だ」と懐柔しているほどである。

当時の江戸湊には、浮橋をつくれるだけの人家のほか、多数の外航・内航の商船や商人が出入りし、富が集積していた。だからこそ、頼朝に「武蔵国の棟梁」といわせるだけの実力を持った「大福長者」が現れたのである。

なお、「江戸」という語が文献に登場するのは、『吾妻鏡』に書かれた「江戸太郎重長」が最初である。

2 江戸前島は鎌倉の「円覚寺」所有に！

東京のど真ん中の土地が、鎌倉の寺に寄進された理由とは？

●鎌倉幕府に返上されていた江戸前島

しかし、江戸氏が支配していた江戸前島は、挙兵から70年を過ぎた頃になるとすっかりさびれていた。それを物語るのが、新潟県南魚沼市の関興寺に残る「江戸長重譲り状」である（図1－3）。

「江戸前島」の名前が初めて現れるこの文書は、弘長元年（1261）に江戸前島の地頭・江戸長重（前述の江戸重長とは別人）から第5代の執権・北条時頼《ときより》に宛てたもので、「近年、飢饉が続いて領地経営が成り立たないため、北条得宗《とくそう》家に領地（江戸前島）を返上し、自ら被官となる」旨が記されている。

つまり、江戸前島はこのとき鎌倉幕府に渡ったのである。得宗とは、鎌倉幕府の執権を務める北条氏の惣領《そうりょう》（跡取り）のことだ。

そこには、仁治《にんじ》2年（1241）に執権・北条泰時《やすとき》の命で朝比奈《あさひな》の切り通しが開通したことが影響した可能性もある。

というのは、鎌倉は外洋に面していたため安定した港湾が必要だったので、江戸湾に面した六浦《むつら》から鎌倉に物資が直接運ばれるルートを完成させたのだが、それによって鎌倉への中継機能を持っていた江戸湊に寄港する船が減ったとみることもできるからである。

一方、弘安《こうあん》5年（1282）、執権・北条時宗《ときむね》は鎌倉に「円覚寺《えんがくじ》」を建立し、翌年になると円覚寺に鎌倉幕府から尾張国富田荘（現・名古屋市中川区付近）や上総国畔蒜《あびるの》南庄亀山郷（現・千葉県君津市藤林付近）などの土地が寄進された。

円覚寺に伝わる『円覚寺文書』によれば、このときの円覚寺の米の消費量は年間1374石7斗で、冨田荘からの年貢が1428石8斗、亀山郷からが141石なので、冨田荘だけでも十分に余裕があった計算になる。冨田荘からの年貢米の輸送ルートは、伊勢湾から船で運んでいたとみられる。

冨田荘は、庄内川の河口付近の自然堤防と沖積地の上にあり、庄内川の水運と当時の東海道などが交わる場所で、当時の濃尾平野における〝ハブ〟的な機能を備えて栄えていた。

しかも、木曽・長良《ながら》・揖斐《いび》の木曽三川や伊勢湾に直接は面しておらず、自然災害の影響を受けにくい点や、東西の経済圏が重なるといった地理的条件が江戸と共通していた。

●なぜ、江戸前島は円覚寺のものになったのか？

この頃、武士による寺社への領地の寄進が盛んになっていた。取り立てた年貢や諸産物を売りさばいたり、他の地域から物産を引き寄せることを念頭に、寄進した領地に「市場《いちば》」を誘致するためであった。

というのは、市場に商品を持ち込む人々は、その商品にできるだけ高値がつくことを期待する。その意味で市場は、商品に値付けをするだけでなく、値段を上げる機能も持っているので、商品の質には厳しい目が注がれるが、高値のつく市場には人々が集まる。

逆に、領主が武力などを背景に、他から持ち込まれた品に対して市場で形成される価格よりも購入価格を低く抑える場合や、自らの領地で産出した農産物などを市場価格よりも高い価格で販売するような場合には人々は集まらない。

領主による市場への恣意的な介入は、市場に参加する人々にとっては最大のリスクである。そうした領主がいる場所には、市場は成立しにくかったわけである。

そのため領主たちは、領地の寄進という形で、自らの勢力圏と隣接した場所を提供した。それによって在世権力からの中立性を寺社の〝神威〟で保障された経済活動の場＝市場をつくろうとしたのである。

■1－3 「江戸長重譲り状」

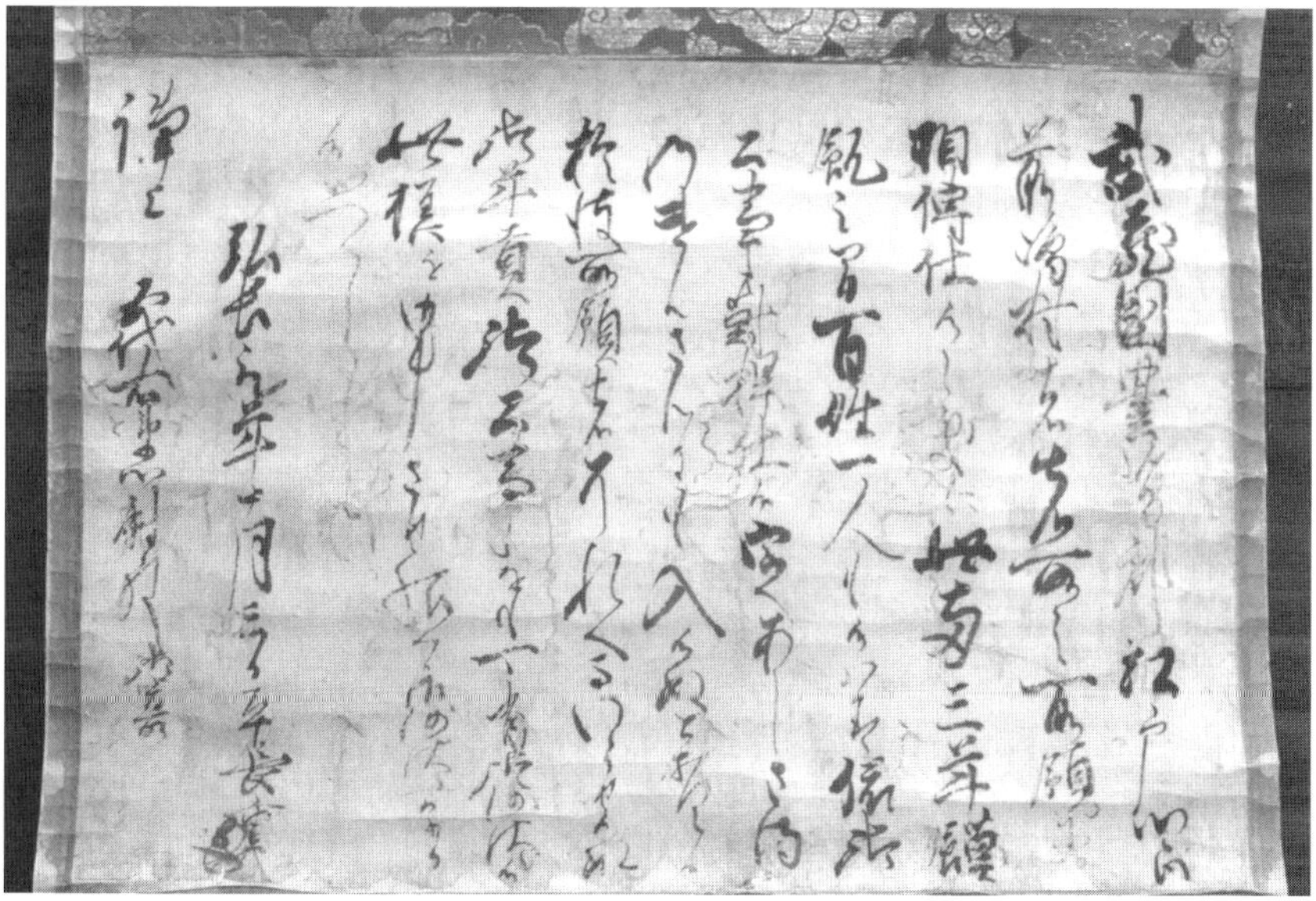

※関興寺蔵（南魚沼市）。2016年11月筆者撮影。

冨田荘のように、流通拠点として戦略的に重要で利益も大きな場所が、武士から円覚寺に寄進されたのも、その文脈上にあったといえるだろう。

江戸前島も、鎌倉幕府から円覚寺に寄進された。

寄進の理由や経過についての記録はないが、『円覚寺文書』によれば、正和4年（１３１５）の時点で、江戸前島は円覚寺の荘園となっていた。

それにより、伊勢湾の冨田荘と江戸湾の江戸湊という〝ハブ〟機能を備えた両ターミナルの「安全・公正な市場」を円覚寺が保障する形が完成した。

そして、この保障ゆえに、人々が安心して経済活動に取り組める状況がつくられ、太平洋岸における取引や流通の発展に寄与したといえるだろう。

3 円覚寺のつながりで伊勢湾と結びついた江戸

世の動乱とは別次元の力が働く寺社の力で、江戸は栄えていた。

●神威を発揮していた円覚寺

元弘《げんこう》3年（1333）、新田義貞が鎌倉に攻め込み、北条氏（鎌倉幕府）は滅亡した。しかしそれを横目に、この年には円覚寺の法堂が建設されている。

円覚寺の普請（建築）が武士の世界の大動乱とは異次元で進んでいたことは、在世権力からの市場の独立を大寺院が保障していたことの象徴であった。

そして100年後の応永31年（1424）には、円覚寺正続院《しょうぞくいん》の造営用木材を伊勢国桑名から鎌倉に廻漕した記録が『円覚寺文書』に登場する。

前項で述べた年貢米に加えて、材木も伊勢湾から海路で鎌倉に運ぶようになっていた。

廻漕された材木は、八寸方柱29本、六寸方柱316本、五寸方柱274本などで、材木代の銭249貫384文、船賃（3艘分）の銭260貫が支出されている。その他、3艘分で銭2貫500文が航海の安全祈願料として支出されており、〝神威の下で成り立つ市場〟と同様の発想があった可能性もある。

さらに、担当者の出張費などの雑費を合わせると、総額は当時の金額で銭537貫384文であった。銭の種類は宋銭とみられる。

●常滑焼と産業革命

知多半島で12世紀の前半から生産が始まった常滑焼も、東北・北海道から九州までの日本列島の太平洋沿岸一帯に海上輸送された。

関東では鎌倉のほか、東京都内の品川区、太田区、府中市、東大和市などで大型の常滑甕《とこなめがめ》が出土し、各地の郷土資料館などに展示されている。

常滑焼は高温で陶土を焼き締めるため堅牢で、それまでの須恵器《すえき》（平安期までつくられた硬質土器）にとって代わり、甕や壺は肥料の製造・貯蔵、穀物や酒、水の貯蔵などのための必需品となった。

■1－4　一遍上人絵伝（大甕の絵）

※国立国会図書館デジタルコレクションより。（中央の小屋の右端、左下の小屋）

とりわけ大型の甕にさまざまな原材料を投入・発酵させて肥料を製造し、それを貯蔵するものが肥甕で、耕地の単位面積あたりの生産量を飛躍的に高めた（図1－4）。

こうした〝産業革命〟により、武士が分家を重ねても、それぞれが経済的に成り立つ世の中となった。

●動乱の世、太田道灌が江戸に

関東でいえば、室町幕府からの関東管領《かんれい》の分離や、その関東管領自体の分裂、さらに江戸氏一族の枝分かれ、全国的にみれば「応仁の乱」など、武士社会の動乱に次ぐ動乱の背後には、そうした事情も作用していた。

関東では、享徳《きょうとく》3年（1454）から28年間も続いた「享徳の乱」により、関東管領は分裂。鎌倉方と、鎌倉を追われて下総国古河《こが》に移った足利成氏《なりうじ》（古河公方《くぼう》を名乗った）が、旧利根川（旧入間川）を境に対決することとなる。鎌倉方では、扇谷《おうぎがやつ》上杉家の家宰《かさい》（家長に代わって家政をとり仕切る者）であった太田道真《おおたどうしん》を岩付（岩槻）に、子の太田道灌を江戸に置いて古河公方に対抗した。

④「ないものはない」ほど栄えていた道灌時代の江戸

当時の有力僧が描写した、江戸湊・品川湊の情景。

●中世の江戸湊と品川湊の繁栄

　太田道灌は長禄《ちょうろく》元年（１４５７）、衰退していた江戸氏を追い払って江戸城を完成させ、城内に建てた書斎「静勝軒《じょうしょうけん》」に掲げるために、京都五山と鎌倉五山の有力僧たちに詩文の作成を依頼している。

　それが、文明《ぶんめい》８年（１４７６）に書かれた蕭庵龍統《しょうあんりゅうとう》の『寄題江戸城静勝軒詩序』と、暮樵得么《ぼしょうとくよう》による『左金吾源太夫江亭記』、そして後期五山文学の代表的詩人である漆桶万里《しっとうばんり》（万里集九《ばんりしゅうく》）が文明17年（１４８５）に作成した『静勝軒銘詩並序《めいしならびにじょ》』であった。

　彼らは、禅宗の大寺の経済僧として当時の日明貿易で活躍するだけではなく、一流の文化人であった。上杉家の使用人にすぎない道灌が、彼らを招いて自らを讃える詩文を書かせ、歌会も催すことができたのは、江戸湊を押さえていたことによる財力あってのことだった。

　『寄題江戸城静勝軒詩序』では、

①江戸湊ほど海陸の繁栄・交通が盛んな場所は他にない
②城の東の水辺（江戸前島周辺の江戸湊）には大小の商船や漁船が多数集まり日々市をなしている
③そこでは、房州の米、常陸の茶、信濃の銅、越後の竹《ちく》箭《ぜん》、相模の旗旌騎卒《きせいきそつ》、泉州の珠犀異香《しゅさいいこう》、鹽魚《しおざかな》・漆枲《しっし》・巵茜《しせい》・筋膠《きんこう》・薬餌《やくじ》など、ないものはない

と、江戸が栄えている様子が記されている。

　また、『左金吾源太夫江亭記』では、

①江戸城の南は品川湊まで人家が途切れず、品川湊は

「東武之一都会」で天妙国寺《てんみょうこくじ》（現・品川区南品川2）の七堂伽藍は大変美しい
②北は浅草寺の「巨殿宝房」が数十里に映えわたると、情景を記している。

また、『静勝軒銘詩並序』には、訓練をサボった江戸城内の傭兵には罰金が科せられたとあり、道灌が傭兵部隊を持っていたことや、銭の浸透ぶりが描かれている。

品川湊の場合、明徳《めいとく》3年（1392）時点の「品川湊船帳」（金沢文書文庫）には、同年8月までに30艘の商船（外航船）が寄港した記録も残っている。

品川湊を中心に活躍していたのは、天妙国寺の七堂伽藍造営に資金を出し、連歌「品川千句」を催して、当代一流の文化人を招いた豪商・鈴木道胤《どういん》であった。

このように、江戸湊と品川湊は繁栄していた。交易圏が関東・南東北・甲信のほか、西日本や大陸にまで及び、多くの商船や商人を引き寄せたからである。

太田道灌も鈴木道胤も、いずれも水運で繁栄した市場と流通を背景に、強力な経済力と武力を持っていた。

●傭兵隊長としての道灌

道灌のような傭兵隊長には、合戦に勝つことよりも、雇い主に自分と部下を高く売ることのほうが大事だった。

そのため、戦闘にともなう損害を最小限に抑える努力や、合戦の場所や時期の調整など、敵方との談合・協調も行われた。

それを物語るのが、関興寺（19ページ）に残る「太田道灌あて書状」（**図1-5**）である。古河公方・足利成氏を実質的に支えていた小山持政《もちまさ》から、敵対していた道灌に宛てた文書である。

享徳の乱が始まった直後、道灌が家督を継いだ康正2年（1456）頃のもので、内容は、道灌と持政による「上州における勢力範囲の協定」である。

雇い主から合戦を命じられた際に、お互いに派手な戦闘行為を繰り広げたうえで、あらかじめ結んだ勢力範囲に落ち着くようにすれば、傭兵隊長としてのパフォーマンスは高くなる。

この文書は、両陣営の代理人どうしの根回しだった可能性がある。しかし道灌は、文明18年（1486）に主

■1－5　「太田道灌あて書状」

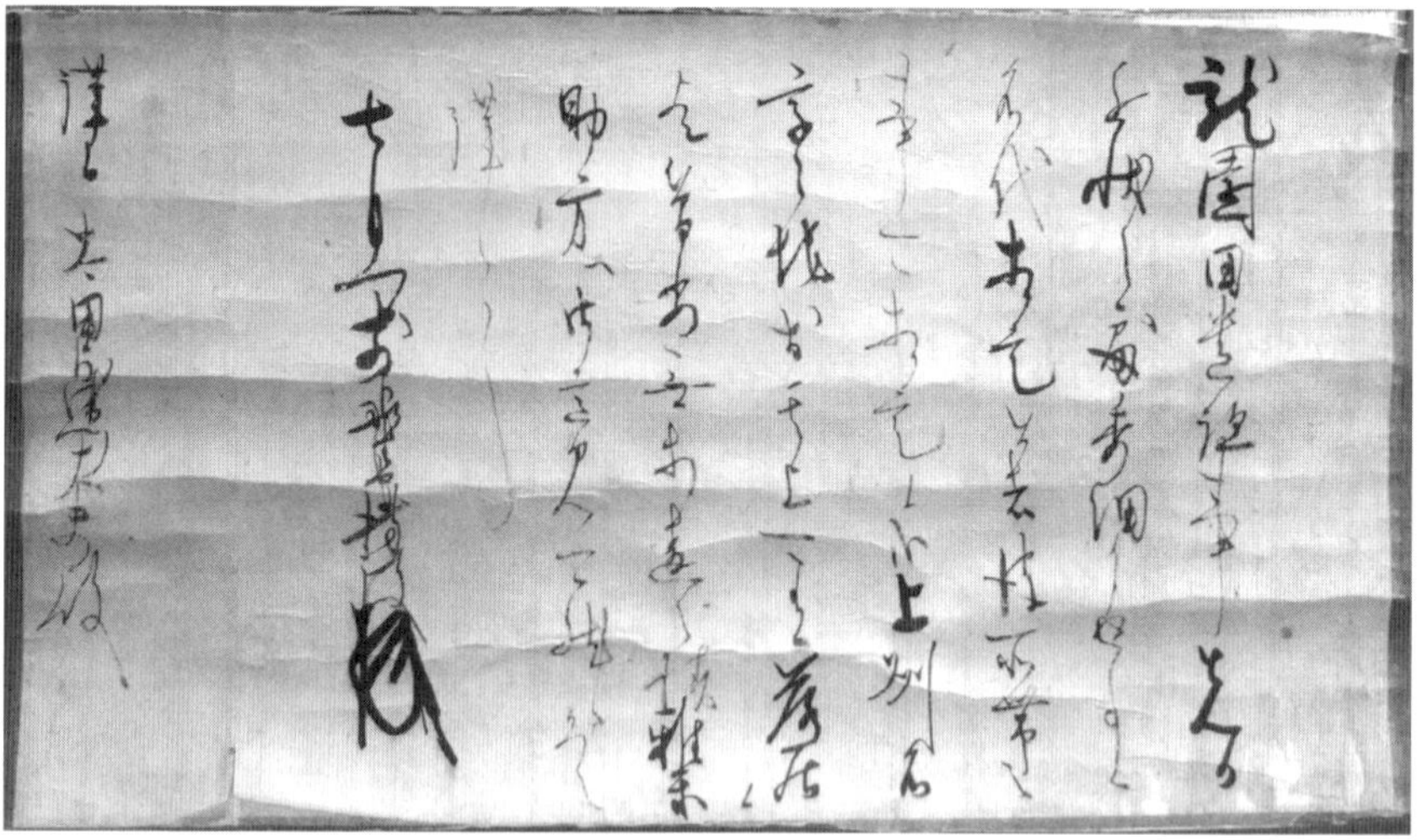

※関興寺蔵（南魚沼市）。2016年11月筆者撮影。

君・扇谷上杉定正《さだまさ》に謀殺された。経済力を持ち、強大になった道灌が邪魔になったためであった。

●江戸は北条氏の支配下に

ところが、長享《ちょうきょう》元年（1487）から、鎌倉方の有力者であった山内《やまのうち》上杉氏と扇谷上杉氏の内部抗争である「長享の乱」が18年も続き、双方とも衰退した。

その空白を突く形で、伊勢宗瑞（後の北条早雲《そううん》）が進出、大永《だいえい》4年（1524）には、早雲の子・氏綱《うじつな》が江戸城を占領し、北条氏が利根川水系の西側を領国化した。

それ以後、江戸城は小田原北条氏の支城となり、富永四郎左衛門を江戸本城、遠山四郎五郎を二丸、道灌の孫の資高《すけたか》が城内の香月亭に配置され、富永氏・遠山氏は、家康の入府まで城代を務めている。

北条氏の本拠地は小田原だったため、鎌倉と鎌倉への中継で栄えた江戸も勢いを失った。

とはいえ、家康の江戸入り時の江戸湊や品川湊には、江戸湾と結びつきの深い伊勢などの商人も進出していた。

第2章

最初のインフラ整備と江戸前島の役割

1 地形を活かして最小コストで本拠地づくり

まず手をつけたのは、「道三堀」の開削と「平川」の付け替え。

●家康入府当時の江戸城

天正《てんしょう》18年（1590）の8月朔日《さくじつ》（1日）、家康は秀吉の命令で江戸入りした。

しかし、道灌時代の江戸城は扇谷上杉氏の支城であり、家康の前の江戸城代・遠山氏も北条氏の侍大将だったから、関東6か国を所領する大大名の居城としては粗末なものだった。

当時の江戸の様子を記した大道寺友山《ゆうざん》（重祐《しげすけ》）の『落穂集追加』によれば、石垣はなく、すべて土居《どい》（土塁）で、その土手に竹木が茂っている状態であった。それでも前城主の居宅や二丸《にのまる》、三丸《さんのまる》、外曲輪《くるわ》の建物は残っていたので、当面は城内の建物に不足はなかった。

しかし、長い籠城の末に放置されていたため荒れ放題で、雨漏りや畳の腐敗も進んでいた。しかも、城内にはこけら葺《ぶき》の建物さえ1か所もなく、杉板葺が中心で、台所は茅《かや》葺、一定の建物面積を確保できたとはいえ「殊《こと》の外なる古屋」という有様であった。

小田原の北条攻めが終わった時点で秀吉から江戸行きを命じられた家康は、家臣を先に江戸入りさせて、建物の補修など、本隊が入城するための諸準備をさせた。彼らの準備は突貫作業で間に合ったとはいえ、ありあわせの粗末な施設をなんとか使えるようにした、といったレベルのものだった。

●アシとカヤだらけだった江戸の自然地形

しかも、大規模な城と城下町を築造するには、江戸の地形は条件が悪かった。

■2－1　家康入府当時の江戸

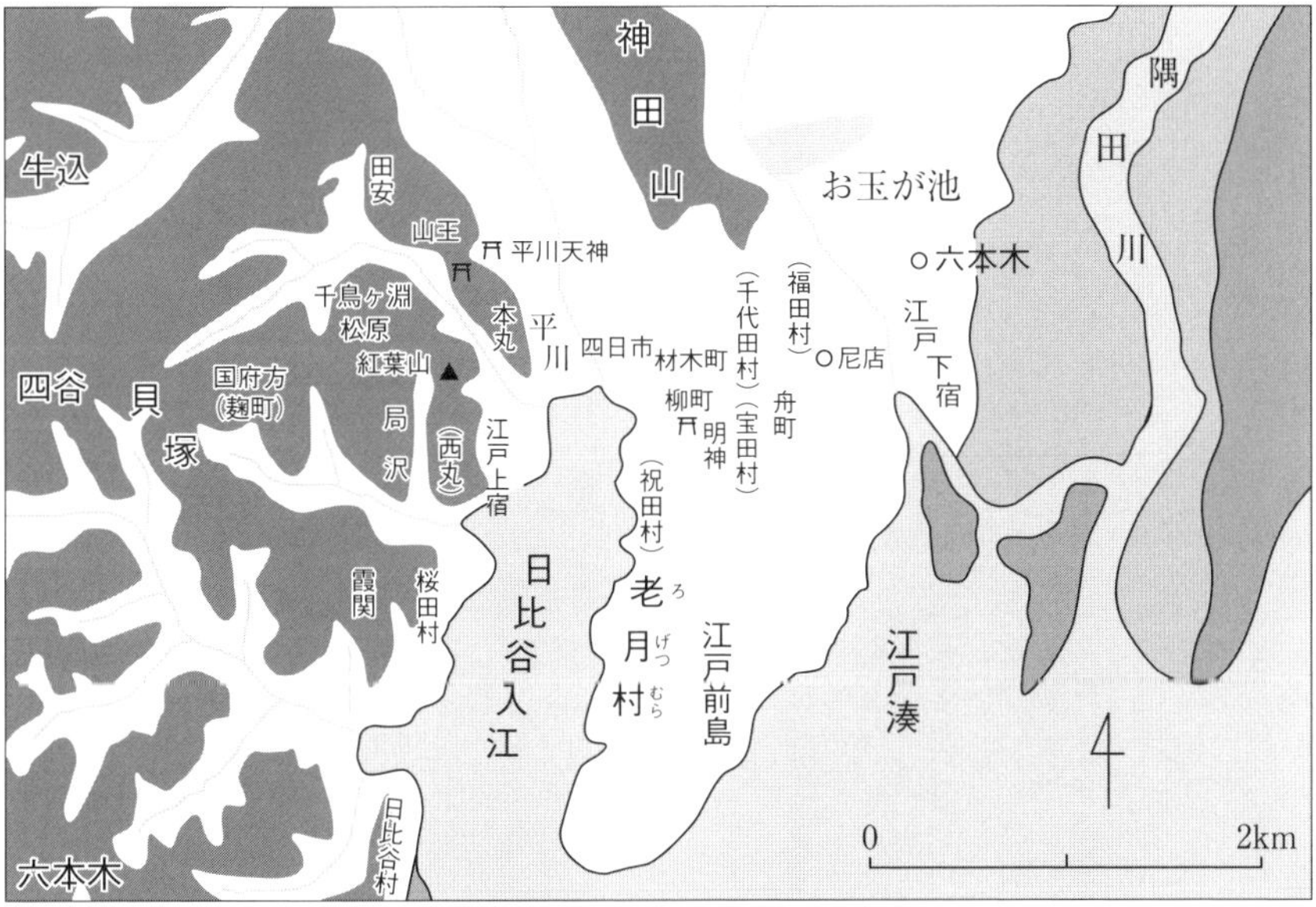

※鈴木理生『江戸はこうして造られた』筑摩書房より。

『岩淵夜話《やわ》別集』（大道寺友山）によれば、「東の方平地の分は爰もかしこも汐入の芦原にて町屋侍屋敷を十町と割付くへきやうもなし扨又西南の方ハひやうひやうと萱原武蔵野へ続きどこを志まりといふへき様もなし」という情景だった。

つまり、城の東側には潮の満干の影響を受けるアシが生い茂る低湿地が広がり、城下町や武家屋敷を造成できる場所は限られていた（**図2－1**）。そして城の西南の方角は、荒涼としたカヤ原がどこまでも武蔵野に続いていた。

武蔵野台地は、城のあたりで江戸湾に向かって急傾斜で落ち込んでおり、現在も、天守台跡のある皇居東御苑から汐見坂を大手門方面に下っていくと、この急激な標高差を実感できる。

しかも武蔵野台地には枝分かれした谷が入り込み、起伏の多い地形をつくっていた。

たとえば千代田区の九段南・北から番町一帯や、紀尾井町の清水谷公園周辺（ホテルニューオータニ周辺）など、急坂によるアップダウンが激しい場所が多い。

したがって海面の埋め立てによって城郭や市街地用地を確保するほかなかった。

●徳川氏の直営工事…道三堀の開削と平川の付け替え

徳川氏による江戸の城と市街の整備は家康の入府から約70年間続いた。将軍の代でいえば家康・秀忠・家光・家綱の4代にわたる。それは現代の東京の骨格にもなっている。

ただし、家康の天下統一を境に、その前後で工事の性格が異なり、家康の江戸入りから幕府が開かれるまで〔天正18年（1590）～慶長《けいちょう》8年（1603）〕と、それ以降〔慶長8年～万治3年（1660）〕に分けられる。

前者は、家康が秀吉の部下だった時期のもので、必要最小限の工事を徳川氏が直営で行った。そこでは、自然地形を利用して、コストと時間を最小限に抑えている。

謀反の嫌疑をかけられるリスクを避けるほか、天下取りに専念するため、家康が伏見や大坂に張りついていたことなども背景にあった。

家康が幕府を開いた慶長8年以降の江戸における築城や市街地整備は大規模化し、後述する「天下普請」の手法により諸大名に負担させた。地形の活用や改造もさらに大がかりになっている。

徳川直営の工事として、入府直後から取り組んだのが、「道三堀《どうさんぼり》」の開削と「平川の付け替え」（**図2－2**）、行徳までの運河の確定のほか（**図2－3**）、主な城郭工事としては西丸《にしのまる》の整備、そして飲料水の確保のための千鳥ヶ淵などの築造がある。

いずれも、江戸を徳川氏の本拠地にするうえで必要最小限のインフラの整備であった。

道三堀の開削は、江戸前島の東西の付け根部分を水路で結んで横断する工事であった。一方、平川の付け替えは、日比谷入江に流れ込んでいた平川を、道三堀に途中から合流させる工事で、いずれも江戸前島の改造と一体の工事として行われた。

これにより、日比谷入江に注いでいた平川の河口は東側に移され、入江に流れ込む川の水は減少した。これは、

■2－2　道三堀の開削と平川の付け替え

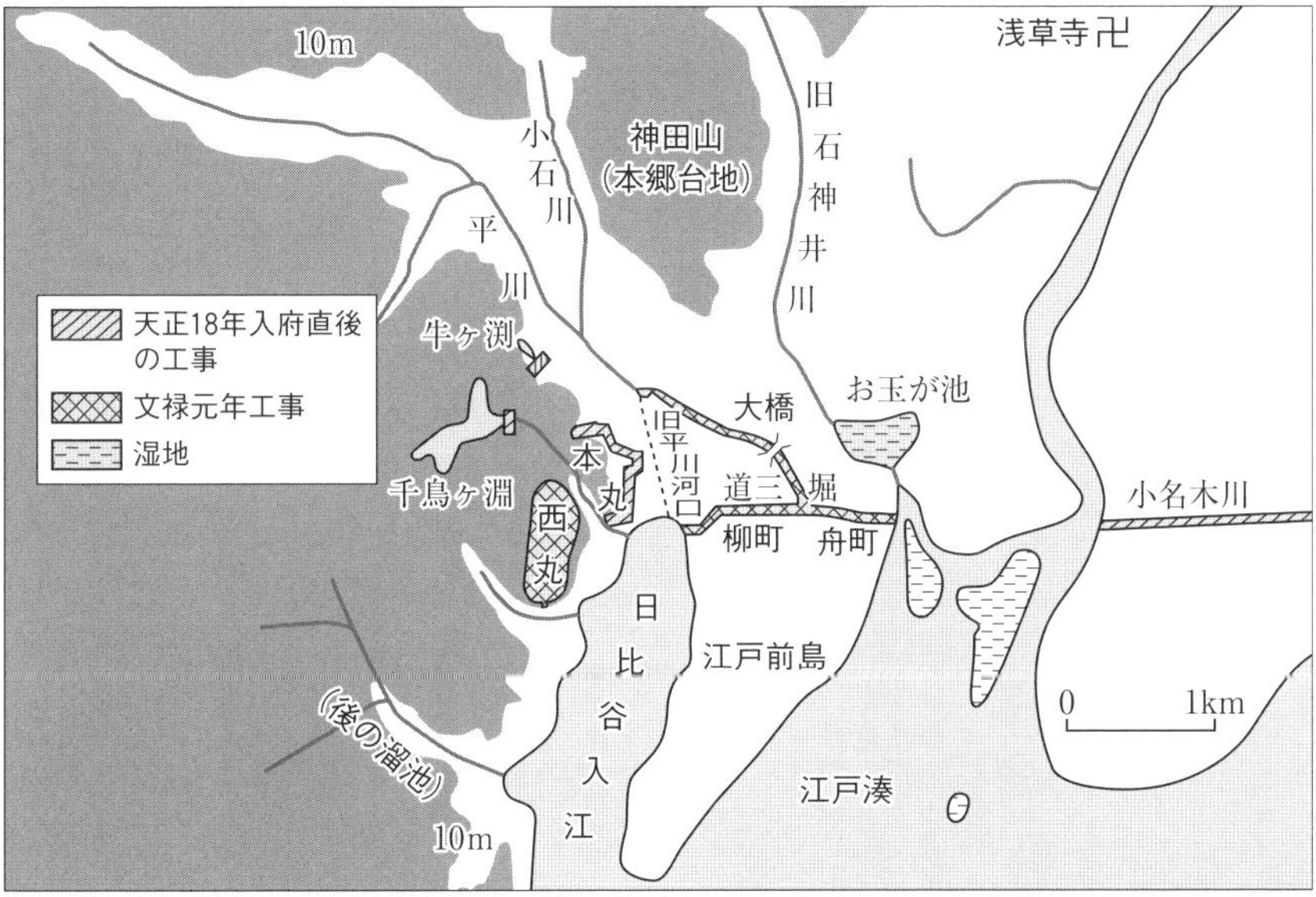

※鈴木浩三『江戸の都市力』筑摩書房より。

その後の入江の埋め立ての序章にもなった。

●道三堀と平川は今

現在、道三堀は埋め立てられ、永代通りの一部や地下鉄大手町駅などになっている。

付け替えられた平川（日本橋川）は首都高速都心環状線によって蓋をされた形となっており、江戸時代の水運機能は、ほとんど失われている。

しかし、旧道三堀と日本橋川、ＪＲ山手線に囲まれた現在の大手町の一帯には、読売新聞東京本社や日本経済新聞社、サンケイ新聞社といった主要なマスコミの本拠や、三井物産、丸紅、住友商事にみられるように我が国を代表する商社の本社機能などが集積している。

その意味で、天下をめざす家康による江戸開発の原点となった場所は、現代においても、社会的にも経済的にも日本を牽引する機能を果たしている。

2 手間をかけずに整備した小名木川と新川

塩の確保のため、行徳との直結水路を確定させた。

●小名木川と新川を海岸線に沿ってつくった

道三堀の開削と平川の付け替えに並行して、江戸湾を横断して行徳に至る沿海運河となる「小名木《おなぎ》川」と「新川」を確定させた。

小名木川は入間川（現在の隅田川）の河口から古利根川（現在の中川）の河口まで、新川は古利根川河口から利根川（現在の江戸川）の河口までの海岸線に沿ったルートである（**図2－3**）。

この工事は、波打ち際の内側に水路を開削（固定）し、海側を小規模に埋め立てる、澪筋《みおすじ》に杭を打つ、といった自然地形を活かした手間のかからない方法で行われた。それによって小型帆船や手漕《こ》ぎ舟でも、潮流の影響を受けず安全に航行できるようにしたのである。

この沿海運河と道三堀は〝塩の水路〟として最優先で整備されている。製塩地の行徳《ぎょうとく》と江戸城を直結させるためであった。塩は生活必需品であり、かつ大兵力を擁する徳川氏には欠かせない戦略物資だった。

江戸湾沿岸の多くは製塩に適さない泥浜であったが、行徳周辺には砂浜が広がっており、旧利根川流域の水運によって燃料の薪と製品である塩を輸送できる条件も揃っていたため、古くから塩が焼かれていた。

●「地廻り塩」の生産地・行徳

行徳は、家康以来、助成金を与えるなどして保護されたため製塩地として発展した。江戸時代後期に発行された「江戸名所図会《ずえ》」（斎藤月岑《げっしん》）には、塩を窯で焼く（煮る）場面などが描かれている。

しかし、行徳の製塩業は、瀬戸内で発展した大規模な

■2－3　行徳までの運河の確定

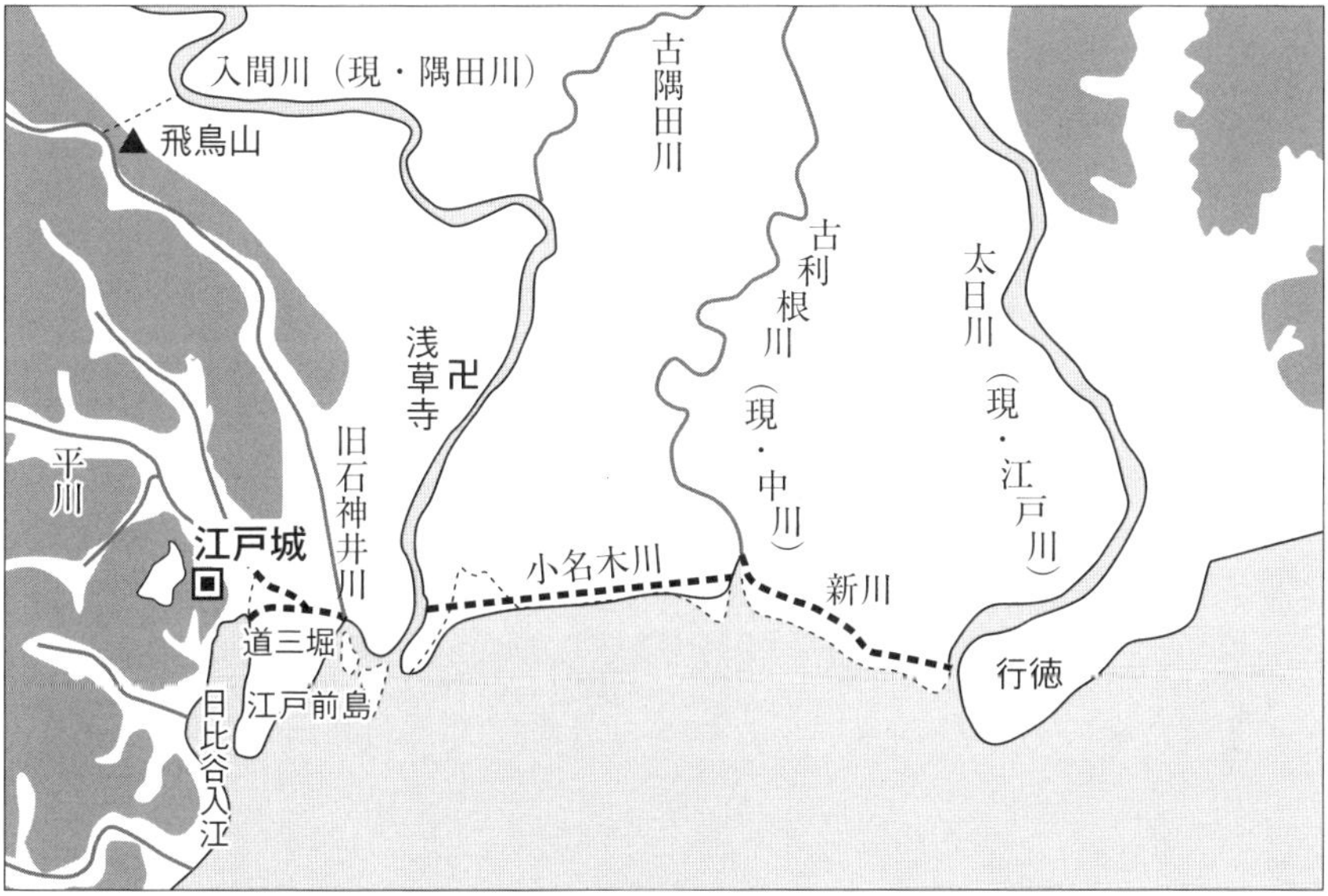

※鈴木理生『江戸はこうして造られた』筑摩書房に加筆。

入浜式塩田（汐の干潮を利用する塩田）とは異なり、笊《ざる》取法という小規模なもので生産量も限られていた。そのため、江戸には上方から大量の「下り塩」が流入し、行徳や大師河原（現・神奈川県川崎市）などの「地廻り塩」に比べて圧倒的なシェアとなっていた。

道三堀や小名木川運河などは〝塩の水路〟としてだけではなく、江戸市内の幹線水路や利根川・荒川などの大河と市内を結ぶ経路として、その後の江戸の繁栄の基盤になった。

つまり、徳川氏の江戸経営において、当時、唯一の大量・長距離輸送の手段であった海運と、江戸の後背地である広大な利根川流域に張り巡らされた水運網が、最優先で結びつけられたのであった。

その後、家康が天下人になると、大規模な城郭建築の資材の運搬のほか、全国から江戸に物資を大量に供給するため、水運網が急速に発達した（131ページ）。

最初の運河建設は、江戸が大きく発展するうえでの起爆剤になったといえる。

3 江戸前島はどのように円覚寺から徳川の手に移ったのか

「円覚寺領をひとまとめにする」と、半ば強制的に奪った可能性も。

●円覚寺領として安堵されていた江戸前島

家康の江戸経営は江戸前島の改造から始まった。ところが、家康が江戸に入った当時の江戸前島（図2−1）は、19ページで触れたように、円覚寺の領地であった。

しかも、この時期の『円覚寺文書』には、円覚寺の権益を保護する秀吉の朱印状が含まれている。円覚寺に対する軍事行動の禁止（天正18年7月）、江戸前島を含む円覚寺領の安堵《あんど》（同年8月）などの文書である。

家康が来る前に先手を打って朱印状を出した秀吉の念頭には、対岸の江戸城に入らせる家康が危険であると映っていたのだろう。

この朱印状に付属した事務方の文書では、「鎌倉の鶴岡八幡宮、東慶寺、建長寺と円覚寺には、秀吉が所領安堵の朱印状を発した」「秀吉の命令どおり、それらの知行（土地）はそのまま寺社に引き渡せ」と徹底している。秀吉の奉行・山中長俊から家康領の検地を差配していた重臣の伊那忠次に宛てた文書であった。

もちろん江戸前島もそれに含まれていた。江戸前島の経済的・戦略的価値を認識していた秀吉にすれば、その支配権を円覚寺に残しておいたほうが、後々のリスクを低くできると考えていたのだろう。

●突然、円覚寺から江戸前島を横領？

ところが、家康入府翌年の天正19年（1591）4月、「各地に点在する円覚寺領を鎌倉付近にひとまとめにする」との方針が、家康の奉行・彦坂元正から出され、その後、正式なものになった。

この史料には、江戸前島が替地の対象であったかどうかの記述はないが、有無をいわせずに江戸前島を徳川氏の支配下に組み入れて、円覚寺にはその代替地を与えたとみて差し支えないだろう。

それ以後の秀吉、家康、円覚寺のいずれの記録からも、江戸前島などの帰属に関する扱いが見当たらなくなるので、徳川側の方針どおりに決着したとみられる。

この年には、すでに道三堀の掘削など円覚寺領・江戸前島の改造工事が始まっているので、彦坂の方針は、家康による江戸前島の横領を既成事実化するものであった。

この改造は、〝徳川の江戸〟の基礎になるとともに、家康が天下人になった後も、江戸前島は、江戸を徳川氏の本拠地にするための築城や町づくりの中心舞台になったため、その戦略的な重要性はさらに高まっていった。

平安期にできた荘園制度は、武士の台頭により戦国時代までにピリオドが打たれており、家康の横領は珍しい例ではない。しかし、徳川幕府の標榜した法治主義（儒教に基づく）には反していた。初めから不法行為を承知で、家康が江戸と江戸城をつくったという事実は、幕府にとっては「不都合な事実」であり続けた。

そのため、地誌や名所案内、各種の地図が数多く出版された江戸時代でも、江戸前島への言及はほとんどみられない。それだけ情報管理が徹底されていた。人々も「言わぬが花」の忖度《そんたく》だったのだろう。

一方、刊行された最古の江戸図で、寛永9年（1632）に成立した「武州豊嶋郡江戸庄図《ぶしゅうとしまごおりえどしょうのず》」（東が隅田川、西が半蔵門、南が芝、北が神田の範囲。以下、「寛永図」という。37ページ**図2－4**）には、かつての江戸前島に相当する場所が含まれている。

この刊行が可能になったのは、江戸の開発が進んで、日比谷入江が完全に埋め立てられるなど江戸前島の痕跡がなくなって、「家康の不法行為」の証拠がみえなくなったからにほかならない。

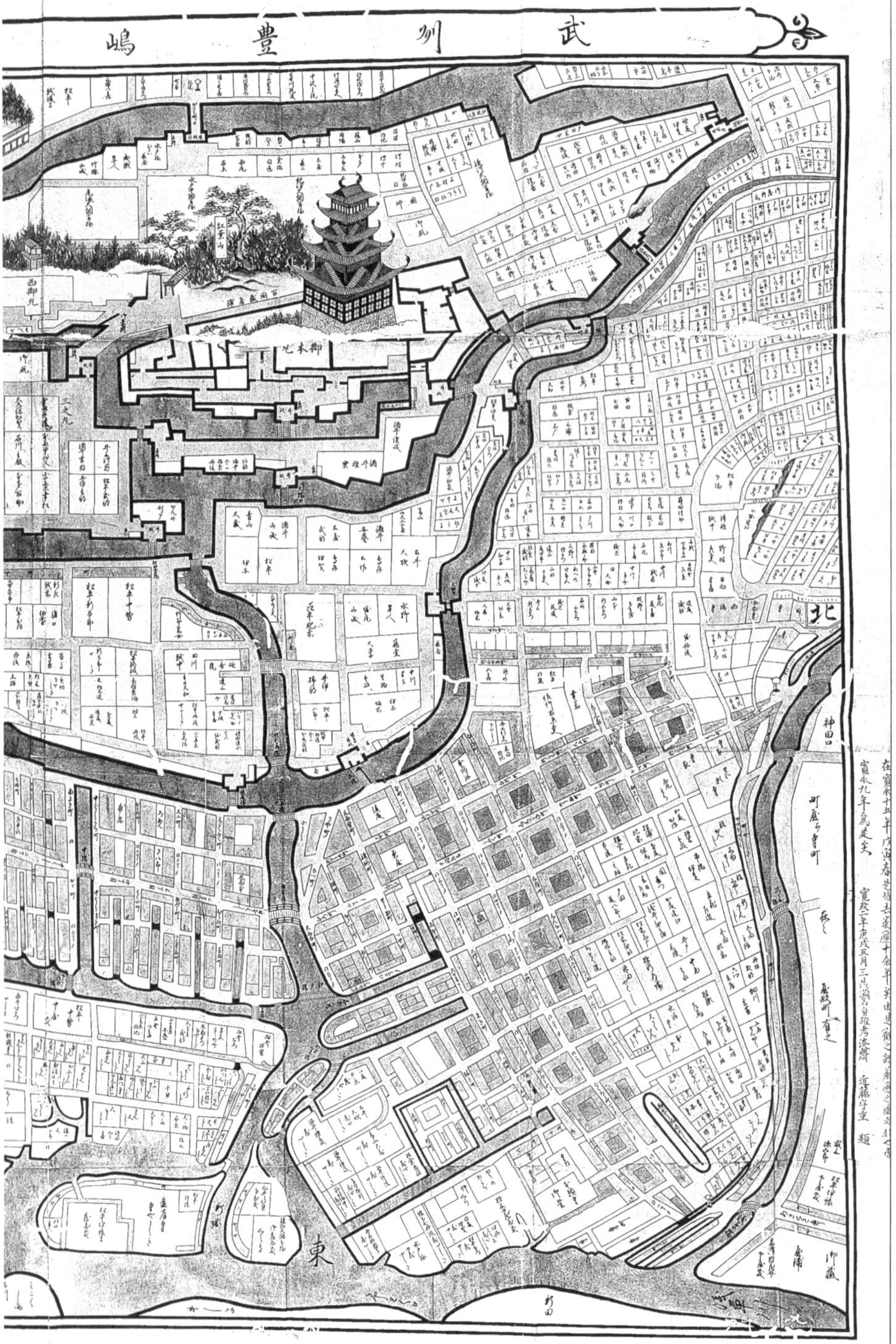

武州豊嶋
御本丸
西御丸
三之丸
紅葉山
神田口
北
東

■2－4 「武州豊嶋郡江戸庄図」（「寛永図」）

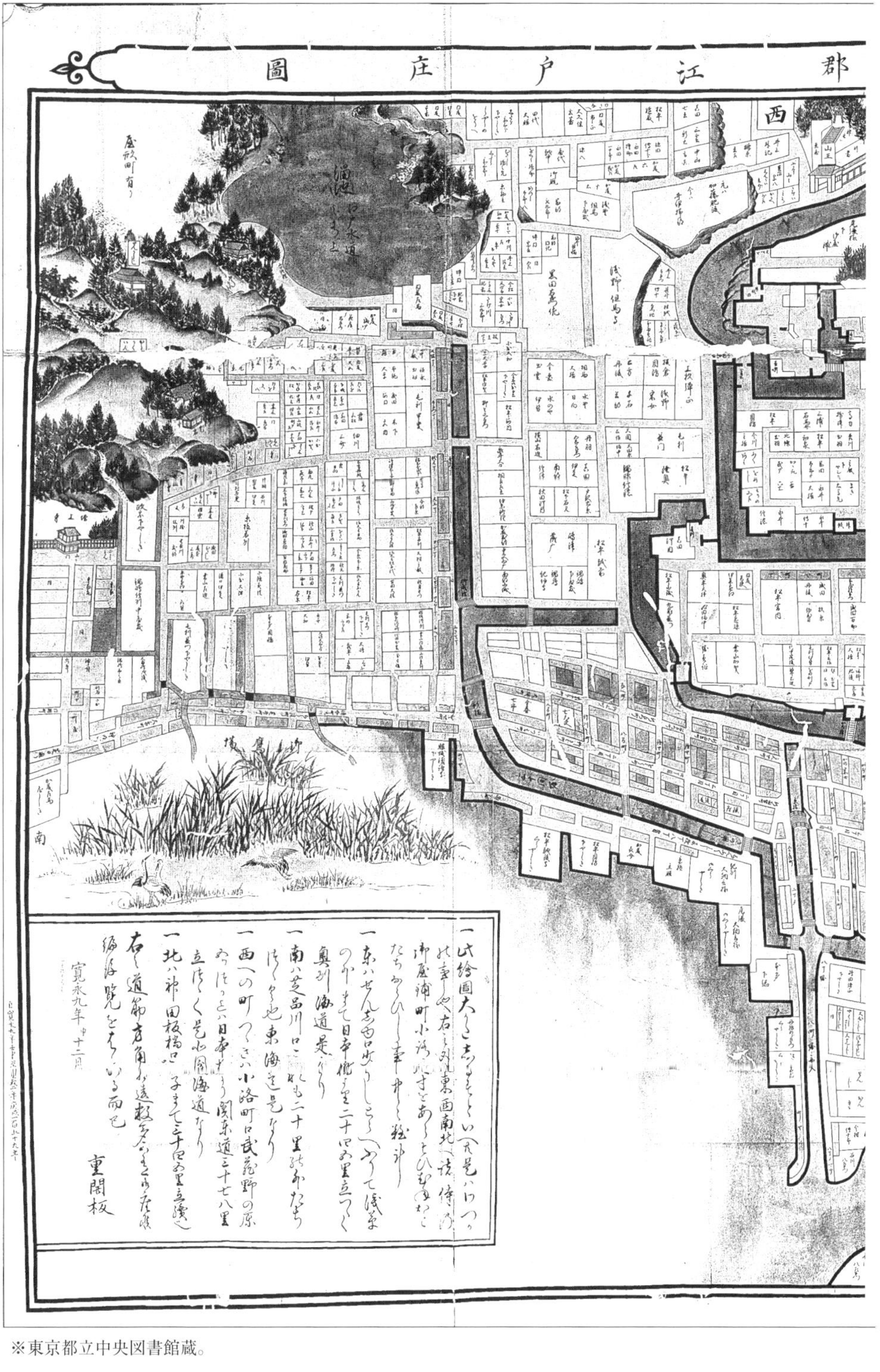

※東京都立中央図書館蔵。

4 初期は徳川氏による直営の城郭工事

『家忠日記』から、家臣の江戸普請の様子をみてみよう。

●『家忠日記』にみる西丸の整備

入国直後は応急修繕によって整備したとはいえ、その後、本丸、二丸、三丸の間にあった空堀を埋める、石垣を築くなどの改造も始まった。この時期の家康はまだ天下人ではなかったため、家康の家臣たちが江戸城修築に動員されている。

この〝徳川直営の普請〟の様子は安土桃山時代の基礎的な史料の1つである『家忠日記《いえただにっき》』にも記されている。

筆者の松平家忠は、天正3年（1575）以降家康に従い、家康の関東移封にともなって武蔵国忍城《おし》（現・埼玉県行田市）に入り1万石を与えられたので、江戸時代の大名と旗本の基準でいえば最小の譜代大名であった。

その後、下総国上代《かじろ》（現・千葉県旭市）の城主から、下総国香取郡の小見川城主（現・千葉県香取市）となり、「関ヶ原の合戦」の前哨戦となる「伏見城の戦い」では、西軍に包囲されても開城を拒み、鳥居元忠らとともに戦死を遂げている。享年46歳であった。

『家忠日記』に戻ると、家康が江戸に入国した翌年の天正19年（1591）4月、「江戸の御普請があるので所領1万貫（石）あたり5人の割り当てで人数を差し出すようにと普請奉行から指令があり、5日には江戸に普請衆5人を遣わした」とある（**図2-5**）。

翌年の文禄元年（1592）3月16日にも、江戸普請奉行の天野清兵衛（康景）と山本帯刀（頼重）から、西丸を中心とする江戸城の普請に人数を差し出すよう命じられている。

3月29日には、「御普請、隠居御城堀當候《あたり》」と、隠居御城＝西丸の堀の工事を割り当てられた。そして、5月3日に工事は竣工し、家忠は上代に帰った。

このときの様子を詳しくみると、3月20日に上代を発ち、21日に江戸に到着すると、まだ江戸屋敷を持っていなかったため、江戸の草創名主《くさわけ》（53、58ページ）の一人であった伝馬町の佐久間善八の屋敷に落ち着き、到着の翌22日には徳川秀忠のもとに参上している。

秀忠は、秀吉の朝鮮出兵にともなって肥前名護屋《なごや》に滞在していた家康の留守を預かっていた。23日には、秀忠が城中で行った家臣への振舞《ふるまい》＝饗応に出席するとともに、「我等屋敷普請させ候」と、城の普請とともに自らの江戸屋敷の建設にも着手している。宿泊先の確保と、工事事務所としても江戸屋敷は必要であった。

そして4月4日には「屋敷たて候」と屋敷が完成した。10日あまりの突貫工事で竣工したということは、小屋掛けといって、雨露がしのげる程度の粗末なものだったのであろう。

江戸滞在中の家忠の行動をみると、秀忠による振舞への出席とは別に、連日のように招き招かれる日々を送っていた。

相手は普請奉行・天野康景や酒井家次、娘婿の跡部大炊助などで、普請に関する相談などが行われたとみられる。しかも家臣同士の振舞が盛んで、相互の濃密なコミュニケーションが図られていた。

西丸の工事が終わって一息ついた6月29日になると、家忠はまたも江戸城の普請に動員された。しかし、江戸に向かう途中で工事が延期になったとの連絡が入り、上代に帰った。ところが7月10日に改めて呼び出しがあったので、佐倉で1泊し、船橋から船で江戸に12日に入って屋敷に落ち着いている。

普請は14日から始まり、長さ14間の土塁築造工事が割り当てられた。家忠は1万石の大名だったので、このときの普請では、1万石あたり14間の負担だった。16日には、工事現場の条件が良好だったため、領地から動員した人員の半分を帰している。

担当現場の地盤が堅いなどの好条件に恵まれたのかもしれないが、人員が半分で済んだのは大幅なコスト削減で、家忠も喜んだろう。この工事自体は8月8日に完成した。

このときも振舞が連続していた。前回と異なるのは、江戸屋敷の「隣衆」への振舞のほか、8月5日には検地の責任者である伊奈忠次や吉田佐太郎、家康や秀忠の側近だった板倉勝重といった有力者の接待が記録されている点である。

8月7日には本多正信、青山忠成、内藤清成に、音信すなわち挨拶のため贈答品を贈っており、現代の企業の部・課長と取締役の関係ではないが、一般家臣による重臣たちへの気遣いが想像できる。

こうした〝振舞合い〟の文化は、江戸時代に入ると花開いた。江戸では大名の留守居どうしの交際なども含め、高額な贈答品や饗応を互いに繰り広げ合うことが定着したのであった。

●直営普請の実際…やり直しの連続

これらの工事も含めて、家忠は短期間のうちに小刻みに普請に動員されている。

天正19年（1591）4月2日から文禄3年（1594）正月23日までの約3年間に、最後の1回は延期になったが、前の工事の補修・やり直しも含めて8回も呼び出されている。

ということは、初期の江戸城の普請に関しては、マスタープラン的なものがあって、それに従って計画的に施工されたというよりも、その時々の必要に応じてなされたことを物語っている。臨機応変といえなくもないが、試行錯誤の連続だった側面もある。

たとえば、完成した工事が「江戸普請そんじて、又人数つかはし候」（文禄元年9月4日）、大雨のために「まえのふしんそんじ候間、早々普請こし候へ之由、御普請奉行より申来る」（文禄2年8月23日）と、普請奉行からやり直しを命じられたことが2回記録されている。

さらに9月19日には「又江戸破損普請事申来候」と、8月23日に修復を命じられて竣工した「やり直し普請」

■2－5　『家忠日記』にみる江戸城普請（普請に関する部分を抜粋）

天正19年（1591）

4月2日	雨降、江戸の御普請１万貫５人ツヽ越候へ之由、普請奉行より申来候。
4月5日	江戸へ普請衆５人つかはし候。

文禄元年（1592）

3月16日	江戸普請奉行天野清兵、山本帯刀所より、来20日江戸普請に可参候由、申来候。
3月18日	雨降、江戸へ人をつかハし候、普請小屋分なと聞ニ。
3月20日	江戸普請ニ佐倉迄越候。
3月21日	雨降、江戸へ参着候、伝馬町佐久間所ニ居候。
3月23日	我等屋敷普請させ候。
3月29日	御普請、隠居御城堀當候（隠居御城堀＝西丸の堀の工事を割り当てられる）。
4月2日	御大方様より、普請場へ御たる、ほかい給候（工事現場に酒食の差し入れあり）。
4月4日	雨降、屋敷たて候（10日あまりの突貫工事で屋敷が完成）。
5月3日	普請出来候（工事が竣工）、但奉行衆、天気あかり次第普請場うけ取こし候へ之由申候、三浦右衛門八残し候て帰候（家忠は上代に帰る）。
6月29日	江戸より、来月５日ニ普請はしめ候間、越候へ之ふれ候。
7月5日	江戸普請ニうすゐ迄こし候。
7月6日	江城普請ちとのひて帰候。
7月10日	夜雨降、江戸普請ニ越候へ之由申来候。
7月11日	江戸普請ニ佐倉いつもの宿迄こし候、帋２束、永楽30疋出候。
7月12日	舟橋より舟にて江戸へ着候、我々屋敷ニ居候。
7月14日	普請はしめ候、つきとい14間あたり候（長さ14間の土塁築造工事が割り当てられた。１万石あたり14間の負担）。
7月16日	普請所能候て人数半分帰候（工事現場の条件が良好だったため、家忠が領地から動員して連れてきた人員の半分を帰している）。
8月8日	普請大方出来候間、人数少置候て帰候由、奉行衆より申来候。
8月9日	雨降、佐倉迄帰候。
8月10日	上代迄越候。
8月22日	江戸普請出来て、跡ニ残置候人数返し候。
9月3日	己午之間、大なへゆる、又３度ゆる。
9月4日	江戸普請そんし候て、又人数つかハし候。
9月18日	雨降、江戸はそん普請出来候て、人数越候。

文禄２年（1593）

正月17日	江戸より来20日ニ普請越候へ之由ふれにてこし候。
正月19日	風雨、江戸へ普請請取二主米（馬か）越候。
正月23日	江戸より普請早々越候へ由申来候間、明後日25日ニ可出候段ふれ候。
正月25日	風雨ニて、江戸へ普請出候事延候、晩あられ、雨ニましる。
正月26日	江戸普請ニ佐倉迄出候。
正月27日	江戸へ越候。
正月29日	普請初候、堀也。
2月5日	普請場へ出候、村雨ふる。
2月14日	普請番かハり衆越候。
3月3日	普請漸出来候てかへり候。
3月18日	江戸普請衆かはり候てこし候、又江戸へ兵糧舟出し候。
3月21日	江戸普請出来候て、人数帰候。
5月23日	江戸普請６月20日ニ越候へ之由ふれ候。
6月18日	小雨、江戸20日之御普請場うけ取ニこし候、明かた地震。
6月22日	江戸普請場請取候間、早々こし候へ之由申来候。
6月23日	江戸御普請ニ佐倉迄出候。
6月24日	江戸へ参着候、城へ出仕候。
6月27日	普請場へこし候、夕立。
7月3日	普請場へ出候。
7月16日	普請内かハり候。
7月27日	普請出来候て佐倉迄かへり候。
8月23日	大雨ふる、江戸より、まへのふしんそんし候間、早々普請こし候へ之由、御普請奉行より申来候。
8月25日	夜雨、江戸へふしん衆こし候。
9月9日	ひる迄雨降、大雨、風吹、家かたふき候、普請奉行衆より、京都伏見御普請ニ１万石ニ人足24人つかハし候へ之由申請候。
9月10日	伏見御普請之儀ニ、三浦右衛門八かしつへ越候、はそん普請も出来候て主米（馬）帰候。
9月19日	又江戸破損普請事申来候。

文禄３年（1594）

正月23日	江戸御普請来27日ニ被相延候由ニ申来候（伏見城の天下普請のため中止）。

がまたもや破損して、再修復に呼び出されている。

工事の出来が悪かったのか、もともと工事に無理があったのかは不明だが、前の工事に不具合が生じた場合、責任を問われるのではなく、淡々と事務的に修復している。普請の専門家として扱われていた家忠の工事にしてもこの状態であった。工事のやり直し、再度の修復などは、日常的ないしは織り込み済みであったのかもしれない。

●人の移動にも使われた新川・小名木川

江戸城の普請に動員された家忠は、頻繁に領国の上総国上代と江戸を往復したが、それは普請だけに限らなかった。家康や秀忠が上方から江戸に帰還する際の出迎えなど、折に触れて江戸に呼び出されている。

その場合、上代から佐倉経由で船橋に出て、船橋から舟で江戸まで行くのが、主な〝江戸通勤〟のルートであった。船橋から江戸への経路は、新川、小名木川経由と考えてよい。行徳の塩の輸送路が、ヒト・モノの輸送にも利用されるようになっている。

『家忠日記』によれば、西丸普請を割り当てられて出かけた文禄元年3月20日に家忠は佐倉で1泊したが、そのとき、宿屋の主である鶴岡宗左衛門から歓迎の振舞を受け、返礼に樽代百疋（永楽銭1貫文）と、宗左衛門の妻には永楽銭二十疋（２００文）を贈っている。

この時代の関東では、永楽銭《えいらく》（明で鋳造された銅銭）を使った貨幣経済が浸透していたことを物語るとともに、宗左衛門は宿泊業者として、江戸に通う上得意のビジネス客を確保するために振舞を行ったことがうかがえる。

振舞が功を奏したのかどうかは不明だが、その後、家忠は江戸との往復では宗左衛門方を定宿にしている。江戸の急速な発展が、ビジネスチャンスを生んでいた。

5 少しずつ整っていく江戸の町並とインフラ

まず大事だったのは、「水」の確保。

●困難をきわめた江戸城の工事

江戸城の普請に話を戻すと、『聞見集』には、「大雨の日は、掘り上げた土砂が、完成した堀に流れ込むため、夜を徹してそれを堰き止めたり、溜まった水を何度も釣《つる》瓶《べ》でかい出した」「でなければ翌日の堀の掘削ができないので、侍たちも中間《ちゅうげん》（126ページ参照）同様に鍬《くわ》やモッコを持って土木作業に従事した」と記されており、「辛労筆に盡しかたく候」という状況であった。

この『聞見《ぶんけん》集』は、松井松平氏の家老・石川正西が、戦国以来の主家（幕末期は川越藩）に関して記録したもので、万治3年（1660）に成立した。

『聞見集』によれば、工事の総監督だった本多正信が連日、暁の七ツ時（午前4時頃）に現場に出るため、先の松平家忠や、正西の主人の康重といった譜代大名たちも、その時刻より前から提灯を立てて現場責任者として担当箇所で出迎えざるを得なくなっていた。それゆえ、彼らの家来たちは、夜中のうちから準備に駆り出されるというブラックぶりであった。

工事自体も、やり直しを重ね、泥水にまみれるなど、家康の家臣たちは苦心惨憺しながら従事していた。

しかし、この工事は、秀吉による伏見城築城の命令によって切り上げられ、文禄3年には前項で述べた家忠も家康の命で伏見の工事現場に移っている。土木工事に熟練していた家忠に白羽の矢が立てられたとみられる。

とはいえ、主人の大名が、天下人から天下普請などの役（負担）を命じられれば、それはそのまま大名の家臣たちの負担となった。

この時期、「文禄の役」（秀吉による朝鮮出兵）もあって、軍船の建造・運用も秀吉から諸大名に命じられ、家康も浅草川（現・隅田川）で軍船を建造している。

家忠は軍船の装甲用の鉄板の調達を命じられ、領国の上代で鍛冶屋につくらせて上納したほか、鉄炮衆も派遣している。

大名やその家臣たちの負担は重かったが、秀吉の天下統一の過程で、天下人のさまざまな命令に即応できる体制が整っていった。それは、家康が天下人になってからの江戸の城と城下町建設で生かされたほか、文禄の役のために建造された船舶は、後に商船に転用され、江戸時代初期の日本の物流に役立っている。

●小身の家来は武蔵野台地に

家康は駿河や三河などから約30万人の家臣団を連れてきたが、そのすべてを江戸やその周辺に住まわせたわけではなかった。主な家臣は、北条氏の支城などを活用して関東各地の要所に配置し、新たな領国の経営と防備の万全をはかった。

松平家忠も、小田原攻めが終わると江戸に逗留《とうりゅう》することなく忍城に入った。家族も江戸入りせずに忍に向かっている。そこには、水資源や宅地などの「インフラ」が貧弱な江戸の負担を低くする意図もあった。

この時期の家康は、多くの小身（禄高が低い）の家来を武蔵野台地上に住まわせている。江戸城は武蔵野台地に続いていたので、城の西側を旗本で固める必要があったことと、台地上では井戸を掘れば良質な井戸水が得られたからでもあった。

『岩淵夜話別集』には、旗本たちには宅地造成の手間を省くようにと、城の北西方の武蔵野台地上に屋敷地を与え、台地を切り崩した土砂で谷を埋めたので、造成の負担は少なくて済んだとある。

●飲料水は自然地形を活かして確保

とはいえ、江戸の人口は急増したので、はじめから飲料水が不足していた。家来たちは城の整備に駆り出され、宅地や水さえ自分で確保しなければならない境遇に置かれていたのである。

もともと江戸は、武蔵野台地と汐入《しおいり》の低湿地に囲まれ

■2－6　千鳥ヶ淵と牛ヶ淵の整備

※「地理院地図」陰影起伏図より作成。

た場所であるため、まとまった量の良質な水を得るのがむずかしい土地だった。そのため家康は飲料水の確保に真っ先に取り組み、家臣の大久保主水《もんと》に水源の見立てを命じ、自然河川である小石川が利用されるようになった。

さらに、文禄元年（1592）頃から、江戸城修築工事と並行して、飲料用の貯水池である千鳥ヶ淵《ちどりがふち》と牛ヶ淵《うしがふち》を整備した（図2－6）。

この「淵」という言葉はダム湖を意味していた。今や桜の名所になっている千鳥ヶ淵は、現在の坂下門付近で日比谷入江に流入していた千鳥ヶ淵川の谷を国立近代美術館工芸館の前で堰《せ》き止めたものである。

牛ヶ淵は、武蔵野台地の東縁から湧き出る水を貯水したものだ。北の丸公園にある清水門の枡形の石垣を急な階段で登ると、上流側の牛ヶ淵の水位が下流側の清水濠よりも高くなっているのがわかるなど、ダムの痕跡がみられる。

こうした水源確保でも、湧水の活用や、谷の利用など自然地形が活かされた。それらは短期間に最低限のコストで水を確保する手段だったからである。

6 江戸の防衛を狙って増上寺を建立

最大の仮想敵に備える寺院が、台地上に建てられた。

●防衛拠点としての「増上寺」の建立

江戸の防衛拠点となる寺院も整備された。家康の入府以降、市街の外縁部の主な高台に、増上寺《ぞうじょうじ》と伝通院《でんづういん》、寛《かん》永《えい》寺《じ》といった大寺院が建立された。

当時の寺院は、戦時になれば直ちに城塞に転用できた。軍勢の兵舎になる堂塔や、隊列を整えるためのスペースとなる広大な境内を備えるとともに、長い土塀は城壁となった。平時には、軍需物資の備蓄倉庫にもなった。

まず、江戸城の南側を固めるため、慶長3年（1598）に増上寺を現在地に移転させ、伽藍を整備している。

増上寺は明徳10年（1393）に武蔵国豊島郡貝塚（現・千代田区平河町付近）に開かれ、浄土宗の東国の拠点となっていたが、江戸入り直後に、家康が徳川家の菩提寺《ぼだいじ》とした。その後、日比谷に移っていた時期もあった。

●谷筋を見下ろす絶好のポジション

移転後の増上寺は、江戸城本丸の南3〜4キロメートル、古川（上流部は渋谷川）を見下ろす台地上に建てられた（**図2-7**、5ページ図参照）。

JR渋谷駅や広尾、港区赤羽橋、JR浜松町駅の南側を通って東京湾に注ぐ古川のルートは深い谷筋となっている。

増上寺は、小田原道（後の東海道）を攻め下ってきた軍勢が、江戸城総攻撃を前に、最後に渡河を行う場所を見下ろせる絶好のポジションにある。

逆に、現在でも港区赤羽橋あたりからは、東京タワーの建つ旧増上寺の一帯が大きな丘のように見える。増上

■2－7　江戸城と増上寺

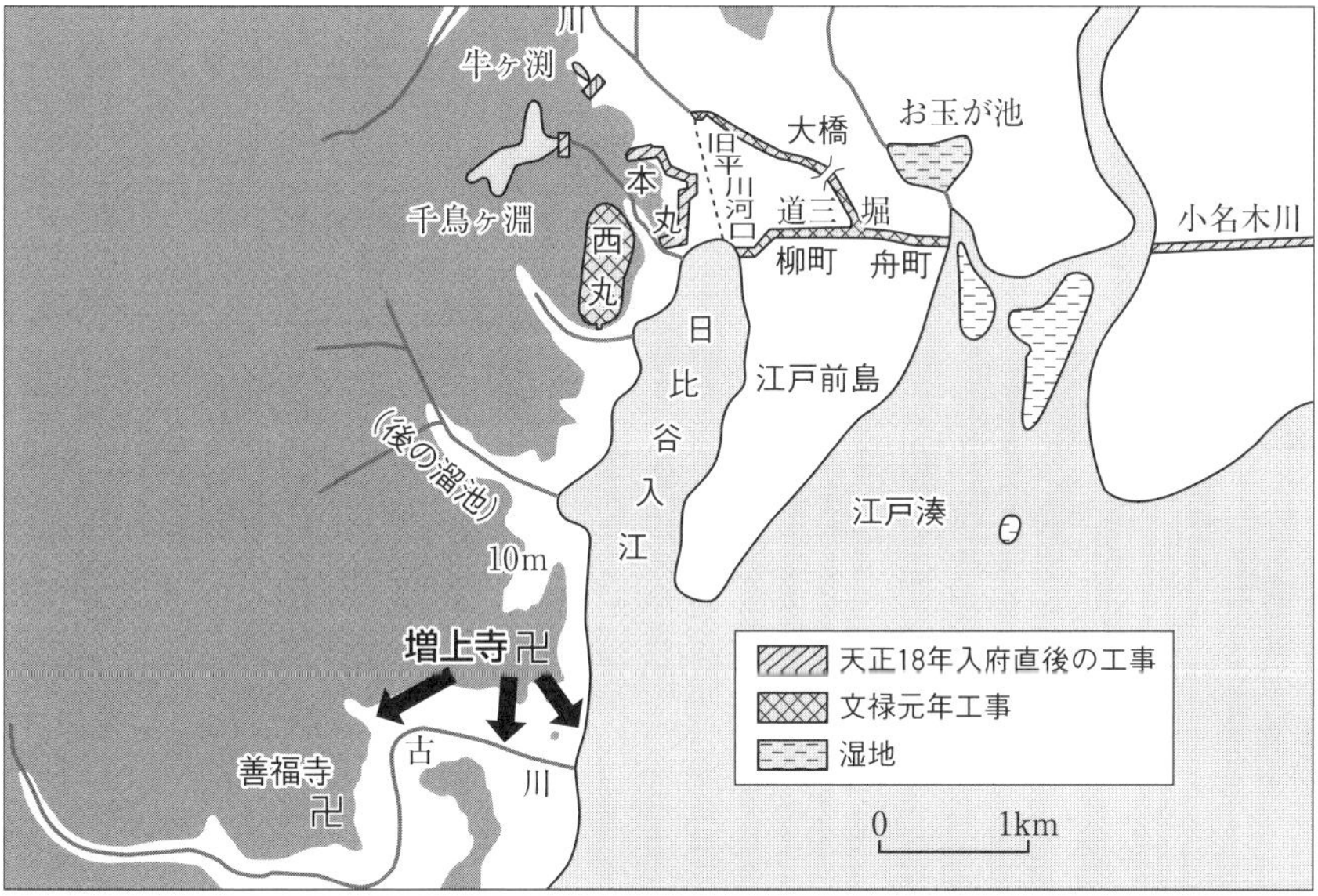

※鈴木浩三『江戸の都市力』筑摩書房より。

寺を攻略するのは大変そうだと実感できる。

相手よりも高いところから攻撃するのは逆よりも圧倒的に有利である。クラウゼヴィッツ（1780～1831）の『戦争論』でも「高処にある軍は攻撃でも防御でも優位を占める」と述べている。

理由は「高処は接近を妨げる障害となる」「上方から下方へ向かって射撃するほうが命中率は良い」「高処は展望がきいて有利」とある。

増上寺が敵の手に落ちれば、江戸城まで地形的に遮るものがほとんどないので、増上寺は江戸城南側の最も重要な拠点であった。

家康は、慶長3年の時点では豊臣力を最大の仮想敵としていたが、当時の政治情勢のなかでは、本拠地にいきなり強力な城砦を築くことによる軋轢《あつれき》は避けるのがベターだったろう。

それゆえ、菩提寺の建立を口実にして、自然地形を活かす形で有事の際には直ちに防御拠点になる増上寺を整備したのであった。

7 北関東に備えた転封と伝通院

東北に対しても、台地上に寺院を建てて体制を整えていく。

●安全確保のため大名を転封

家康は慶長5年（1600）、「関ヶ原の合戦」に勝利すると、緊張関係の続いていた大坂方を視野に入れながら、戦後処理として大名の再配置を行った。

この年、筑波氏を追放して筑波山を支配下に置き、筑波山神社（知足院）を厚く保護している。筑波山は関東平野北部の独立峰であるので、東北地方をにらむうえで戦略的に重要だったからであろう。

翌慶長6年になると、家康は譜代家臣を関東や東海の大名に配置したほか、後述する天下普請（80ページ）の手法によって、関ヶ原の合戦に先立つ戦闘で落城した伏見城の再建や、二条城の造営費を畿内の諸大名に命じた。

二条城は朝廷や公家、伏見城は大坂城の豊臣氏に対する家康の拠点であった。そうした政治的に重要な場所の普請を、まだ征夷大将軍になる前の家康が命じているのは、「徳川の天下」の到来を象徴していた。

さらに慶長7年7月には、佐竹義宣《よしのぶ》を20万石に減封したうえで水戸から秋田に転封させ、水戸20万石を第10子の徳川頼宣《よりのぶ》に与えた。

佐竹氏は秀吉の小田原攻めに参陣し、常陸54万5800石の大名として処遇されたが、関ヶ原の合戦では、東西どちらにつくか態度を明らかにしなかった。西軍側と通じていたという説もある。いずれにせよ、敵となる可能性のある大兵力が関東北部に残っていては大きなリスクになる。そこで秋田に移したのだ。

そして、征夷大将軍に就任する直前の慶長8年1月、

■2－8　江戸城と伝通院

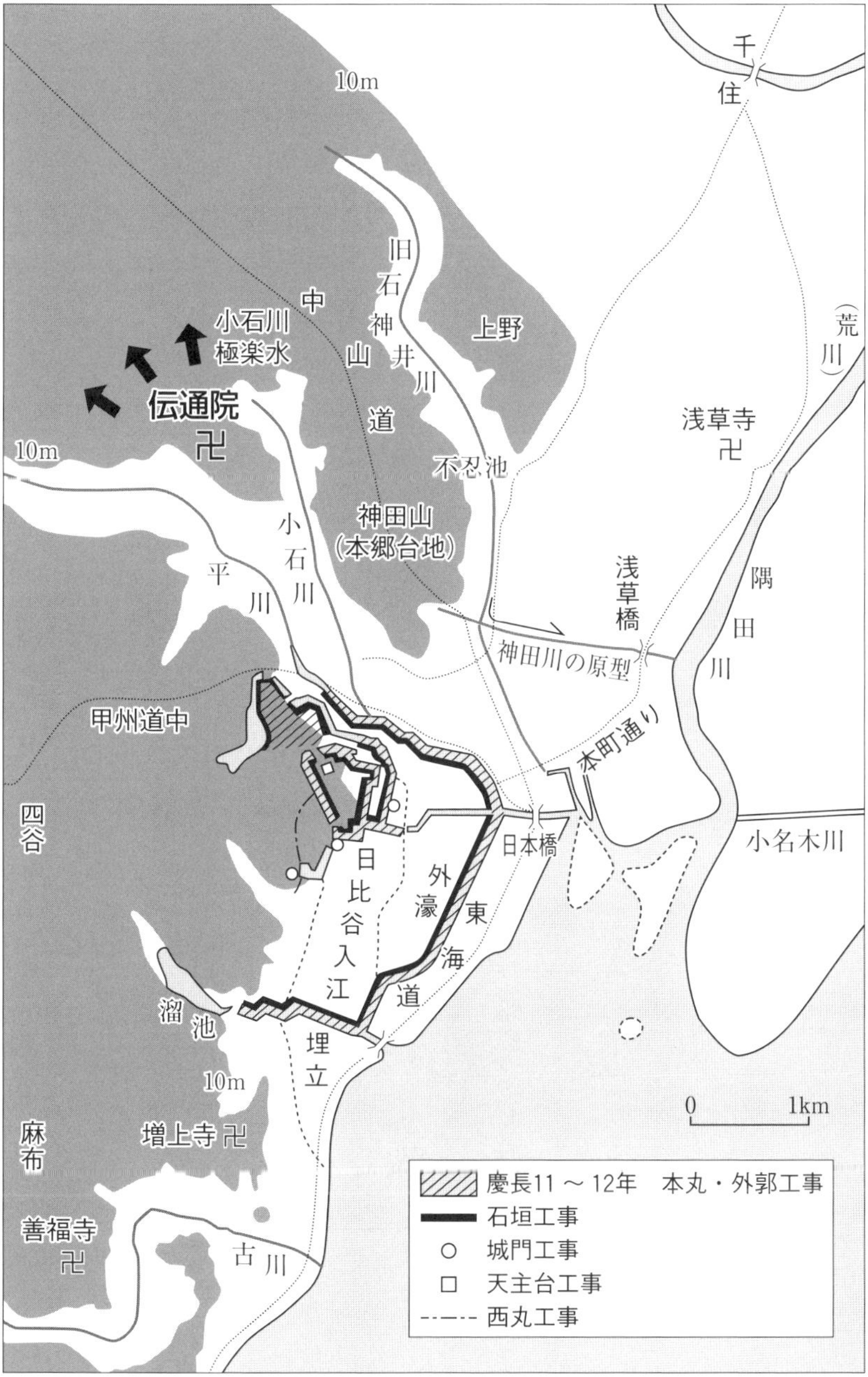

※鈴木浩三『江戸の都市力』筑摩書房より。

甲斐国（山梨）の浅野氏を紀伊国に転封させ、そこを第9子の徳川義直《よしなお》に与えて、江戸の西方も安全にしたのであった。

●「伝通院」の地理的な価値

同じ慶長8年には、「伝通院《でんづういん》」が建てられた。前年に死去した家康の生母・於大《おだい》の方《かた》の遺骨を埋葬するためである。

伝通院の前身は、応永22年（1415）に小石川極楽水（現・小石川4丁目、現・東京大学植物園の南側）に開かれた草庵（無量山寿経寺）で、家康は、これを現在地（文京区小石川3丁目）に移転させて「伝通院」としたのであった。

当時、江戸城の北側には、平川（現・神田川）とその支流・小石川が、武蔵野台地を侵食してつくった低地が広がっていた。

この低地は、武蔵野台地から分かれた本郷台、豊島台、淀橋台の高台によって囲まれていたが、低地の中央部分に伸び出していた豊島台の東端部分に、伝通院が建立されたわけである（図2－8、5ページ図参照）。

つまり、この場所は、低地を隔てて江戸城本丸や紅葉山の対岸部分であり、かつ、江戸城北側に広がる低地を、その中央から見下ろす位置にあり、江戸城を側面支援するには有利な地形であった。

関ヶ原の合戦に勝利し、征夷大将軍になったとはいえ、この時期の家康は権力基盤の強化に力を注いでいた。それゆえ、江戸城のリスクを減らす努力が払われていたとしても不思議ではない。

伝通院にも増上寺と同様、軍事的なパフォーマンスの高い場所に大寺院を建立したという特徴がある。

第3章

家康の江戸経営のしくみ

1 町方支配のしくみ…町奉行のシステム

わずか2つの奉行所で、江戸の町を統制していた。

●江戸に誘致されてきた町人

江戸湊やその中心だった江戸前島は、これまで述べてきたように、関東一円や東北地方、さらには全国からヒト・モノを呼び寄せる土地であった。

江戸に入った家康は、都市機能のハード面とともに、その機能をさらに高めるためのソフト面の取り組みにも着手した。

そこで重視したのが経済の機能で、入府の直後から、家康は積極的に商工業者を江戸に呼び寄せた。軍需輸送や生活必需品を確保し、商工業を盛んにして強い領国をつくろうとしたのである。

そして、家康とギブ・アンド・テイクで結びついた商工業者とともに、家康の旧領を含め、先進地域の上方で活躍していた者たちも江戸に入ってきた。

戦国時代末期、大名が国替になると、関連の商工業者も一緒に新たな領地に移るようになっていた。関連の深い町人たちは、軍需物資や衣服、諸道具類の調達だけではなく、他の大名の動向といった情報収集を任される場合も多かった。

大規模化した戦国大名の組織では、領国経営や兵站《へいたん》などさまざまな分野で専門化が進み、家臣団と商人との分業も進んでいたのである。

家康は、呼び寄せた者や、すでに江戸で活動していた商工業者に、任務を与えるとともに土地を与えた。同業・同職ごとに居住地を定めて町を組織させ、その代表者に「名主」を命じるケースも多かった。

このとき江戸の各町の名主に任命された者が、草創《くさわけ》名主と呼ばれた。「草創」（あるいは「草分《くさわけ》」）とは、家康が入国した時期から江戸の地主であった者で、家康から与えられた土地を「拝領《はいりょう》屋敷」といった。

拝領屋敷というと、大名・旗本・御家人が将軍から与えられた屋敷地をイメージするが、家康の用達を勤める町人や職人にも与えられている。

また、家康との血縁や主従関係にあった商工業者によって、通貨や軍需物資関係など戦略的な分野が固められる傾向もあった。

呉服師の後藤縫殿助《ぬいのすけ》や茶屋四郎次郎、亀屋栄任、伝馬役の馬込勘解由《かげゆ》などの特権商人がこれにあたる。金座を所管した後藤庄三郎（77ページ）は、家康のご落胤《らくいん》（落とし子）だったという説もある。

このほか、入府前から家康に仕えていた商人や職人には、御土器御用を務めていた松井彌右衛門、入府直後に上水の見立てを命じられるとともに菓子を製造していた大久保主水（45ページ）、駿府で御酒御用を務めていた伊勢屋彌兵衛などがいた。

現在、日本橋本町室町2丁目にある刃物の「木屋」も、先祖は家康に招かれて大坂から江戸に下った秀吉の御用達商人であった。

●江戸の町を所管していた南北の町奉行

江戸入りした家康は、町人と町地の支配のしくみを早々につくっている。江戸を城下町として機能させるには、町人の支配・活用が重要だったからだ。

町地とは、町人が居住したり経済活動を行う場所のことである。この町地および町地居住者の支配機関が「町奉行」であった。

ただし、家康が豊臣氏の一大名であった時代を経て、天下を統一し、全国支配を強化していくなかで、江戸幕府の機構や組織は、段階的に整えられていったので、入国直後は、板倉勝重や彦坂元正などの重臣が江戸の町の支配も行っていた。

町奉行の制度が確立した時期は、寛永8年（1631）とする説が有力で、このときに定員も2名と定まった。町奉行は旗本から任用され、南北町奉行2名が月番で執務。このときの町奉行には、いずれも1500石の加々爪《かがつめ》忠澄（北）と堀直之（南）が就任した。

町奉行所は御番所とも呼ばれ、与力・同心が配置されていた。寛永9年に成立した「寛永図」（37ページ）をみると、町奉行所は、道三堀を南北にはさむ形で、常盤

■3－1　加々爪民部と堀式部の屋敷（町奉行所）

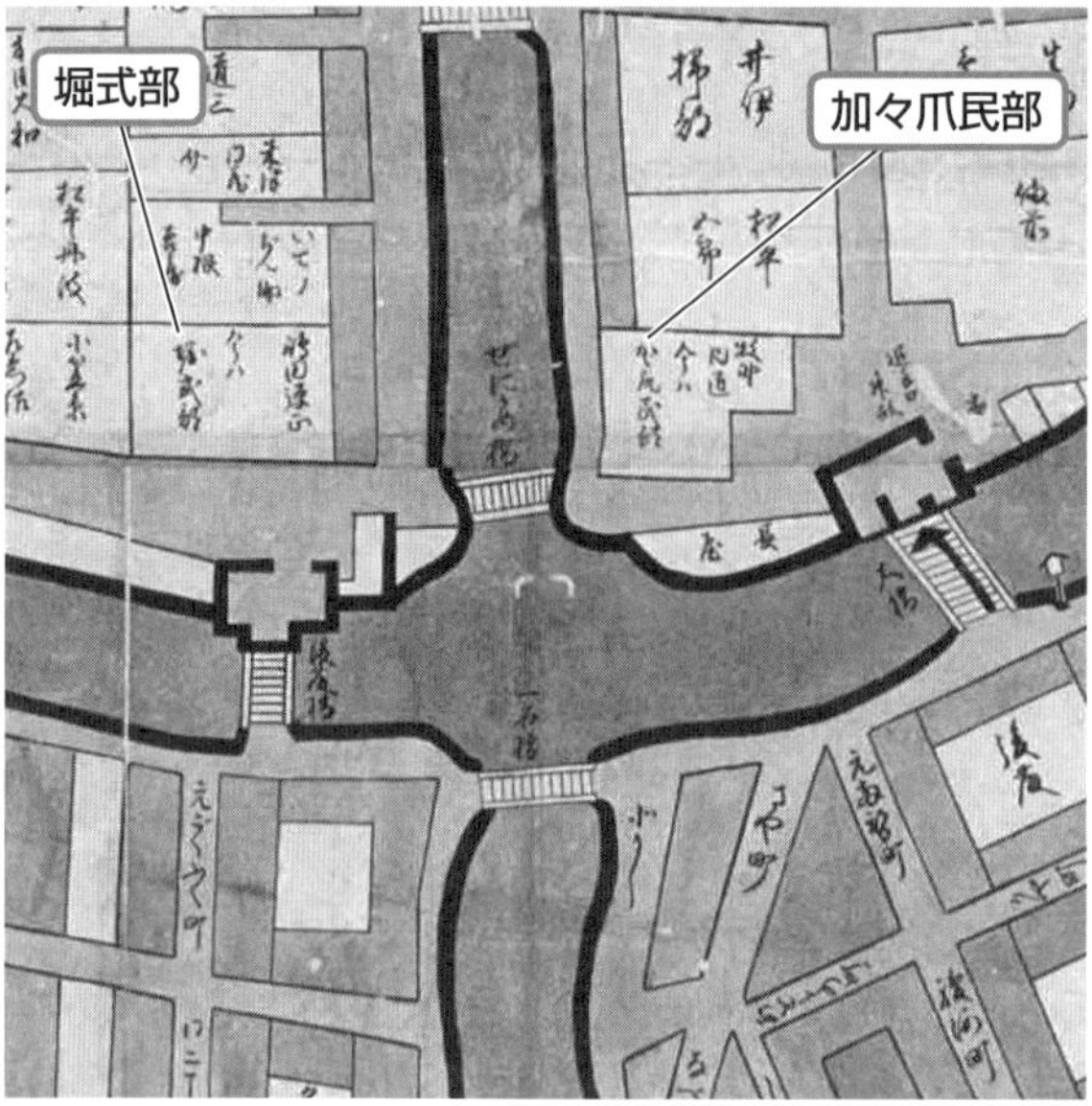

※「武州豊嶋郡江戸庄図」（東京都立中央図書館蔵）より。

橋門内には〝加々爪民部〟、呉服橋門内には〝堀式部〟の表記があり、位置関係も北と南になっている。

それぞれ外濠を隔てて日本橋の南北の町地《まちち》に面しており、江戸の市政を所管するにはふさわしい場所であった（**図3－1**）。

元禄15年（1702）に丹羽長守が増員されて、町奉行が3名体制になったが、10年後の正徳《しょうとく》2年（1712）刊の『分道江戸大絵図』（国立国会図書館デジタルコレクション）には、それが反映されている。

数寄屋橋門内に「御奉行　松野　イキノカミ」（北町奉行・松野壱岐守助義）、鍛冶橋門内に「町御奉行　ツホウチ　ノトノカミ」（南町奉行・坪内能登守定鑑）とともに、呉服橋と鍛冶橋の間に「町御奉行　ニワ　トウトウノカミ」（中町奉行・丹羽遠江守）の表記がみえる（**図3－2**）。

しかし、享保《きょうほう》4年（1719）に坪内が辞職すると後任は補充されず、2名体制に戻っている。

実は南北の町奉行所の場所が定まったのは文化《ぶんか》3年（1806）になってから、北町奉行所は常盤橋門内

■3－2　3つの町奉行所

※「分道江戸大絵図」［乾］正徳２年（国立国会図書館デジタルコレクション）より。

から始まって数寄屋橋門内、呉服橋門内、南町奉行所呉服橋門内から鍛冶橋門内を経て数寄屋橋門内に移転している（図3－3）。なお、この図では南町奉行が遠山《とおやま》左《さ》衛門尉《えもんのじょう》（遠山の金さんのモデル）となっている。

また、江戸を南北の管轄区域に分けたのではなく、南北の町奉行が1か月交代の月番制によって江戸の町地の行政を処理していた。

非番の月も、月番のときに受けつけた訴訟の処理や犯罪捜査、その他諸々の業務を継続的に処理していた。重要な案件については両者の調整や合意も必要だった。

●身分別の行政支配（武家地、寺社地、町地）

江戸幕府による江戸の統治では、僧侶・神官は「寺社奉行」、農民は「勘定奉行」、町人は「町奉行」の支配というように、身分別の支配が行われていた。

三奉行はいずれも老中の管轄下で、大目付と目付を加えて幕府の行政・司法の最高機関であった評定《ひょうじょう》所の構成員を兼ねていた。ただし、旗本・御家人の犯罪は、そ

■3－3　南北の町奉行所

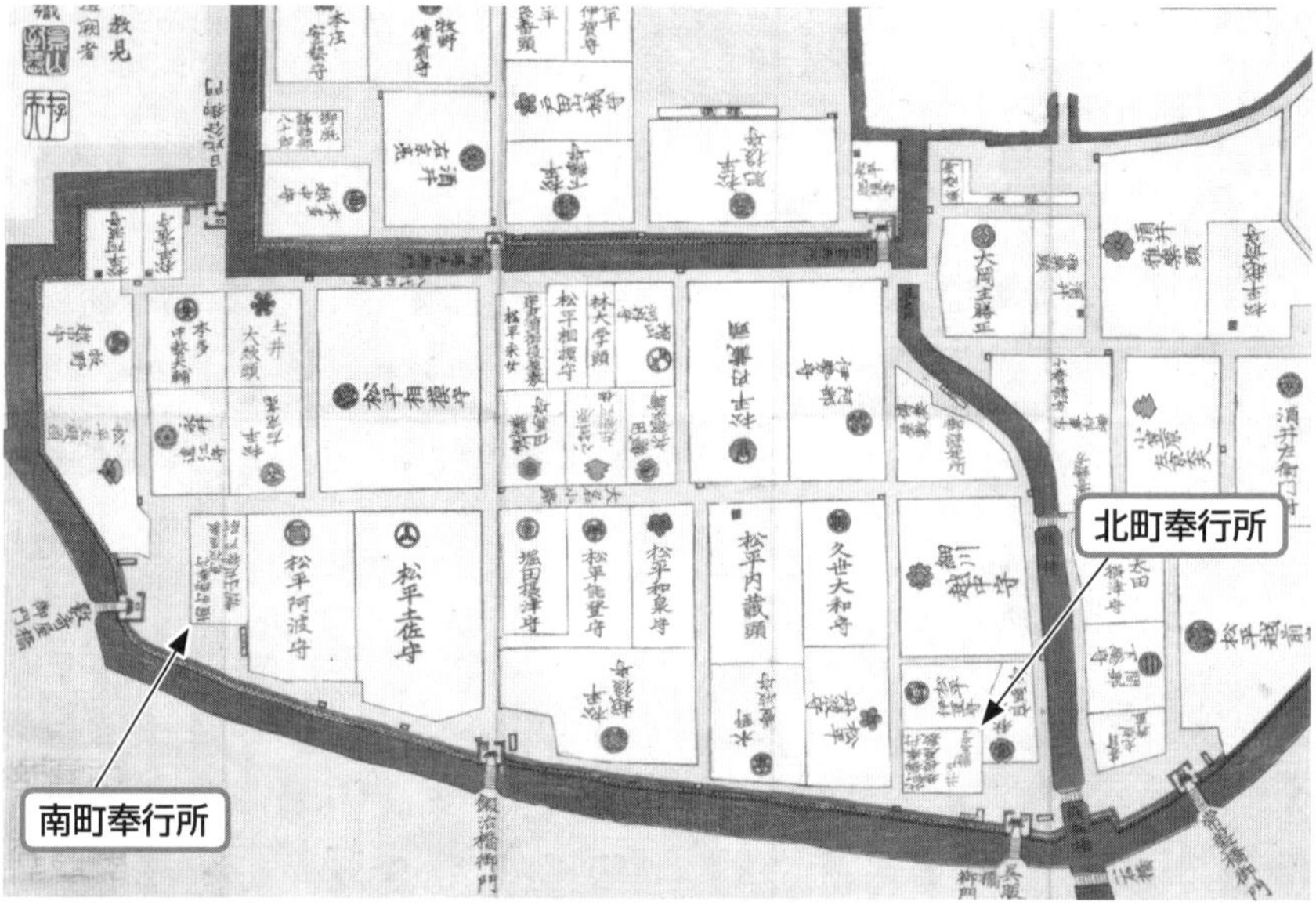

※「御江戸大名小路絵図」尾張屋版（国立国会図書館デジタルコレクション）より。

れぞれ直属の上官がとり調べたうえで、評定所に送付して裁判にかけられたので、町奉行は関与しなかった。

身分別の支配ゆえに、江戸時代の都市では身分別の居住が原則で、江戸市街も武家地、町地、寺社地に分かれていた。武家地とは幕府と大名・旗本・御家人の用地、寺社地は寺院・神社の用地、町地は職人や商人の用地として、それぞれ指定された地域であった。

江戸初期の場合、武家地が9割で残りが町地と寺社地、幕末には武家地7、町地と寺社地がそれぞれ１・５割程度となっていた。

しかし、市中には寺社地が点在し、武家地のなかに町地が飛び地になっている場所などもあったので、身分別に複雑に入り組んだ行政が行われていた。

そのため、正徳3年（１７１３）、深川、本所、小石川、牛込、四谷、赤坂などの代官支配地で市街地化した地域を町奉行支配に移した。

さらに延享《えんきょう》2年（１７４５）には寺社門前町が町奉行支配地に移管となり、町奉行の警察力の導入が図られた。

2 町の運営は町年寄・名主・家主の階層で

町人による自治組織によって行われていた、行政の実務。

●町の自治組織のトップ…町年寄

家康は入国直後に、江戸の町人支配のために徳川氏の組織のなかに後年の町奉行に相当する組織を定めた。同時に、町人側のトップを担う「町年寄《まちどしより》」を置いた。

町年寄は、「奈良屋（のち「舘《たて》」）」「樽屋」「喜多村《きたむら》」の世襲三家があった。

彼らは、江戸町人に対する統治機関であり、かつ、江戸町人の自治的組織の頂点として都市行政にあたるという二面性を持っていた。

つまり、江戸の町方支配にかかわる幕府の法令や政策は町奉行が実施したが、その窓口として伝達・執行する機関が、最高位の江戸町人である町年寄であった（**図3−4**）。

幕府の法令（御触《おふれ》）の市中への伝達、名主の管理、商工業者の統制、幕府からの照会への回答などを行うと同時に、町人の自治組織のトップとして、民事訴訟の調停や、町人の意思や市場の状況を町奉行に伝えて、時には要望を実現させるという、双方向の機能を果たしていた。

●3町年寄の「奈良屋・樽屋・喜多村」

「奈良屋」の先祖は三河以来の家康の家臣で、家康の江戸入府に従い江戸の町の支配を命ぜられ、天保《てんぽう》5年（1834）に「舘」の姓を許された。

樽与左衛門（「樽屋」）の先祖の水野三四郎は、「長篠の合戦」で戦功があり、徳川家康から感状をもらい、その祝儀として酒樽を献じた。それ以後、樽姓に改めたとも、寛政《かんせい》2年（1790）に樽姓を許されたともいわれる。家康入府時から江戸の町支配を命じられていた。

喜多村は最初から姓を持っており、家康入府のときに江戸に下り、町年寄を命じられた。

「喜多村」については、前田利家が支配していた金沢の町年寄として高い業績を上げていた北村屋（喜多村）彦右衛門が、慶長5年（1600）、家康の強い求めで江戸の町年寄になったという記録が「町奉行歴代帳」（『金沢市史』資料編6所収）に残っている。

享保期に書かれた3町年寄それぞれの由緒書では、家康の元家臣の奈良屋と樽屋は天正18年から、喜多村は遠江から江戸に移り文禄元年からとあるが、喜多村家の家伝では金沢出身とあるので、金沢から移った彦右衛門が初代喜多村を襲名したとみられる。

町年寄と各町の間にあって、町の自治と行政を統括するのが「名主」で、名主の配下には職能団体としての「家主《いえぬし》」の集団があった。

●名主と家主によって末端まで統治

江戸時代の町は、一定の区域、所属する町人とともに、事務・事業を行う「書き役」などのスタッフを持つ組織で、公法人的な性格を持っていた。現代でいえば市町村といった地方公共団体に近いイメージだが、町人どうしの示談や調停といった司法的機能も持っていた。

町の機能としては、町触の伝達や徹底、人別改《あらため》（戸籍調査や人口調査にあたる）、防火・消防、町年寄に指示された各種の調査、町奉行所への訴訟や諸届への承認（奥印《おくいん》）、沽券《こけん》（土地の家屋敷の売買契約書で、価格も記載された。土地の権利証でもあった）などの文書の検閲・承認、簡易な民事訴訟や町内の紛争処理、町入用（61ページ参照）の徴収と納入、祭礼の実施など多岐にわたっていた。

「名主」は、町の代表者で世襲されたが、実際には相撲の年寄株のように譲渡の対象になっていた。

名主には4種類があった。家康の江戸入り当時からの名主が「草創《くさわけ》名主」、寛永期（1624～44）までにできていた古町《こちょう》を支配するのが「古町名主」で、年頭に江戸城で将軍への拝謁が許されていた。このほか、町並地（町奉行・代官両支配地）は「平《ひら》名主」、社門前町は

■3－4　江戸の都市行政と商工行政のシステム

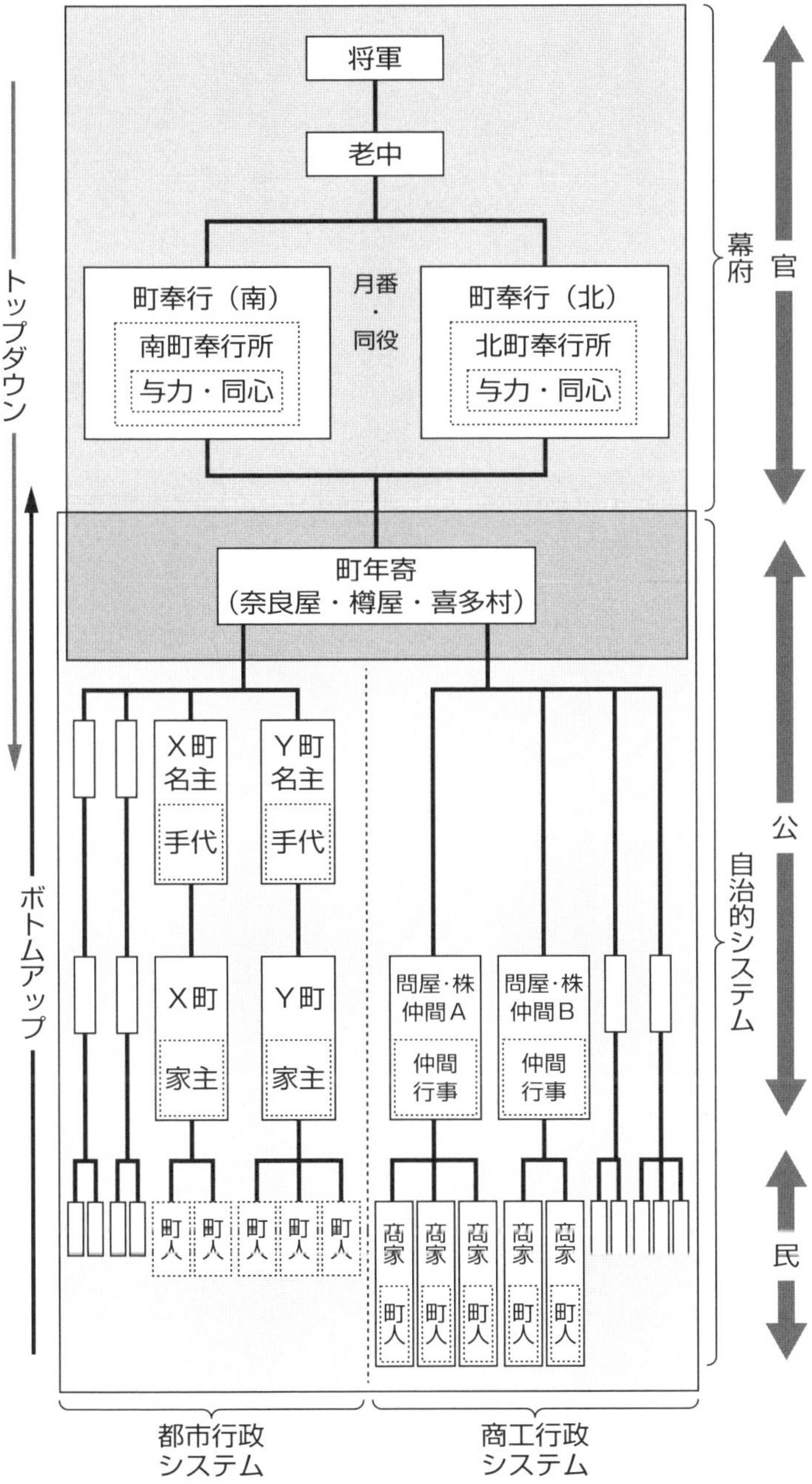

「門前《もんぜん》名主」がそれぞれ支配した。
江戸が拡大すると町も増えたので、名主の組合（「市長会」のような団体）が生まれ、享保7年（1722）には、一番から十七番までの名主組合が結成された。各

名主組合には、組合の事務などを処理するために、1年ごとの当番の名主（年番名主）を定めた。

その後、名主組合は23になり、寛政2年（1790）からは、それぞれの名主組合を取りまとめる役割を与えられた肝煎名主《きもいり》が2名から3名置かれた。

それにより、町奉行から町年寄を経て伝達される町触れなどは、町年寄から肝煎名主に伝えられ、肝煎名主が管轄下の名主たちに徹底するようになった。

多数の名主から構成される名主の組織に、階層性を取り入れて、機動的かつ着実な町政の施行を狙ったのである。

●家主は最前線の行政組織

名主の配下にあったのが「家主《いえぬし》」であった。大家《おおや》、家守《やもり》とも呼ばれた。家主は、①地主の委任を受けて、その土地に居住する地借《じがり》や店借《たながり》（次ページ）たちに地主の差配を及ぼすとともに、②彼らに対して、所属する町の名主等からの公的な指示、命令、取締、調査、身元調査や福祉などを実施・徹底させる役割もあった。

このように、現在の区市町村の職員のような役割を持っており、江戸の町人組織の末端機関となっていた。

家主は、五人組を結成し、互いに連絡をとりながら当番の月行事が実務を処理した。それが、職能団体としての家主の集団であった。

江戸の家主五人組は、江戸町政の最前線で必要となる業務を円滑に処理するための組織で、幕府が全国の農村に相互監視の目的で組織させた五人組とは異なっていた。

町年寄・名主・家主から構成される江戸の町役人の組織は、都市活動や人々の生活の幅広い分野に関して、高い自治的能力を持つ公的組織として機能していた。

官（幕府）と民（町人）のいずれでもなく、その間にあって、町地に居住する者のために公共性や公益を実現していたのが、この自治的組織（公）であった。それゆえ、幕府はこれらを尊重し、政策実現のために活用した。

こうした自治的システムによる都市経営は、各地の都市や諸大名の城下町経営でも共通していた。

3 町人とは「地主」のこと

租税を負担し、出訴権を持っていたのが町人という身分。

●町人とは?…ハチやクマは町人ではない

ここでいう「町人」とは、地主や家持階級のことである。地借（借りた土地に建てた家にすむ人）、店借（賃貸に住む人）は、当時の法制上は町人ではなかった。町人は、現在の地方税にあたる公役銀や町入用の納入などの義務を負う一方で、公事訴訟の出訴権を持っていた。

しかし、町人ではない地借、店借や裏店《うらだな》（表通りに面していない路地に建つ貸家）に住む人々には、義務もないかわりに権利もなかった。水道の使用料（水銀《みずぎん》）も納めなかった。落語でお馴染みのハチやクマなど、裏店の住人は町人ではなかったのである。

この裏店は、商売のできない場所だった。公道に面した表店から奥に入り、さらに木戸を入って両側に9尺2間の棟割長屋が建ち、トイレも水汲み場＝井戸も共用といった様子であった（図3−5）。

したがって、裏店の人々がなにか問題を起こして民事ないし刑事の裁判に係わるときには、彼らを支配する名主や家主（大家）のつき添いが必要であった。

「大家といえば親も同然、店子といえば子も同然」といわれたが、それは血縁関係ではなく、こうした法的関係を象徴していた。

●町人になるには全地主の同意が必要だった

一方、当時は地主（町人）になるには、その町の地主すべての同意が必要だった。カネがあるだけでは地主＝町人にはなれなかった。信用が不可欠だったのである。それは、諸組合や株仲間への新規加入でも同様だった。

町や同業組合といった組織・団体に新規に加入する際には、既存のメンバーや関係者を饗応して、加入者を認知してもらう手続きであり儀式であった「弘《ひろ》メ」が必要だった。「披露目」「広め」とも書く。現在の結婚披露宴もその名残である。

地主一同から地主になることを認められて、土地の売買契約となり、弘メの手続きが終わると、その事実が「沽券《こけん》」に記載された。

それゆえ、沽券状は、登記的な意味や財産価値を超えて、地主の全人格的な信用を象徴したのであった。

沽券は町人が他から融資を受ける場合の抵当の対象になったほか、幕府の仕事を請け負う際には、身元保証として家屋敷の沽券状を提供した。

問屋や株仲間への加入でも、同業者全員の同意と、町年寄役所に備えつけの名簿に加入の事実を登載することが必要であった。

このように、江戸時代の都市や同業者の自治的組織は、それぞれの構成員が地域や組織に対して全人格的な責任を含む無限責任を負うことで成り立っており、その責任の対象だったのが、官でも民でもない「公」、あるいは公共としての地域や組織だった。

こうした支配の構造は農村も同様で、本百姓―脇百姓（水呑）―使用人という階層に従った統治がなされていた。

領主による統治は、村役人などを通じて「本百姓」を対象とし、年貢を納める義務も本百姓だけにあった。脇百姓以下の支配は本百姓の役目とされていた。

●江戸は町のシステムを活用した「小さな政府」

百万都市・江戸の都市行政や経済政策は、時代にもよるが南北の町奉行とわずか３３０名の与力・同心が処理していた。

幕末時点では南北町奉行の配下には、それぞれ与力25騎と同心１４０人が配置されていた。大坂の東西町奉行所では与力30騎ずつ、同心50人ずつであった。

■3－5　伴家向屋敷図における裏店の様子

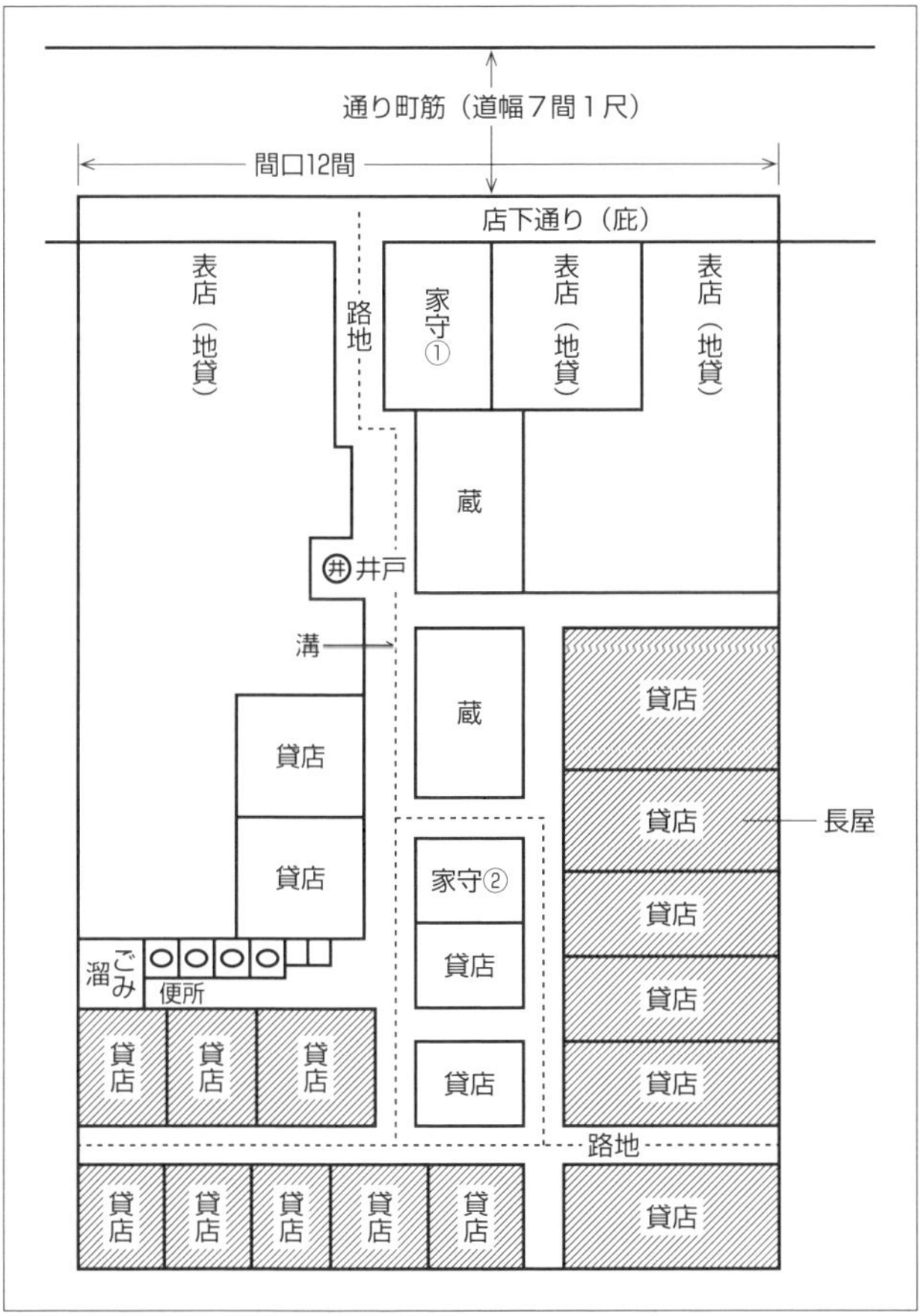

※東京都公文書館『都市紀要 34　江戸住宅事情』に加筆。

約260年間にわたって、これだけの組織で江戸の行政、司法を運営できた理由は、なによりも町年寄などを使った間接統治システムが機能していたからであった。つまり、幕府という「官」と、町人や諸商人といった「民」の間に「公」があって、構成員の全人格的な信用を前提とする自治的組織による「公による経営」が行われていたため、「小さな政府」が実現できたのであろう。

もっとも、与力・同心は、手先を使って犯罪捜査などを行い、その弊害もあったが、その経費は実収入の多い彼らが出していた。

4 メインストリートを整備して日本の中心の町へと変貌

「五街道」を整え、街道に付随するさまざまなシステムを構築。

●伝馬役と本町通り…江戸の最初のメインストリート

家康は江戸に入ると、軍需物資の輸送のために伝馬役《でんま》を定めた。伝馬役とは物資の運搬と役人の往来のために人や馬を備え、必要に応じて提供するものである。

彼らが人馬の供給や宿場の問屋等を行った場所が伝馬町で、江戸前島の宝田村（現在の呉服橋内）にあった。元家臣であった馬込勘解由や、江戸の地元有力者を登用して、兵員や武器、食糧などの軍需物資の輸送体制を急いで整えたのである。

秀吉が家康を江戸に配したのは、東北地方に備えてのことだった。

したがって、その頃の江戸城の正面は東北地方を向いており、当時の江戸のメインストリートは、江戸城の大手門から、常盤橋門→本町通り→浅草橋門に至る本町通りのルートで、現在の江戸通り（新常盤橋から）にほぼ沿っている。その先は、現在の隅田川の自然堤防から浅草寺周辺を経て奥州に至る。

しかし、慶長11年（1606）から始まった第1次天下普請にともなって、江戸前島を南北に縦断する外濠《そとぼり》が開削されて（81ページ図）、外濠の内側が江戸城外郭に取り込まれたため、初期の伝馬町は、日本橋の大伝馬町、南伝馬町、小伝馬町に移転した。

後に、大伝馬町と南伝馬町は五街道向け、小伝馬町は江戸府内と近郊への公用人馬を負担することとなる。伝馬役職は世襲で、その町の名主を兼職した。大伝馬町と南伝馬町の名主は、江戸の名主の筆頭であった。

■3－6　五街道と江戸四宿

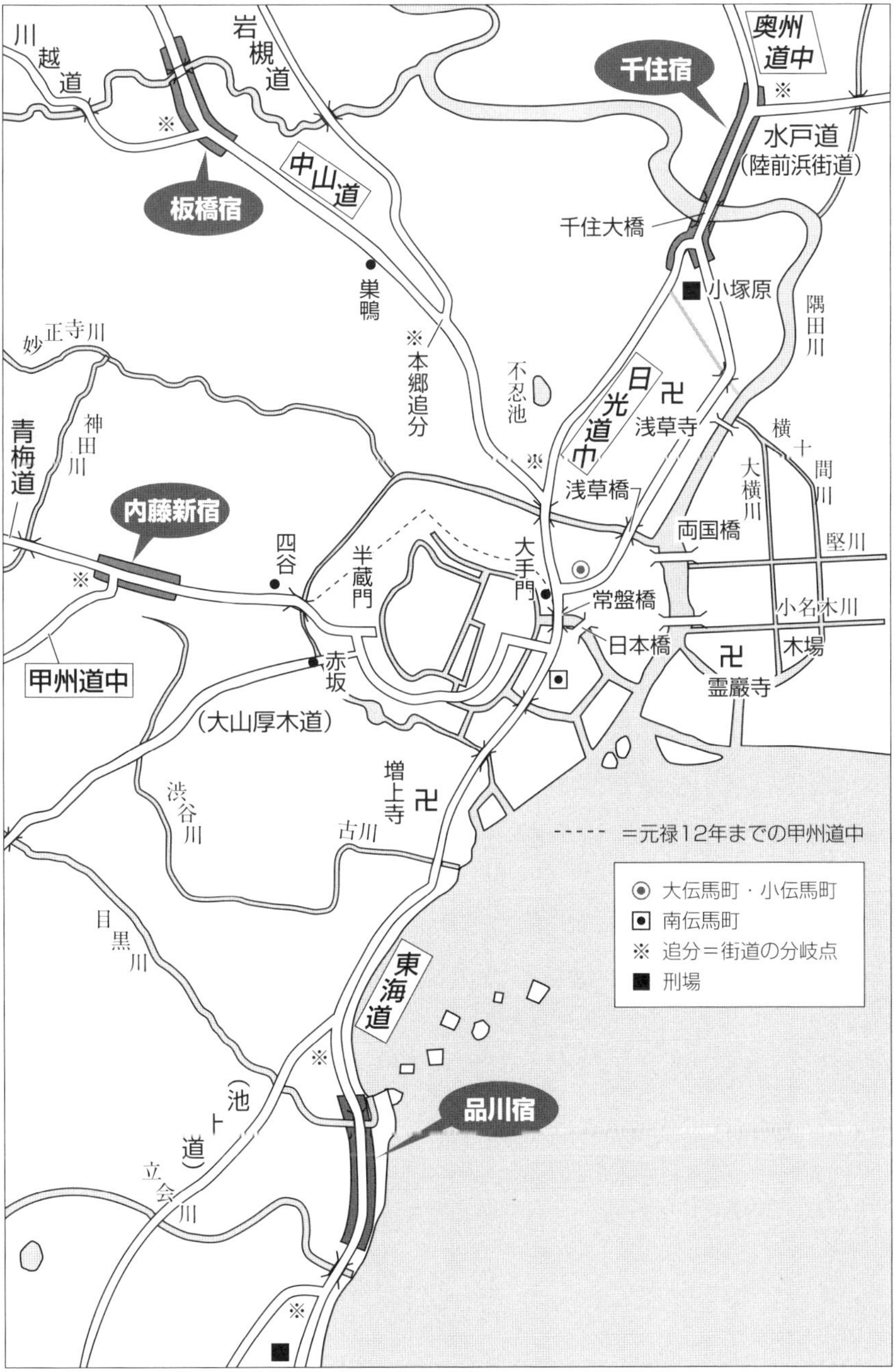

※鈴木理生『スーパービジュアル版　江戸・東京の地理と地名』日本実業出版社より。

●整備されていく主要五街道

関ヶ原の戦後の慶長6年（1601）になると、まず東海道に、翌年には中山道にそれぞれ伝馬制が敷かれた。

伝馬制では、各宿場が公用旅行者のための宿泊施設や荷役用の人馬などを常備し、無料で提供した。それは戦国大名の伝馬制度から発展したものであった。この役務の見返りに、宿場には飯盛女《めしもり》（旅人等にカネを使わせるための私娼）を置いた旅籠の営業が認められていた。

慶長9年になると、東海、北陸などの諸街道を修理するとともに「一里塚」を築くなど、主要な街道の整備が始まった。公用荷役の伝馬のほか、民間荷役の駄賃附や通信インフラとしての飛脚、本陣・旅籠《はたご》なども整えられていった。

江戸を起点とする東海道・中山道・日光道中・奥州道中・甲州道中の「五街道」も元和期頃までには確定している。なお、五街道の呼称は享保元年（1716）になって定められた。

宿駅数53の東海道は江戸・日本橋と上方を結ぶ大動脈であったが、太平洋岸に沿って多くの大河川を渡らなければならず、大井川のように橋を架けない場所もあった。これは大軍の行軍を阻むためだったが、旅程を立てにくい欠点があった。そのため中部地方の山間部を通り、道も険しく宿駅が67ある中山道も発展した（86ページコラム参照）。

日光道中と奥州道中は、日本橋から宇都宮の間は重なるが、大和政権以来の東北地方へのルートである。

甲州道中は、幕府にとって軍事的に重要なルートであった。また、後の内藤新宿（元禄11年開設）から追分で分岐する青梅道の先には、城壁の材料となる石灰の産地（青梅）や、煙硝《えんしょう》（火薬）生産地の秩父の横瀬などもあった。時代が進むと、江戸近郊からの野菜や果物、薪炭の輸送ルートにもなっている。

宿場のうち、日本橋から最初となる宿場が「江戸四宿」である（次項参照）。

東海道は品川、中山道は板橋、日光・奥州道中は千住、甲州道中は高井戸（後に内藤新宿）で、大伝馬町と小伝馬町（日本橋）と南伝馬町（京橋）が、日本橋と四宿間の往復の伝馬業務を務めた（**図3－6**）。

5 江戸四宿の役割とその実態

品川・千住・板橋・内藤新宿と、遊興地でもあった宿場が整備された。

●遊興地を兼ねていた「品川宿」

東海道の最初の宿駅は「品川宿」で、中世以来の品川湊であった目黒川の河口部に位置していた。慶長6年（1601）に置かれ、東海道を海岸に沿って南北約2キロの細長い宿場であった（現在の京浜急行（本線）北品川駅から青物横丁駅付近）。

目黒川によって「北品川宿」と「南品川宿」に分かれ、後年、「歩行新宿《かちしんしゅく》」が北品川宿の北側にできた。

東海道を通る旅行者だけではなく、日本橋から2里と江戸から近いこともあって、市中からの客も多く、旅籠のほか飲食店、岡場所などが数多く集まり、東海道53次のなかでも大きな宿場・遊興地となっていた。江戸の南側の品川宿には「南国」などの俗称があり、それは「北国」の吉原と対比したものであった。

天保14年（1843）における宿内の人口は6890人（男3272、女3618）、本陣1、脇本陣2、旅籠93を含め1561戸からなっていた。飯盛女も多く、明和年間（1764～72）以降の公許は500人なったが、実態はさらに多かった。

御殿山は桜の名所で、品川沖では潮干狩りなども行われ、行楽の場所としても賑わった。

●富士講・大山講で危機に瀕した品川宿

これほどにぎわった品川宿も、危機的状況になったことがあった。

古代からあった富士山信仰は、江戸時代になると民間信仰として盛んになった。享保期頃から江戸では、陰暦6月朔日の参詣登山が年中行事になった。

「江戸八百八講」というほど、富士講（富士山を信仰する者たちの組織）が多数あり、昭和初期まで続いたものもある。相模の大山参り（大山講）も盛んだった。

講では、メンバーが積み立てた資金を代表者の登山費用にあてた。病気平癒の加持祈禱にも力を入れていた。人々に経済的な余裕ができた一方で、現世利益が貪欲に求められていたこともあって、富士講が流行ったのだろう。泊りがけの物見遊山も盛んになっていた。

しかし、このおかげで問題も発生した。

富士山や大山への参詣者が、江戸から神奈川宿まで船を利用するようになったため、パスされた品川宿にカネが落ちなくなったのである。

死活問題になった品川宿からの訴えとともに、公用や大名行列が利用する宿場の衰退は、幕府にも不都合だったので、文化《ぶんか》2年（1805）、「品川宿の八ツ山船着場で必ず下船せよ」と町奉行が命じたほどである。

天保13年（1842）に出された同様の禁止令では、漁船に参詣客を乗せることを禁じている。しかし、禁令にもかかわらず、海路はその後も定着していた。

●最大規模で市場もあった「千住宿」

日光・奥州道中の「千住宿」の場所は、古くから交通の要衝だった。永承《えいしょう》6年（1051）の「前九年の役」の際、源義家が奥州遠征に向かう途中、現在の隅田川を渡った場所も千住付近であった。

東北地方への備えもあって、江戸入りした家康も入府から間もない文禄3年（1594）、隅田川（当時は荒川といった）に千住大橋を架けた。

千住が、宿場に指定されたのは、寛永2年（1625）の日光東照宮の造営に際してであった。

日本橋から2里半、日光参詣や東北地方への玄関口であるほか、水戸道や佐倉道への分岐点でもあり、大きな宿場に発展した。

現在のJR北千住駅の西側を通る「宿場町通り」（旧中山道）に沿った千住1～5丁目が初期の宿場（本宿）だったが、参勤交代の制度化などによる交通量の増大にともなって、万治元年（1658）に掃部《かもん》宿、河原町、橋戸町も宿場（新宿）となった。

さらに万治3年には、千住大橋手前の小塚原町と中村町が加えられた（下宿）。元禄9年（1696）には助郷《ごう》（宿場に備えた人馬が不足したときに、周辺の農村から人馬を徴発する制度）も定められた。

天保14年の宿場の人口は9956人（男5005、女4551：合計すると400人不足）、本陣1、脇本陣1、旅籠55を含め2370軒と四宿で最大だった。

また、隅田川のほか新河岸川や綾瀬川なども近く、河川舟運が盛んで、貨物の集積する場所にもなっていた。

水運で運ばれた青果物（野菜）や周辺で獲れた川魚は河原町の市場（やっちゃ場）で取り引きされ、青果問屋や川魚問屋なども集まっていた。

現在の足立市場は、これを引き継ぐものであり、旧河原町の一帯には、現在でも鰻や鯉、鮒などを専門に扱う問屋が集積している。

●大名行列を整えた「板橋宿」

中山道の「板橋宿」は、石神井川にかかる板の橋を中心として、平尾宿、仲宿、上宿の3つからなり、約1・7キロメートルにわたって続いていた。

人口2448人（男1053、女1395）、本陣1、脇本陣2、旅籠54を含めて573軒と、四宿では最小であった（天保14年）。

平尾宿の北側には、延宝《えんぽう》7年（1679）に加賀・前田家が22万坪もの広大な下屋敷を置いた。前田家の参勤交代のルートが東海道から中山道に変更になったので、江戸への出入りの利便を図るためであった。

加賀百万石の前田家の行列ともなれば、格式に応じて大規模なものになったが、金沢から江戸までの道中のすべてをフル装備で踏破したのではなかった。

江戸に入る直前、金沢から従ってきた最小限の家来たちは汚れた旅装を見栄えのする衣装に着替えるとともに、武家奉公人を多数雇って加賀百万石にふさわしい行列に仕立て上げて江戸に入った。帰国のときは、その逆だった。

江戸に最も近い宿場は、大名行列を整えて見栄えをよくする場でもあった。板橋宿は、30家の参勤交代の行列が通っていたこともあって栄えていたのである。

●一度廃止されていた「内藤新宿」

五街道が定められた当時、甲州道中の最初の宿駅は、日本橋から4里（約16キロメートル）も離れた高井戸宿で、慶長7年（1602）から置かれている。それでは遠くて不便であったため、元禄12年（1699）、浅草の名主・喜兵衛らが、新宿への宿場開設を願い出て、5600両を上納して開設された。

その後、旅籠のほか岡場所（遊郭）としても栄え、歓楽地化したが、二度の火災のほか、甲州道中の利用者がもともと少なかったことや、享保改革（1716～45）の風俗取締などもあって享保3年（1718）に内藤新宿は廃止となった。

しかし、積極的な経済政策が展開された田沼時代の明和9年（1772）に再興、大歓楽地として繁栄した。

天保期（1830～44）の規模は、人口2377人（男1172、女1205）、本陣1、旅籠24を含む698軒で、四谷大木戸から下町、中町、上町の東西約1キロメートルの宿場となっていた。上町からは青梅道が分岐していた。

岡場所として栄えたこともあって、周辺の寺院には奪衣婆《だつえば》（葬頭河婆《そうづかのばば》、正塚婆《しょうづかのばば》、老婆王ともいう）が祀られた。

奪衣婆は、地獄の閻魔大王の手下の老婆で、三途の川＝葬頭河の渡し銭を持たずに来た者の衣服を剥ぎ取るのが役目である。

内藤新宿の遊郭に遊びに来る客から「衣服を剥ぎ取るように」ということで、遊郭関係者から信仰を集めていたのである。それだけ内藤新宿は歓楽街として栄えていた。

現在も、「太宗寺」（現・新宿区新宿2丁目）では巨大で恐ろしげな閻魔像と奪衣婆像を拝観できるが、江戸時代には「正受院」（現・新宿2丁目）が有名だった。

お参りすると「口の中の病にきく」「咳がなおる」ということで、文政期頃から参詣人が多くなり、毎日お参りする者や、お百度を踏む者もあった。

6 江戸の行政区の範囲はどこまでか

東京23区より、ひと回りほど小さかった江戸の範囲。

●あいまいな江戸の範囲

江戸時代には、現代の「行政区域」の概念はなかった。身分別の支配が原則だったので、居住する場所も身分別、それを支配する機関も異なっていた。

江戸市街が武家地のほか、町地、寺社地に分かれ、町地は町奉行、寺社地は寺社奉行の支配となっていたことは、すでに述べたとおりである（55ページ）。

そのため、屋敷や町名、寺社があって場所が特定しやすい市街の中心部はともかく、江戸が拡大していくに従って、江戸の範囲を決める必要が生じてきた。ただし、その範囲は徒歩1日圏内であった。

元禄11年（1698）に、江戸を「府内」と「府外」に分ける「榜示杭《ぼうじぐい》」が29か所の道路脇に立てられた。

「此杭よ里《り》内小荷駄馬口附《こにだうまくちつき》し者不可乗《うまにのるべからず》者也」

と書かれ、町奉行の管轄範囲を示していた。

しかし、面で示すものではなかった。武家地や寺社地には町奉行の支配が及ばなかったので、それらが点と点の間にあれば、線でつなげなかったからである。

とはいえ、江戸の内陸部や隅田川の東部に榜示杭が連なっており、明暦大火後の江戸市街の拡大（144ページ）が反映されている。

●「朱引」と「墨引」で決められた江戸の範囲

文化元年（1804）の時点で、幕府は、江戸城を中心とする4里（16キロメートル）四方の範囲を「御府《ごふ》内《ない》」としていた。

しかし、その定義は幕府内でも混乱していた。前例を調査しても解釈がまちまちで、「御府内」の範囲を公式に示せないことに直面した。

そこで目付・牧野助左衛門が提出した「御符内外伺」がきっかけになり、評定所で入念な評議が行われた。

その答申にもとづき、文政《ぶんせい》元年（1818）12月、幕府は「別紙絵図の朱引《しゅびき》の内側を御府内とする」と正式見解を示したのであった（図3－7）。

東は中川限り、西は神田上水限り、南は南品川町を含む目黒川辺、北は荒川・石神井川下流限り、であった。

■3－7　朱引のほうが墨引きより広い

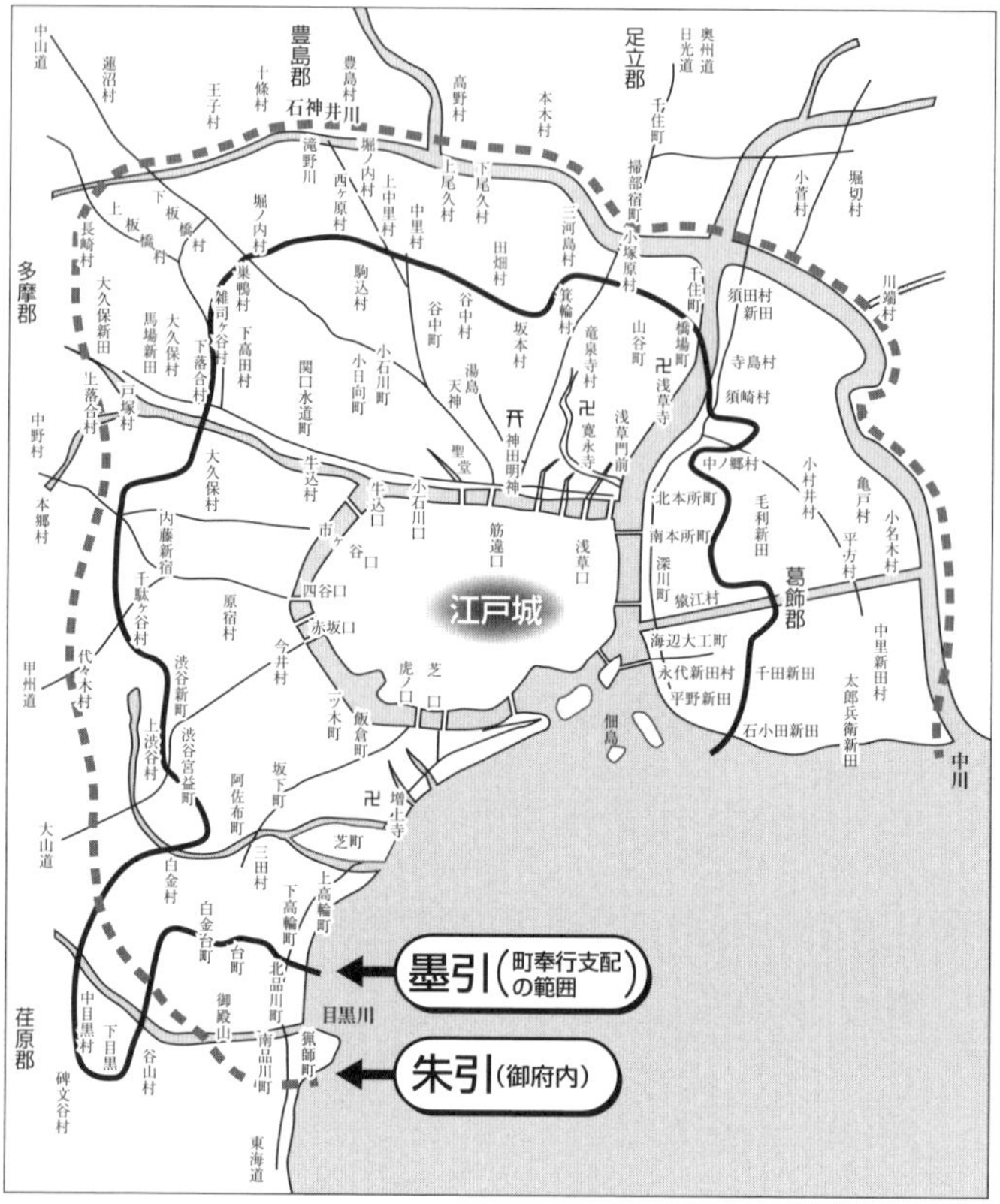

※鈴木理生『スーパービジュアル版　江戸・東京の地理と地名』日本実業出版社より。

これにより、江戸の範囲が初めて地図上に面的に定められたのであった。

この朱引図には、朱線と同時に黒線が引かれていた。この「墨引《すみびき》」の範囲が、町奉行所支配の範囲であった。東は永代新田村や猿江村、北は山谷町、箕輪（三ノ輪）村、谷中村、駒込村など、西の巣鴨村、雑司ヶ谷村、大久保村、千駄ヶ谷村、渋谷宮益町など、南は白金村、中目黒村、上高輪町などとなっていた。

目黒付近で墨引が朱引をはみ出していることを除き、墨引は朱引のさらに内側になっている。

7 家康による通貨統合…金・銀・銭の「三貨制」

甲州金のノウハウを応用した、統一の計数貨幣が登場。

●家康による通貨統合…対等だった金・銀・銭

家康は江戸に入ると、文禄4年（1595）に関東の領内限りで通用する「武蔵墨書小判《ぼくしょ》」（76ページ）を秀吉の承認のもとに発行している。このように、家康は領国経営における通貨の活用に積極的だった。

それゆえ、事実上の天下人になると、本格的な通貨発行に乗り出した。

関ヶ原で勝利をおさめた後の慶長6年（1601）、それまで通用していた貨幣を強制的に廃して、新たな金貨と銀貨を鋳造して全国に流通させたのである。貨幣の発行権を手にしたのだ。

これは、通貨の独占を通じた経済面での天下統一であった。豊臣秀頼と淀殿が存命中だった大坂にも新たな金・銀を強制的に通用させている。

この「徳川の貨幣」のうち、金貨は慶長金（慶長大判、慶長小判、慶長一分金〈判〉）、銀貨は慶長銀（慶長丁銀《ちょうぎん》、慶長豆板銀《まめいたぎん》）で、元禄8年（1695）の貨幣改鋳まで通用した。銭は永楽銭などの大陸の銭であった。

ちなみに「大判」は贈答などの儀礼用に特化した特殊な通貨で、通常の流通はなかった。

家康の定めた貨幣制度では、金・銀・銭の3種類の貨幣が、それぞれ対等な本位貨幣として通用した。これが「三貨制」である。

現在の感覚では、金・銀・銭の順で価値が高いと感じるが、当時は金・銀・銭それぞれが別の経済的価値を表していたこともあって、対等に使われていた。それが江戸時代の通貨制度の特徴である（図3-8）。

■3－8　金・銀・銭の三貨制

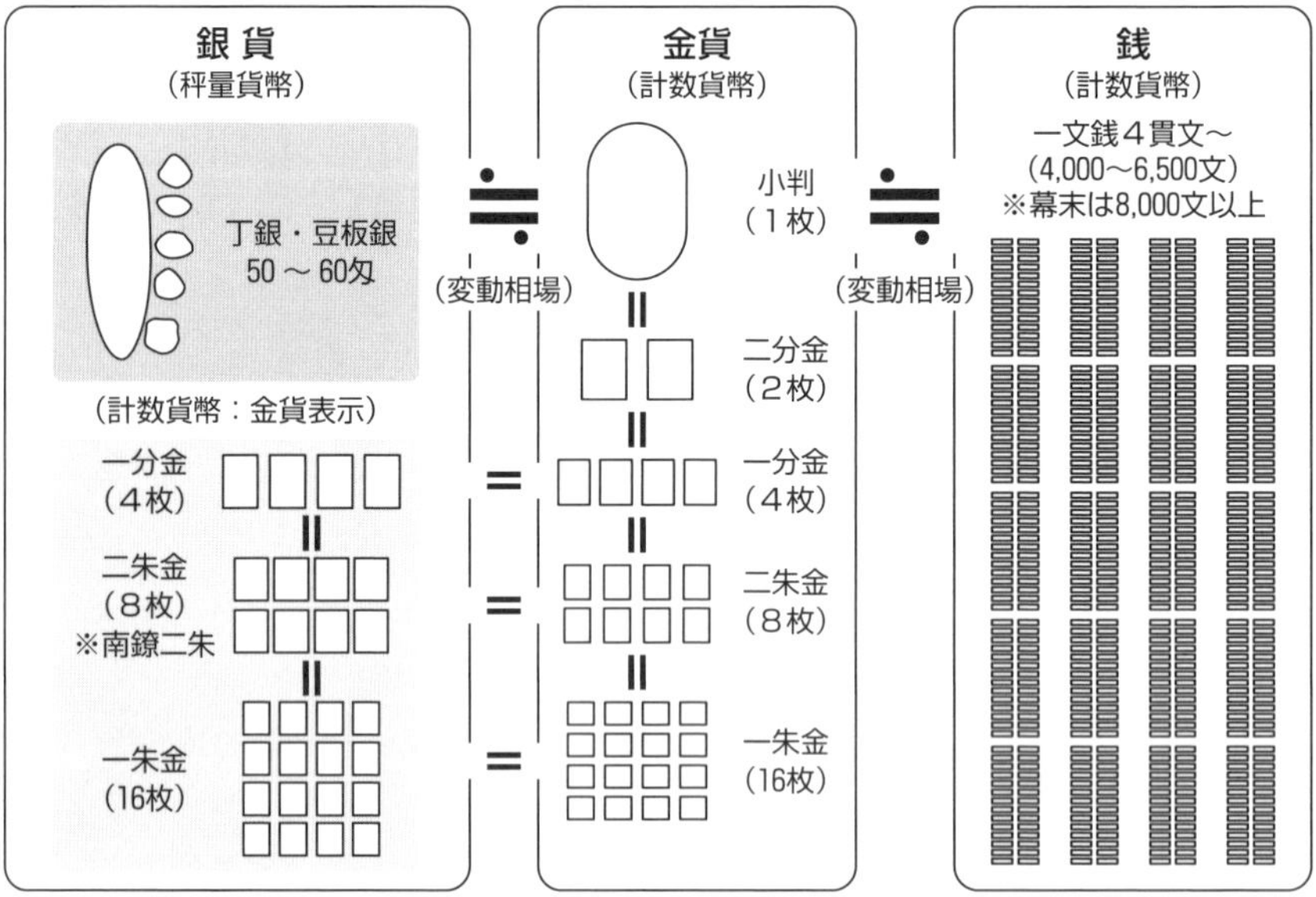

※日本銀行貨幣博物館HPを参考に作図。

このうち金貨と銭は、1枚の額面が1両あるいは1文と定められた計数貨幣だった。銀貨は、海鼠《なまこ》型の丁銀《ちょうぎん》、おはじき型の豆板銀《まめいたぎん》とも額面や重さは決まっておらず、取引のたびに秤で計量する秤量《ひょうりょう》貨幣であった。

さらに、当時から〝東の金遣い〟〝西の銀遣い〟といわれ、金・銀それぞれが本位貨幣として流通する地域が分かれていた。

江戸をはじめとする関東や東国は金の通貨圏となっていたが、大坂・京都などの上方や日本海沿岸から中国・九州地方では、主に銀が古くから通用していた。ただし、銭は全国的に通用していた。

●通貨統合に結びついた「甲州金」のノウハウ

この「徳川の通貨統合」への道筋は、天正10年（1582）に武田氏が滅亡して、甲斐国が家康の領地となったときから始まっていた。

家康に召し抱えられた武田の遺臣には金山の鉱山技術者も含まれていたほか、甲斐国や関東では、武田氏が鋳

■3－9　日本橋の中心部（金座と樽屋）

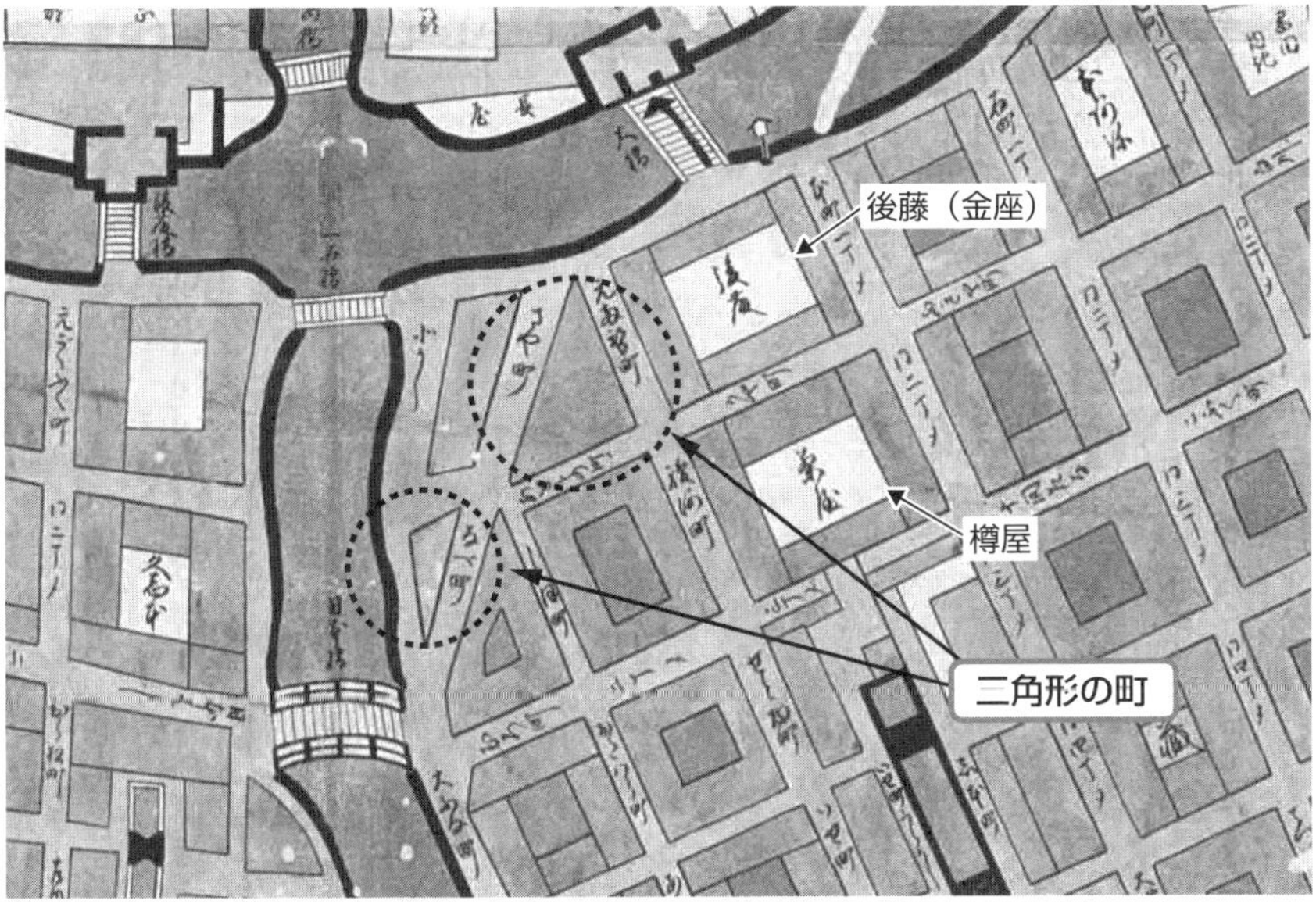

※「武州豊嶋郡江戸庄図」（東京都立中央図書館蔵）より。

造した計数貨幣の「甲州金」が流通していた。ここで家康は、金鉱とともに金貨が流通する新領地と金貨発行のノウハウを獲得したのであった。そうした経緯もあって甲州金は江戸時代も通用が続いた。

江戸初期の史料である『慶長見聞集』によれば、家康は、江戸入り直後から文禄4年に武蔵墨書小判（76ページ）を発行するまでの6年間は、領国貨幣として砂金から鋳造した「両」「分」「朱」といった単位の甲州金を受け継いだ金貨を流通させており、金貨の鑑定や鋳造には四條氏、佐野氏、松田氏の3人があたっていた。

●米と銭が中心だった初期の経済

文禄元年（１５９２）12月13日の『家忠日記』（38ページ）には、秀吉の朝鮮出兵にともなって家康が肥前国名護屋に出陣した際の軍費を、1万石あたり金1枚5両の割合で負担させられたとある。

翌正月4日には「つくしへのたし金一枚四條所にてふかせ候」と、『慶長見聞集』で登場した四條氏に金1枚を鋳造させた。この金1枚は、大判だったとみられる。

このほか家忠は天正20年（1592）7月、江戸で金1両と銭500文で奥州産の黒毛馬を購入、8月には呉服の行商を業としていた高野聖《こうやひじり》から絹織物を金1両と銀2両で買っている。

翌年2月には兵糧米を載せた舟が上総から江戸に着き、翌日、家来が金3両で売却した旨の記載もある。家来に年貢米を金や銭に換金させた記述も複数ある。

ここで使われている金貨は、家康が入国直後に鋳造させた領国通貨で、武蔵墨書小判の1世代前の金貨であったとみられる。

ただし、7日の奥州産の黒毛馬以外の5回にわたる馬の調達では、青麦、籾、兵糧米との物々交換をしているなど、貨幣経済の浸透はまだまだであった。

江戸時代以前は永楽銭などの流通もあったが、銭だけで商品流通が成り立っていたのではなく、米と銭が並んで用いられていた。

●金座は日本銀行本店に

後に金座を主管する後藤庄三郎の由緒書では「文禄2年に庄三郎は聚楽第で家康公に見え、文禄4年（1595）に江戸に居住地を賜った」とある（**図3－9**）。

これが金座の始まりである。家康から賜った金座の地には現在、日本銀行本店が置かれている。この地で、武蔵墨書小判の鋳造が文禄4年から始まった。それは慶長金銀のプロローグであった。

関ヶ原の合戦後、伊豆や佐渡などの主要な金銀山は徳川の支配下になった。

関ヶ原で西軍の総大将だった毛利輝元が支配していた石見銀山も敗戦直後に家康に譲渡された。慶長6年になると佐渡金山が徳川家の直轄となり、国内の金銀山を徳川氏が独占する体制が整ったのである。

8 経済を支配した金座と銀座

「金座」の近くには町のトップである3町年寄、豪商などが集住していた。

●江戸のビジネスセンターだった金座周辺

金座や銀座の経営では、御用達町人がトップに据えられており、その下に貨幣製造・検定・品質保証といったさまざまな機能を持った職能集団が置かれていた。

金座を所管していたのが御金改役の後藤庄三郎で、幕府御用達町人の筆頭だった。職は代々襲名され、はじめは幕府の留守居年寄衆、のちに勘定奉行の監督を受けた。

小判・1分判（金）の鋳造と検定極印のほか、新旧金貨の交換、包金の包封、金箔の取り締まりといった、金貨にかかわる一連の業務を独占していた。

金座は、金座の役所＝後藤役所、地金を製造した金座人役所、貨幣を製造する吹所からなっていた。

常盤橋門からの本町通り沿いには、3町年寄（57ページ）の拝領屋敷、伝馬役、金座のほか、茶屋四郎次郎（京都の豪商で、徳川家の呉服師）といった統治に必要な機能を持った機関や人物が集まっていた。

とりわけ3町年寄は、幕府の経済政策や社会政策などを扱う町奉行所に直結していたため、通貨発行をつかさどる金座と隣りあった江戸の町の中枢部に屋敷を与えられていた（149ページ図）。江戸のビジネスセンターであり、かつ官庁街の性格も持った場所だったのである。

●「銀座」ははじめは江戸になかった

銀座は、銀貨の鋳造を独占し、丁銀や豆板銀のほか、田沼時代以降は南鐐《なんりょう》二朱判（銀）などを鋳造・発行した。

幕府による支配は金座と同様で、銀貨の鋳造に必要な一連の工程管理とともに、幕府との連絡調整や包銀《つつみぎん》の包封といった銀貨の流通に関する業務を広く行っていた。

■3－10　通り町筋／京橋から新橋（銀座）

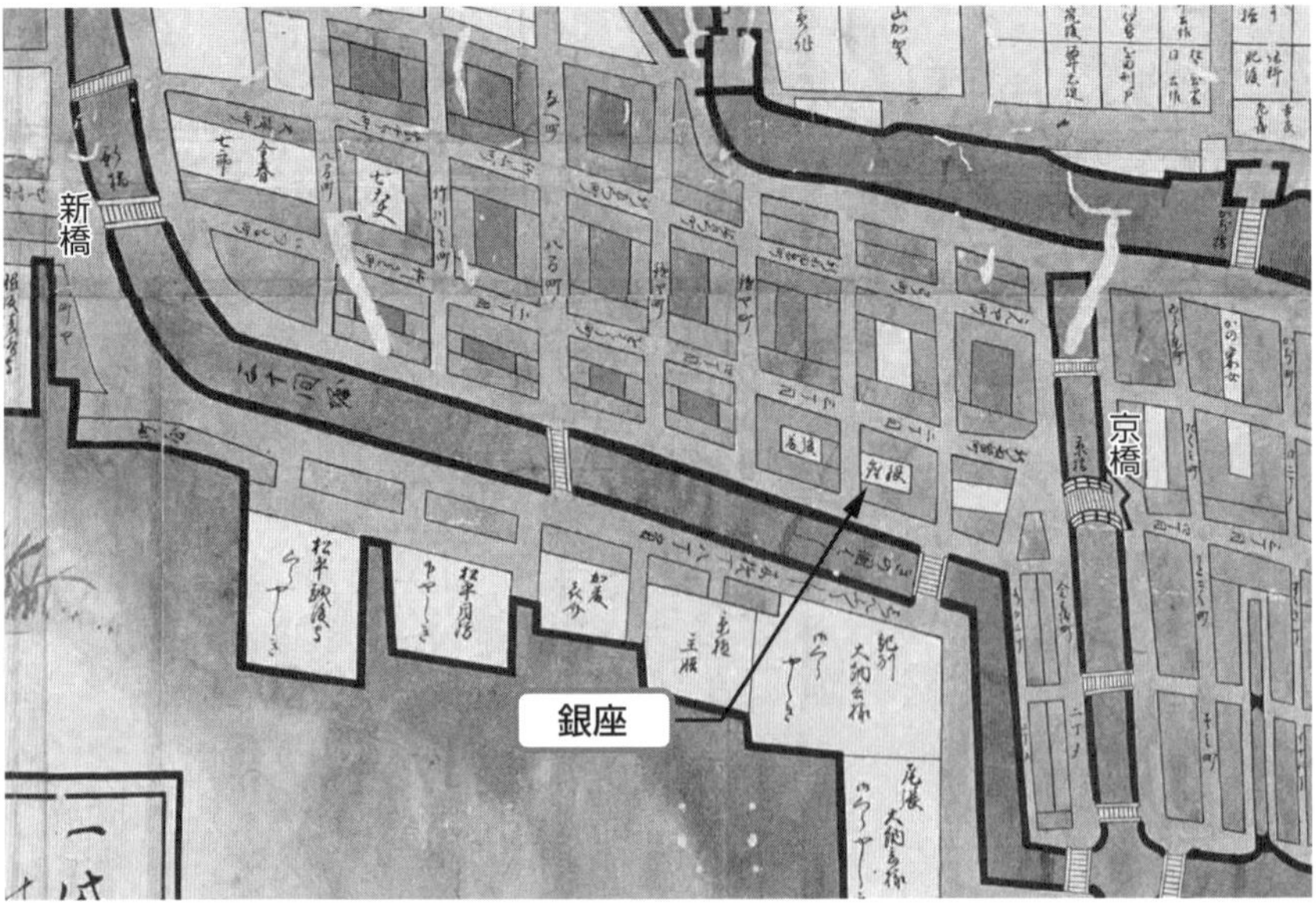

※「武州豊嶋郡江戸庄図」（東京都立中央図書館蔵）より。

銀座の組織は、銀貨の製造や後述の極印打ち、上納銀の包立《つつみだて》を担当した大黒常是《だいこくじょうぜ》役所と、鋳造の管理をした狭義の銀座役所からなっていた。

家康は慶長6年（1601）、伏見に大黒常是をトップとする銀座を置いた。

伏見は京都と大坂を結ぶ水運の要衝で、西日本を中心に流通していた戦国大名が鋳造させた銀を買い集めて徳川氏の統一通貨につくり替えるには最適な場所だった。

慶長10年に、家康は将軍職を秀忠に譲り、大御所として駿府（静岡市）に移った。貿易の拠点となった駿府には、金座とともに銀座も置かれた。

慶長13年、伏見の銀座は京都の両替町に移転し、大坂にも銀座が置かれた。そして慶長17年（1612）、駿府の銀座は江戸の通町、京橋の南側に町屋敷を与えられて移された（図3－10）。

江戸の銀座の銀改役には常是の次男・長左衛門が就任し、以後、江戸と京都が銀貨の鋳造と極印打ち、常是包と呼ばれた上納銀の包立を世襲で行った。なお、享和元年（1801）、銀座は日本橋蛎殻町に移転している。

第4章

天下人の江戸づくり…天下普請の時代

1 「天下普請」が江戸の経済を一気に活性化させた！

全国の大名に命じた大規模工事が、さまざまなサービスを生み出した。

●天下普請は「軍役」の一種

慶長8（1603）年2月、家康は征夷大将軍に任ぜられ、江戸に幕府を開き、名実ともに天下人になった。天下人が支配下の大名に対して、城郭や都市、寺社の築造、治水などの土木・建築工事などを命じたものが、「天《てん》下普請《かぶしん》」である。

これは「天下」という名称のとおり、天下人になった織田信長や豊臣秀吉の時代からのもので、軍役の一種とされ、必要な資金・資財・人員の一切を大名の石高に応じて供出させて工事・役務を行わせるものであった。

江戸入り直後の家康は、まだ天下人ではなかったので、江戸城の修築工事を家臣の本多正信や井伊直政、松平家忠らに命じている。

軍役は、武士が主君から課せられる軍事的な負担で、鎌倉時代からみられた。戦国時代を経て、天下統一を果たした秀吉により、石高に応じた軍役が全国で統一的に賦課されるようになった。

大名は天下人の命令により、石高に応じた基準以上の兵員、武器・弾薬をそろえて指定された場所に出陣する義務を負うようになったのである。

秀吉が確立した軍役制度は、家康に引き継がれ、大名に巨額の財政負担を負わせる天下普請として制度的に完成し、江戸幕府による大名統制の手段となった。

なお、命じられる側の大名側からは「御手伝普請」といった。工事の仕上がり具合や工期を守れるかどうかは軍役の務め具合と同様、その大名家の運命を左右したので、大名たちは必死に取り組んだ。

■4－1　第1次天下普請

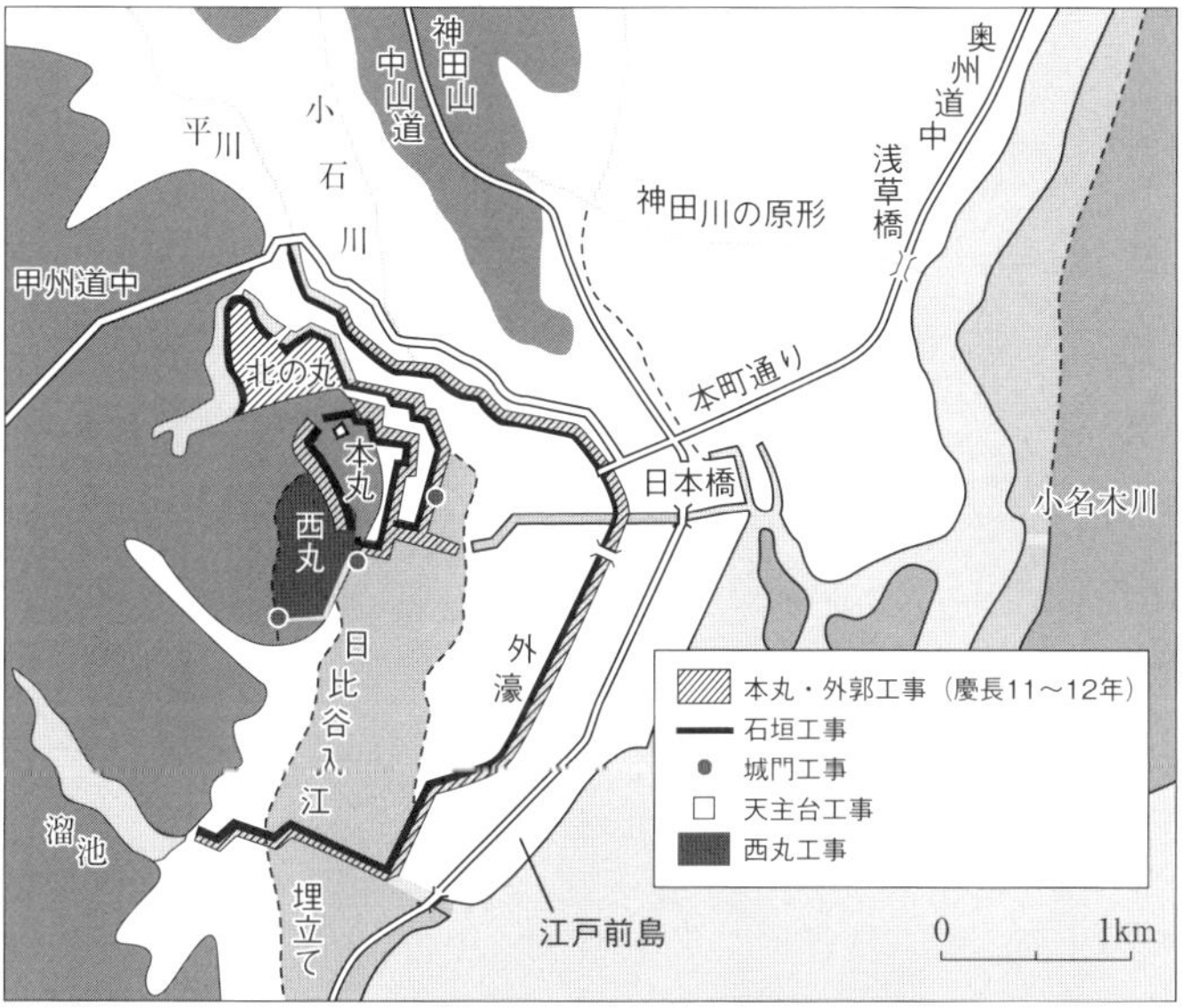

※鈴木理生『スーパービジュアル版　江戸・東京の地理と地名』日本実業出版社より。

●第1次天下普請が4～5年かけて行われる

家康が征夷大将軍になった翌年の慶長9年（1604）6月、江戸城の大規模な増築計画が全大名に発せられた。これが、「第1次天下普請」の布告であった。

8月になると石垣工事の準備が始まり、伊豆での石材の切り出し、江戸への廻漕、築城現場での石垣の組み上げ工事などに2年近くをかけた後、慶長11年3月、江戸城の外郭工事が命じられた。

この工事では、本丸、二丸、三丸（いずれも現・皇居東御苑）、西丸や吹上、北丸（現・北の丸公園）と、広大で起伏に富んだ範囲で城郭が築造された（図4－1）。

江戸時代に〝1次〟〝2次〟といった天下普請の呼び方があったわけではない。しかし、江戸城の整備は家康の入国以来、約70年間にわたって断続的に続くとともに、徳川の政治的立場の変遷や、大名支配の強化の段階に応じて発令されているので、本書では『江戸はこうして造られた』（鈴木理生、筑摩書房）に基づき、その段階を1次から5次までに分けている。

なお、この本のテーマは「江戸・東京の地形と経済」なので、江戸城の築城史を細かく語ることは避け、テーマとの関係で必要最小限の説明に限ることにする。

●江戸城に使われた石材の大きさと値段は？

まず、8月に始まった準備では、石垣用の石材を輸送する船3000艘の建造と石材輸送を、島津忠恒《ただつね》（鹿児島）、浅野幸長（和歌山）、黒田長政（福岡）といった豊臣恩顧《おんこ》（秀吉に目をかけられていた武将）を含む西国・九州などの31大名に命じた。材木の運搬を命じられた大名もあった。

この船は、伊豆半島の東海岸で切り出された伊豆石を江戸湊まで運搬するもので、後の菱垣《ひがき》廻船（131ページ）の原型になった。

このときの様子を記録した『當代記』によれば、築造された石垣の規模は、長さ700間《けん》、高さ12～13間とあり、1間＝1・8メートルで計算すると、長さ1260メートル、高さ21・6～23・4メートルということになる。そして、船1艘に〝百人持《ひゃくにんもち》〟の石2個を積み、1か月に2回、伊豆と江戸を往復した。

『當代記』では、江戸では「百人持の石」の価格は1個が銀20口、基礎部分に用いる「ころたの石」は1間四方の箱（縦・横・高さがそれぞれ1間）あたり小判（金）3両となっている。

同様に基礎材になる栗石《くりいし》については、前年は米で買い入れていたものが1年後には金で購入するようになり、価格も前年に比べて値上がりしたと記されている。

「ころたの石」や「栗石」は、ともに拳大から人頭大の大きさの丸石で、石垣の裏込め（背面に詰める素材）に用いられるので、完成後はみえなくなるが、水抜きのために石垣の基礎材として不可欠である。

栗石の産地は上野国の中瀬（現・埼玉県深谷市）などで、利根川水運によって江戸まで運ばれた。このように、用途に応じて、さまざまな場所から石材が供給された。

この普請で石垣用の「角石」と「角脇石」の供出を命

■4－2　黒田長政が発注した石材

	長	巾	厚	個数
角石	7～8尺 (210～240cm)	3尺 (90cm)	3尺 (90cm)	12
角脇石	5～6尺 (210～240cm)	3尺 (90cm)	3尺 (90cm)	12

じられた黒田長政が、伊豆の石切り場に張りついていた家臣に命じた「発注書」が残されている。それをみると、「角石」は長さ8～7尺、巾3尺、厚さ3尺となっている（図4－2）。

一方、石材価格は、その時々の相場によって変動し、取引には貨幣が使われていた。

しかもこの場合、「百人持の石」は銀建て、ころた石や栗石は小判（金）建てである。銀遣いの経済圏だった九州・西国の大名に伊豆石の切り出しと運搬を課したこともあって、「百人持の石」は銀で取引されていたのだろう。金遣い経済圏である利根川流域から調達する栗石などは、小判（金）で取引されている。

『當代記』で1間四方の「ころたの石」が小判3両とあるのは、慶長6年（1601）に発行された慶長小判とみられる。通用開始から間もない慶長小判が、資材調達に用いられているわけで、江戸での天下普請をきっかけに、貨幣が急速に社会に広まっていく様子が映し出されている。

●大規模工事がさまざまなサービスを生んだ

天下普請を課せられた大名は、石材や材木だけではなく食糧も運んだ。

たとえば毛利氏（安芸国）は、動員した労働者の食糧となる兵糧米を自前で輸送した。しかし、持ち船による輸送が間に合わない場合には〝賃船〟を雇っていたように、この時点で運賃を取って荷物を運ぶ輸送業者が存在していた。

天下普請という大規模な建設事業が、石材や材木の市場だけでなく、輸送業務といった多様な関連サービスの需要を生み出し、それらが貨幣で決済されるマーケットを短期間のうちに成立させたのであった。

しかも、石材相場の上下動が『當代記』に記されているなど、市場のダイナミズムが働く世の中になっていた。

●強大な江戸城が誕生した意味とは

石垣工事後の慶長11年3月、築城の名人といわれた藤堂高虎《たかとら》の基本設計により、江戸城本丸とその外郭工事が九州・西国などの34家に割り当てられて始まった。

この34家には、池田輝政、加藤清正、毛利秀就《ひでなり》、蜂須賀至鎮《よししげ》、細川忠興《ただおき》など、石材運搬や石垣築造に引き続く形で動員された大名も多かった。

さらに慶長12年3月には、天守閣（五層の櫓）の建設と本丸工事が関東、奥羽、信越の10家の大名に命じられた。半年後の9月には将軍秀忠が本丸に入居して、普請に一応の区切りはついたが、天守閣は工事中であった。

この一連の第1次天下普請により、家康が入国してきた当時の江戸城は大きくつくり替えられた。規模が巨大になっただけではなく戦闘力が著しくアップした。

『「江戸始図」の歴史的意義』（千田嘉博・松江城歴史的価値発信実行委員会編『松江城と江戸城』所収）によれば、この普請で完成した江戸城は、「防御はもちろん、反撃のための攻め出す力も究極のかたちを実現」するものだった。それは、「家康は万が一の場合、豊臣の大軍を江戸城に迎えて戦わなくてはならない可能性を考え」たからだとしている。

それゆえ、この工事に動員された諸大名、とりわけ敵対する可能性もあった豊臣恩顧の西国大名たちに、江戸城の攻守にわたる実力や、徳川と豊臣の力の差を〝皮膚感覚〟で実感させるには十分だったろう。

まだ豊臣氏が大坂城にあった時期に、「家康には逆らっても無駄だ」という認識を植えつける政治的な効果は大きかった。しかも、諸大名の財政負担で工事をさせたので、彼らの経済力を消耗させている。

●家康が「お金の時代」をつくった

江戸では家康の入府以降、70年間にわたって江戸城築造や市街地整備が続いたが、そのうちの約60年間は天下普請の時代であった。

大坂、名古屋といった幕府の直轄都市でも天下普請が続き、全国的にも建設ラッシュの時代であった。

徳川政権をバックに通用力が担保された統一通貨は、決済手段としても有用だったので、天下普請が円滑に進んだという面もあるだろう。

また、市場が徳川氏の統一通貨を「使える」と支持したから、通用が進んだ側面もある。それは、徳川政権がマーケットの支持を得たということであった。

財貨の交換、物資・資材の調達手段として、それまでの銭や米などに比べると、軽量でかさ張らない金貨（小判）や銀貨（丁銀や豆板銀）は、圧倒的に便利であった。とりわけ、計算が楽で高額な取引に向く計数貨幣の金貨は人々に喜ばれた。

石川正西の『聞見集』（43ページ）では、「家康の天下になってから1両判1分判が定まり便利になり、人々が喜んだ」と、家康の業績だとはっきりと書いてある。

そうしてみると、天下普請が貨幣経済を浸透させた面と、貨幣が天下普請を円滑に進めた面の2つがあって、それぞれが相乗効果を発揮したといえる。

このように、家康による〝通貨統合〟と天下普請は、日本を急速に貨幣経済の世の中に変えていった。

一方で、年貢収入の上に立つ武家の経済、つまり〝米本位経済〟は、しだいに貨幣経済にのみ込まれていった。取り立てた年貢を貨幣に替えて消費活動にあてる立場になった武家は、おカネに支配されるようになる。

しかし、おカネが使われれば使われるほど経済は刺激された。それはさまざまな需要を次々に生み出した。天下普請や、後に触れる参勤交代によって、経済がスパイラルに発展する構造ができあがったのだ。

その結果、三貨（73ページ）の変動相場制、労働市場、市中金利、米の先物取引に象徴される資本主義的な経済のしくみが根を下ろす時代が訪れた。

家康が「お金の時代」のドアを開けたのである。

じり貧の東海道VS人気の中山道

参勤交代のルートと行列の規模は定められていたのだが、寛政元年（1789）8月、参勤交代で東海道を通る諸大名に「止むを得ない場合を除き、荷物や家来の往来は、なるべく東海道を使え」という通達が出された。

正徳4年（1714）、東海道を通る大名が中山道を通行することが禁じられたが、その対象は行列の本隊だけで、荷物や家来は規制から漏れていた。その抜け道を封じたのである。

当時、東海道の評判は最悪だった。

決められた料金の他に酒代（チップ）をねだる、川止め（増水時の川越禁止）になるとモノやサービスの値段をつり上げる、といったことが日常化していたのである。

その理由は、東海道の宿場町の経営難であった。

寛永期（1624～45）に定まった宿駅制度では、各宿場で1日に馬100疋・人足100人の提供が指定され、不足すれば近隣の村からの助郷（労働での課役）で補っていた。

宿々がこれを維持するコストは大きく、幕府は各種の助成や優遇措置を講じていた。飯盛女を宿場に置くことを許したのもその一環であったが、それでも赤字体質に変わりはなかったのである。

しかし、東海道の利用者である大名はたまらない。諸大名は対抗手段を講じ、行列の本隊は東海道を往復する一方で、別便の家来や荷物は中山道などを使った。

その結果、東海道では交通量が減って宿場がさびれ、逆に、中山道や甲州道中では輸送能力が限界になり、近隣農村の助郷の負担も過大になった。

事態を重くみた幕府は、先の通達に先立つ4月に、東海道の宿々に対して助成金を与えるとともに、「不法之儀」のないよう取締の徹底を命じていた。だが効果がなかったのであろう。8月の通達となった。

コストとサービスに、消費者（この場合は諸大名）は、とても敏感に反応した。そうした経済観念は、現代にも通じているだろう。

2 江戸前島から始まった江戸の町づくり

微高地の「江戸前島」を中心に、大都市の基盤が形づくられていく。

●タテ・ヨコの堀がつくられ人々が集まってきた

現在、東京のメインストリートは中央通り（銀座通り）である。

江戸時代には「通り町筋」（図4－3）と呼ばれ、慶長11年3月から始まった第1次天下普請の際に確定し、それまでの本町通りに代わって江戸のメインストリートになるとともに、東海道の起点となった。

通り町筋の起点である「日本橋」は、慶長8年（1603）に道三堀に架橋された。その頃から、日本橋南側の通り町筋を中心とする江戸前島で、町地の開発が始まった。

とはいえ、この地域がいきなり繁栄したわけではない。第1次天下普請などの工事が進み、経済が刺激される過程を通じて、徐々に人々が集まったのである。

『落穂集追加』によれば、

「町方の普請は、最初に日本橋筋から道三河岸通りの竪堀が開削された」

「その後、だんだんと竪・横の堀が掘られ」

「諸国から集まった町人に、希望の宅地を割り当て、堀の開削によって大量に発生した残土を自由に使わせて屋敷地を造成させた」

となっている。しかし、「初めは希望者が少なかったが、伊勢国出身者が積極的に進出し、一町の半分が伊勢屋の暖簾を掲げるようになった」とある。

つまり、町方の普請では水路の工事が先で、そこで発生した残土（揚土）で屋敷地を造成した。江戸の町地の開発では、大量輸送手段であった水運の便の確保とともに、低湿地からの排水を優先して行ったのである。

●なぜ、メインストリートが微妙に曲がっているのか

通り町筋は、江戸を代表する目抜き通りであり、かつ、江戸の改造の一環として人工的に敷かれたのに、一直線にもなっていないし、規則的な弧を描くものでもない。

図4－3をみていただければわかるように、筋違橋（現在は少し下流側の万世橋）－日本橋、日本橋－京橋、京橋－新橋はいずれも直線だが、日本橋と京橋の2点でそれぞれ異なる角度で曲がっている。

つまり、不規則な道筋であることが通り町筋の特徴だといえる。その理由は、旧江戸前島の微妙な地形に応じて、下水を流す工夫をしたからであった。

当時はポンプがなかったので、上水の導水も、下水の河川や海への放流も、標高差を利用した自然流下方式によるほかなかった。

とりわけ、江戸前島のように低湿地や微高地が連続する場所では、下水の排水が着実でなければ、せっかく開発した市街地は水浸しになる。埋立地も同様である。

自然流下を駆使した下水処理は、地形を活かした町づくりそのものであった。

さらに詳しく説明すると、まず、日本橋－京橋、京橋－新橋の間は江戸前島の尾根筋と一致する。したがって、この区間では、通り町筋の両側に向けた排水が可能であった。

つまり、主要道路と下水道を最も標高の高い尾根筋に配して、その左右に下水を流したのである。京橋での屈曲は、尾根筋の微妙な曲がりのためであった。

一方、筋違橋（万世橋）－日本橋の区間は、旧石神井川の谷筋に平行なので、通り町筋に沿って排水路を整備すれば、そのまま谷筋を伝って下水を流すことができた。

なお、現在の石神井川は北区滝野川から飛鳥山公園の北側を半周ほど回って北区堀船で隅田川に至るが、家康入国当時の旧石神井川は旧谷田川（下流部分は現在の不忍通り）の流路となっていた。

この旧石神井川の流路は、当時は湿地帯だった不忍池やお玉が池を経て、現在の中央区日本橋小網町付近で江戸湊に注いでいた。

この、石神井川の河流は、鎌倉から江戸時代までのど

■4－3　江戸前島の痕跡と通り町筋

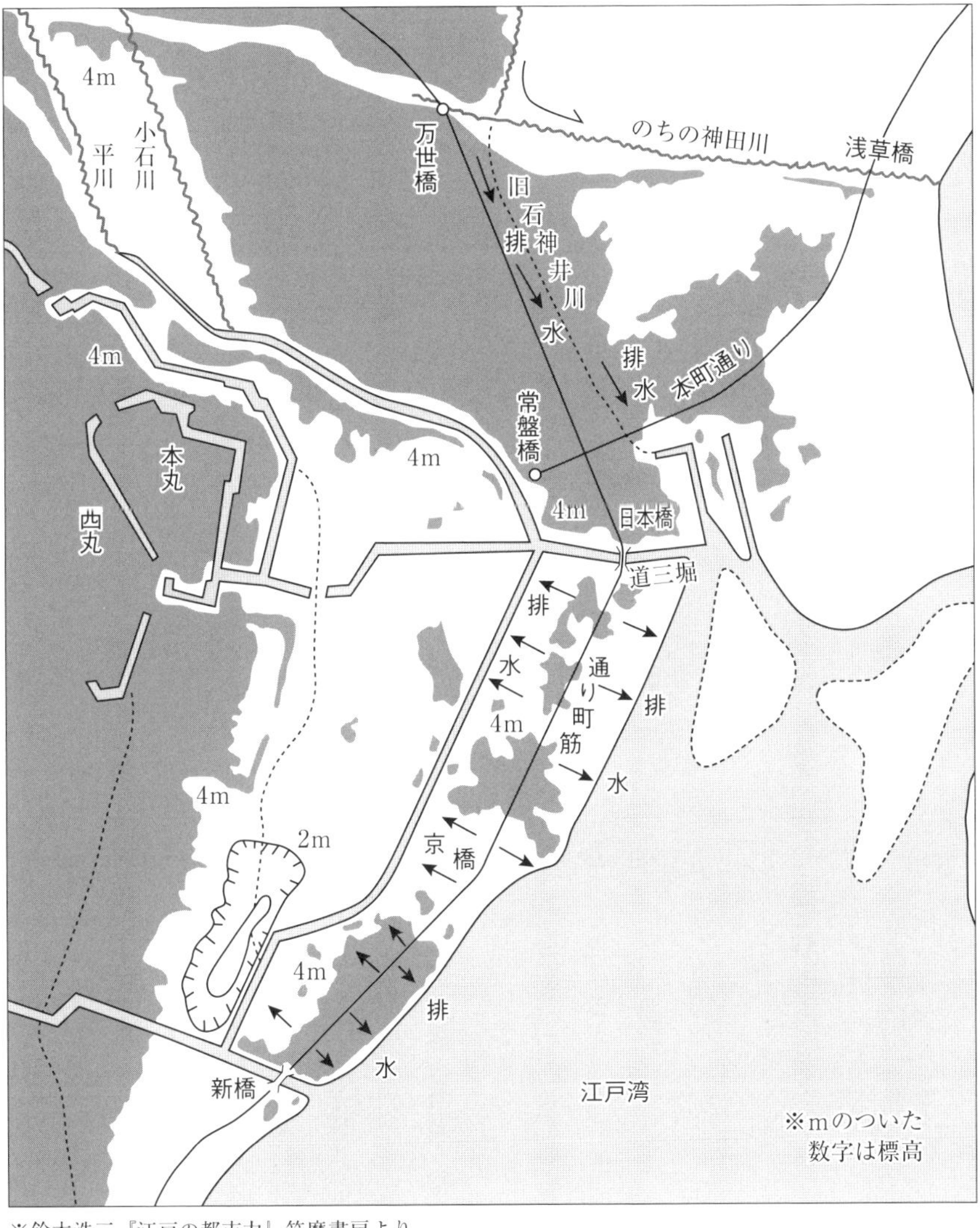

※鈴木浩三『江戸の都市力』筑摩書房より。

こかの時点で、滝野川付近で現在の隅田川に付け替えられたとみられる。石神井川が流れ込まなければ、江戸湊は洪水や土砂の堆積のリスクから解放されたからだ。

このように、通り町筋のルート設定は、江戸前島に市街地をつくるうえで必須の条件であった下水処理のために、最も合理的なものであった。

通り町筋の屈曲の理由は、このように3次元で考えれば、実に単純明快に説明できる。

●道をはさんで両側が一体だった江戸の町割

身分別の居住が原則になっていた江戸時代、町人が経済活動をしたり居住することを定められた場所が「町地」であった。この町地の範囲などを決めることが「町割」である。

江戸時代の「町」とは、現代の地方公共団体に似た性格を持っており、町を構成する町人（地主）と、一定の土地の範囲を持った自治的組織であった。「千代田区丸の内2丁目」といった住居表示を表すものではない。

当時は、「道路を中心に向かい合う両側の街区で一つの町が構成」されていた。そこが、道路が行政区画の境界になることの多い現代との違いである。ただし、日本橋や銀座などには当時の町の形状が住居表示にも残っている場所がある。

通り町筋の場合、各町が道路をはさんで間口が60間の町で、それに直交する本町や石町の各1～4丁目は道路をはさんで40間の町だった。間口20間の町もあった（**図4－4**）。

ただし、不整形な水路や海と接する場所も多く、この原則は必ずしも厳密ではない。

江戸全体では、片町（道路の片側にしか町地がとれないために生じた）や、三角形の町が随所にみられる（75ページ図）。江戸の町を京都のように、矩形の町割で統一することは不可能だった。

●最初の地下鉄・銀座線

地下鉄銀座線は、日本で最初の本格的な地下鉄道といわれている。

東京地下鉄道により昭和2年（1927）に浅草～上

野間が開業し、昭和5年に万世橋まで、昭和7年に三越前まで、昭和9年に新橋まで開通し、昭和14年にすでに新橋〜渋谷間で開業していた東京高速鉄道と直通運転を開始した。

神田から新橋は中央通りの下を走り、江戸前島の尾根筋と一致したルートである。

■4−4　江戸の町割り

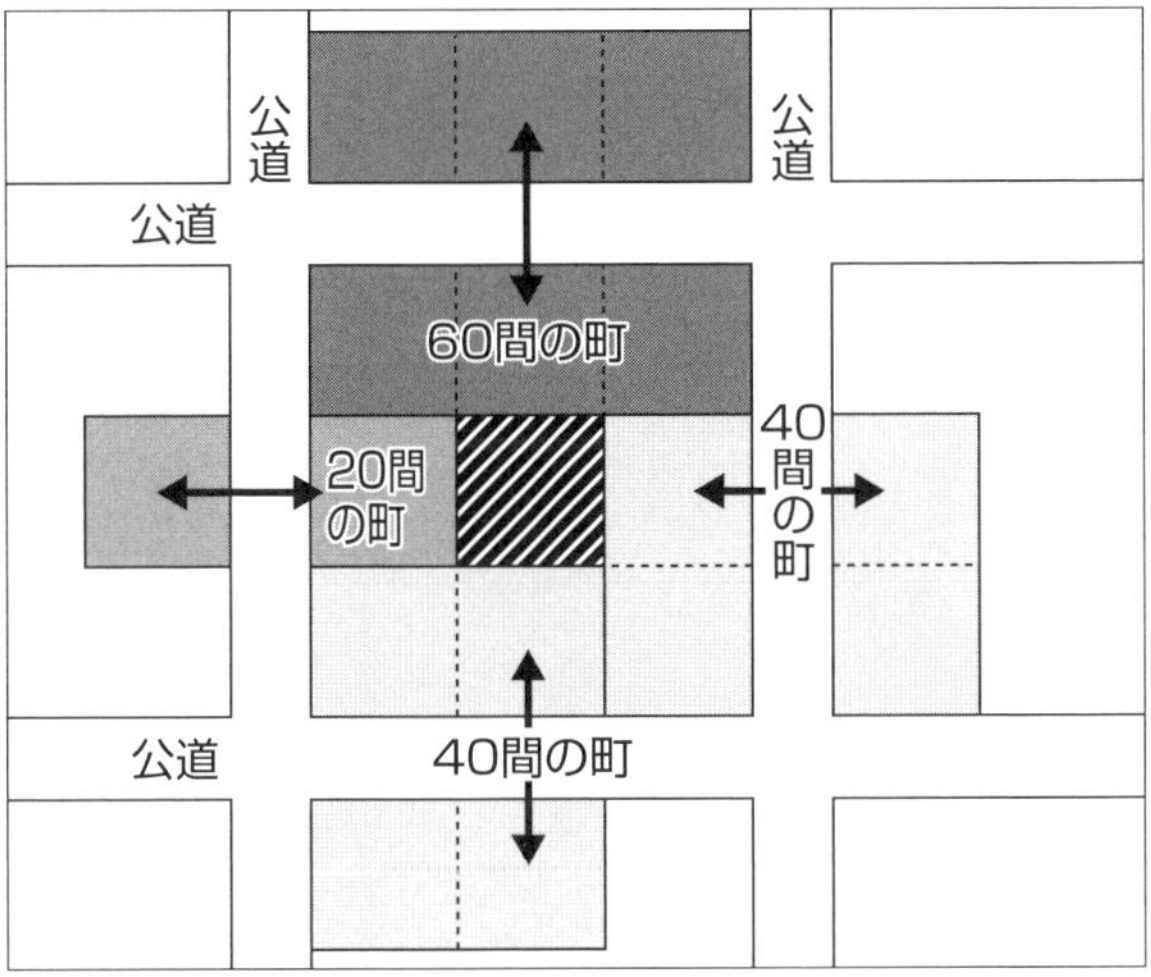

※斜線部は会所地（のちに裏店＝横町）
※鈴木理生『スーパービジュアル版　江戸・東京の地理と地名』日本実業出版社より。

このルートが選ばれたのは、江戸以来のメインストリートとして、ビジネスや商業機能が集積していたため多くの乗降客を見込めたからだけではない。

現在のように軟弱地盤でも掘り進められる水ガラスの注入やシールド工法がなかった時代、地下鉄を建設するには江戸前島のように地盤のよい場所を選ばなければならなかったからだ。

明治・大正時代になると、丸の内や銀座の煉瓦街が建設され、今も使われているJR山手線の煉瓦造りの高架線もつくられたが、当時の技術で、そうした建築物を軟弱地盤に建設することはできなかった。

そのため、いずれもかつての江戸前島だった場所を選んでつくられている。

次項で述べる、外濠《そとぼり》の掘削や江戸舟入堀《ふないりぼり》の開削も、地盤のよい江戸前島を改造することによって可能になった。

こうしてみると、江戸前島の地盤は江戸・東京を通じて、都市のインフラづくりの要《かなめ》の部分でモノをいっていることがわかる。

3 内濠・外濠を水路に…「水運」を優先した町づくり

日比谷入江を活かした内濠、陸地を掘り割った外濠をまず最初に整備した。

●「水運」は江戸経済の基盤

家康が江戸を本拠にしたのは、当時唯一の大量かつ長距離輸送の手段であった海運と、江戸の後背地であった利根川流域の水運を最大限に活用するためであった。

それゆえ、江戸の町づくりでは水運が重視された。市街の形成・発達段階に応じて、運河網や河岸、道路などが自然地形を活かしながら整備され、江戸は「水都」と呼ばれるようになった。

『落穂集追加』でも、「将軍の居城である江戸には全国から人が集まり、その消費を支えるために海川の水運を優先した町づくりがなされた」と、はっきりと記されている。

水運を十分に機能させるには、運搬のための水路と、荷受けのための河岸や倉庫の充実が欠かせない。水運で運んできた大量の物資の消費を前提にしていた以上、両者はセットで整備される性格にあった。

江戸の倉庫群は、物資を保管するハード系の機能だけでなく、次の流通段階でなるべく高い価値がつけられるように、市場への供給を調節する機能も持っていた。

それも含めて、運ばれてきた物資を江戸の流通ルートに乗せるノウハウや商慣行などは、ソフト面のインフラであり、かつ当時の市場に適用されるルールでもあった。

江戸時代になって、為替による遠隔地間の決済や、海上輸送をめぐる保険などが急速に発達したのは、ソフト面のインフラの整備が一挙に進んだことの典型だった。

●入江の埋め残しでつくった「内濠」の一部

第1次天下普請に際しては、日比谷入江の埋立てと外濠の整備も進められた。入江の埋立ては広大な用地を生み出し、大規模な城下町の建設が可能になった。

江戸時代に大名小路と呼ばれていた現在の丸の内のほか、霞が関や桜田、西丸下（現在の皇居外苑付近）、日比谷公園の一帯も、このときに造成されている。

この埋立てと宅地造成の様子について『落穂集追加』では、「大名小路辺の義ハ葭《あし》原にて候得共御堀よりの揚土を引取地形をも早速出来候由」と書かれている。

実際には、水面下あるいは葭の生い茂る低湿地を外様大名に屋敷地として割り当てて、「御堀よりの揚土」、つまり外濠の開削で生じた残土で宅地を造成させたのであった。

この時期、城の工事資材の輸送と、日比谷入江に流れ込んでいた河川の水の排水のため、入江を埋め残す形で水路（内濠）がつくられている。

現在の日比谷通りに沿って北側から和田倉濠、馬場先濠、日比谷濠と続き、晴海通りを曲がって西側の凱旋濠のいずれの岸も直線となっている。

それは、埋立のときに、日比谷入江の東側の海岸線を八代洲河岸に沿って直線的に整形したためで、日比谷入江を埋め残した部分が濠になったことが実感できる。

●江戸前島を掘削してつくられた「外濠」

一方、外濠は雉子《きじ》橋（現・千代田区一ツ橋1丁目、首都高の竹橋ジャンクションの下）から溜池付近まで、江戸城外郭の東半分を半周するかたちで完成した。

外濠の北側にあたる雉子橋から常盤橋付近までは、家康の入国直後に付け替えられた旧平川（現・日本橋川）が道三堀に合流する地点（現在の一石《いっこく》橋付近）までの区間を再整備して濠としたものである（95ページ）。

南側は、この合流地点から江戸前島の尾根筋に平行に掘られている（現在の外堀通りのルート）。

外濠は、日比谷入江を埋め残してできた濠（内濠）と同様、水路になるとともに、日比谷入江の港湾機能を代替することとなった。

そのこともあって、この常盤橋から雉子橋までの日本橋川沿岸は、幕府の蔵が集まる場所になった（だが、明暦大火〈1657〉にともなって移転している）。

家康の入国直後、日比谷入江に流れ込む旧平川を付け替えて道三堀に流し込んだが（30ページ）、それだけでは自然河川（旧平川）の水を排水するのは困難であった。

そこで、地盤の堅い江戸前島を縦貫する形で濠（水路）を掘って、排水路を確保したうえで、流入する水源を絶って日比谷入江の埋め立てを準備した。

それにより、汐入の葭原などの水気が抜けて、周辺の低湿地の陸化が促されたのである。

このように外濠の開削は、日比谷入江を埋め立てるための前提でもあった。

●日比谷入江は公園に

日比谷入江の埋立によって、西丸下や外桜田、霞が関の一帯には大名屋敷群がつくられたが、明治2年（1869）の版籍奉還により、それらの屋敷は上収され、明治政府の庁舎や兵営などに姿を変えた。その後、庁舎や兵舎が撤去され、明治21年（1888）、皇居の造営にともなって西丸下は皇室苑地となり、大広場が整備された。

明治39年（1906）になると、前年の日露戦争勝利を記念した馬場先大通りがつくられ、大正15年（1926）には関東大震災後の帝都復興事業の一環として東京駅に通じる行幸通りが開通した。

さらに、昭和14年（1939）に始まった皇紀2600年記念宮城外苑整備事業などを経て、現在の皇居前広場の姿が整えられていった。

敗戦後、日本国憲法の施行により、旧皇室苑地は国に物納され、昭和24年から国民公園として広く開放されている。

一方、現在の日比谷公園は、外桜田の大名屋敷街にあたるが、明治になると日比谷ヶ原とよばれて空地化され、明治4年（1871）、陸軍の練兵場になった。

明治21年に練兵場が現在の神宮外苑に移ると、もともと日比谷入江で地盤が軟弱だったこともあって、公園として整備されることになり、明治36年に開園した（4ページ図）。

Column

外濠は埋め立てられ「外堀通り」に

江戸前島を縦貫する形で開削された外濠は、湊と水路を兼ね、戦前までは江戸・東京の主要な水運ルートになっていた。

しかし太平洋戦争後、米軍の空襲によって発生した大量の瓦礫を急いで処理するように連合国総司令部（GHQ）から指示された東京都は、てっとり早く外濠に投棄することを決定した。

昭和24年（1949）に呉服橋から鍛冶橋などが埋め立てられ、昭和34年までには外濠のほとんどが姿を消した。

現在、外濠だったところの多くは外堀通りの一部として、東京の交通・流通の大動脈となっている。

東京駅八重洲口から中央通り方面を眺めると、外堀通りの幅の広さ、すなわち外濠の広さを実感できる。姿は変わったが、外濠も外堀通りも江戸・東京の交通網としての重要な機能を果たしていることにかわりはない。

■埋め立てられ道路になった外濠

※地理院地図より作成。

4 仕事が増えて専門業者が集まった

石材、材木、織物、小間物など、天下普請はあらゆる仕事を引きつけた。

●工事資材の確保と専門業者の定住

港湾機能の整備など、江戸前島の開発は第1次天下普請に向けた準備でもあったが、普請に欠かせない専門業者も呼び寄せられた。

たとえば、石垣に必要な石材を産地から切り出して輸送するには、専門的なノウハウが必要だった。

そこで石材業者13名が相模国の真鶴から江戸に集められ、伊豆国や相模国から廻漕される伊豆石を陸揚げして、普請の現場に供給したのである。彼らのなかには、普請が竣工した後も江戸に残って石問屋になった者もある。

このとき、小田原の石材業者が石材を陸揚げした場所が小田原町（その後、石材業者は築地に移転し、その跡は魚河岸となった）と呼ばれるようになった。

材木業者も集められた。慶長9年3月、第1次天下普請の布告に先立って、本丸造営用の材木調達を目的に、尾張、三河、伊勢、紀伊、相模、遠江の6か国の材木業者17名に材木の伐り出しが命じられた。

この6か国は、木材産地である木曽谷や紀伊半島とともに、木材を集荷して、海運（後の菱垣廻船）によって江戸に発送する拠点となっていた地域であった。

これらの材木業者たちは、当時はまだ葭原だった四日市材木町と本材木町に仮設の仕事場を兼ねた住居を建て、諸大名から発注された仕様の材木に加工して販売した。こちらも、城の完成後も江戸に残り、材木問屋や材木仲買に発展する者がいた。

なお、明暦の大火以降、四日市材木町は貯木や加工のために広いスペースを確保できる霊岸島に移転した。

●幅広い需要と産業を生んだ天下普請

天下普請はさまざまな関連需要を生んだ。生活必需品や娯楽などの関連業者や労働者も、ビジネスチャンスを求めて江戸に集まった。公共投資で関連需要も含む民間経済が活性化したのである。

慶長8年の『東照宮御実紀《ごじっき》』には、江戸が大都会になった様子の記述がある。

諸国から人々が集まり江戸が繁昌していること、職のない者たちも生活の糧を求めて多数集まったこと、京都の女性が開いた歌舞伎の劇場には貴賤の人々が集まったこと、などが記されている。

生活必需品を扱う業者も集まった。『江戸東京問屋史料　諸問屋沿革誌』（東京都公文書館）によれば、慶長年間（1600～15）に、京都・大坂・伊勢国・近江国から絹織物や木綿製品、小間物などを扱う問屋が江戸に進出していたとされる。

城に必要な畳関連業者も伊勢国や近江国から進出して、畳表問屋として畳表や畳の縁布のほか、蚊帳などを販売しはじめた。

廻船問屋の場合は事情が少し異なる。慶長2年の朝鮮出兵のために建造され、当時は余剰になっていた多数の軍船が払い下げられた。それが商業ベースの廻船に転用され、天下普請の海運需要もあって大きなビジネスになったとされている。

その後、江戸と大坂の商人の協同により多数の船舶がつくられ、廻船問屋に発展している。

同じく慶長頃から、江戸に向けて大坂周辺で製造された照明用の水油の廻漕も始まった。菜種を絞って製造した燈油が水油で、元和《げんな》3年（1617）になると集荷と廻漕、荷受けを組織的に行う油問屋が大坂と江戸にできている。

江戸向けの消費物資を製造するために、当時の大坂近郊では、菜種のほか、木綿製品の原料となる綿花などの商品作物づくりが盛んになったのである。

5 普請のためにつくられた新しい港湾施設

江戸前島の外側につくられた「舟入堀」から、資材が大量に運び込まれた。

●八町堀舟入…江戸前島を櫛形に掘り割った埠頭

慶長17年（1612）になると、第2次天下普請の準備として、江戸前島の東岸に江戸舟入堀《ふないりぼり》と呼ばれる港湾施設が開削され、ほぼ同時期に「八町堀舟入《はっちょうぼりふないり》」もつくられた（**図4－5、4－6**）。

八町堀舟入は、現在の日本橋から京橋に至る中央通りの東側に掘られた堀である。

いずれも天下普請に必要となる大量の資材や消費物資を、水運によって江戸に運び込むためであった。

前に述べた外濠の開削（93ページ）と、舟入堀の工事によって、江戸前島の西側は江戸城の外郭の一部となった。

一方、江戸前島の東側の沖合は、旧石神井川や道三堀が流れ込み、砂が堆積しやすい遠浅の海であった。それを利用して、後に八町堀、霊岸島、新堀（箱崎）、石川島、佃島などの埋立地が造成された。

この河口部に接する江戸前島東岸と、その前面の海面を埋め立てたのが八町堀の土地で、両者の間に埋め残された水路が楓《かえで》川である（現在の首都高速環状線。楓川は戦災復興にともなう瓦礫処理のために埋め立てられた）。

楓川の沿岸は、日比谷入江に代わる湊としては最も早い段階から開発され、江戸城建築に用いられる大量の材木を荷受けする関係から、本材木町一～八丁目が置かれた。

その南側には材木の加工業者で構成された木挽町一～七丁目が成立し、原料から加工品までの一連の流れ（サプライチェーン）が成立していた。

■4－5　第2次天下普請と八町堀舟入

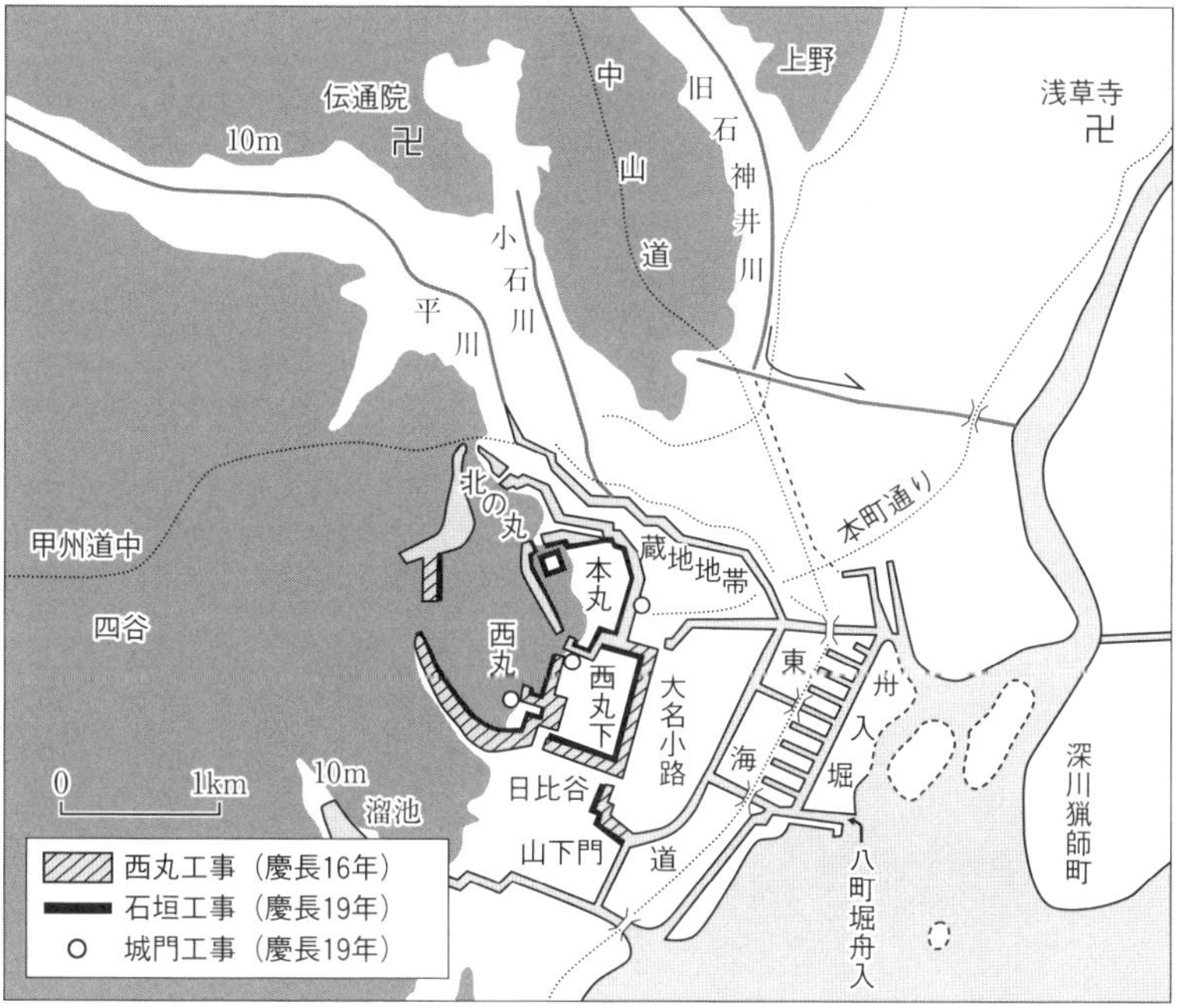

※鈴木浩三『江戸の都市力』筑摩書房より。

■4－6　「寛永図」にみる江戸舟入堀と八町堀舟入

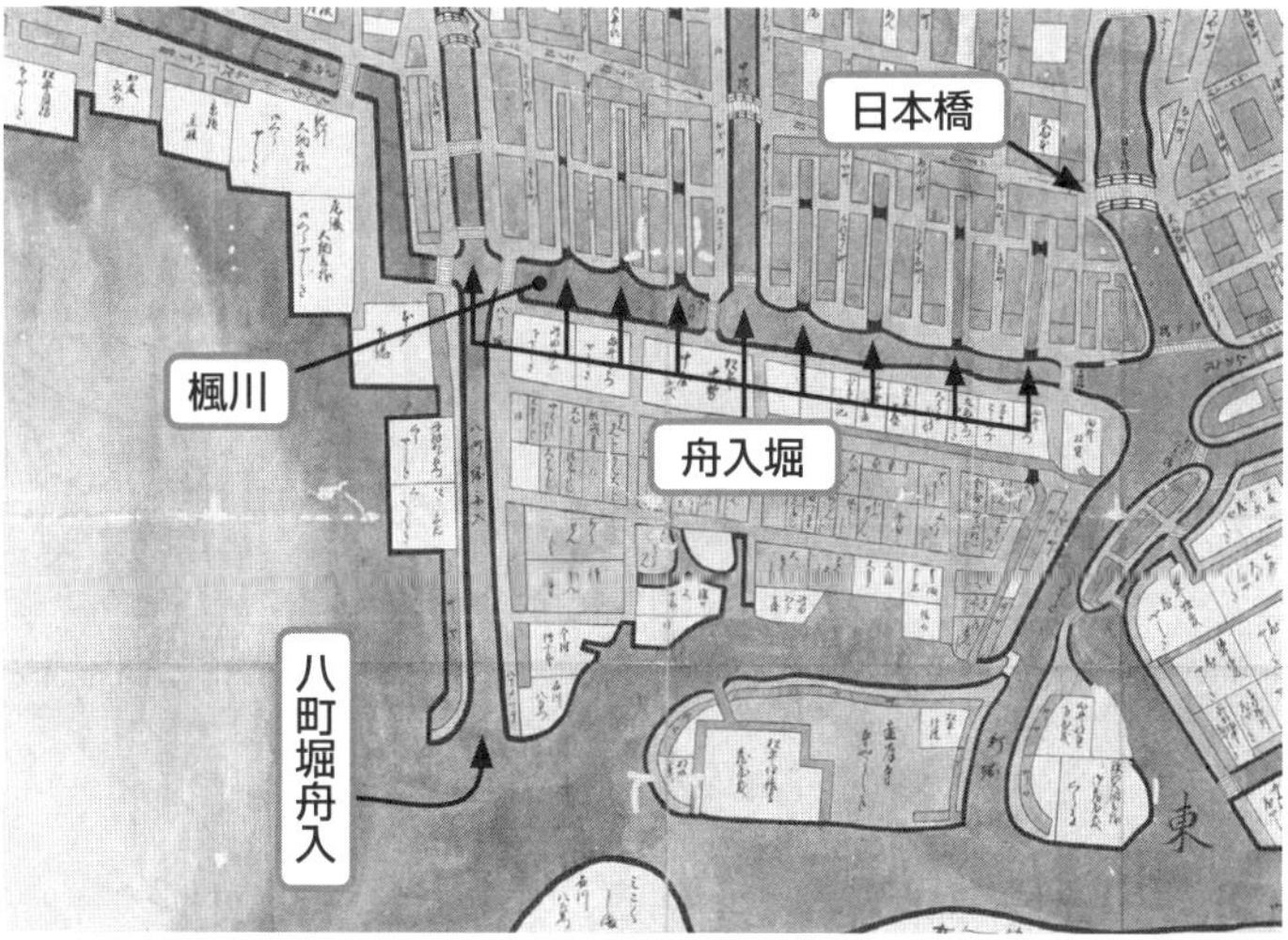

※「武州豊嶋郡江戸庄図」（東京都立中央図書館蔵）より。

江戸舟入堀は、楓川に面する江戸前島の東側を櫛形《くしがた》に掘り進んだもので、日本橋川を含めると10本になった。その一部は、第1次天下普請の最盛期には江戸前島と外濠を横断して西丸下まで通じていたと推定されている（鈴木理生『図説 江戸・東京の川と水辺の事典』柏書房）。

当時の技術では、埠頭にするために海を埋め立てるよりも、堅い地盤を掘り残すほうが容易だった。また、石船の甲板上の「百人持の石」を、巨石運搬用の修羅《しゅら》（ソリ）に乗せて、神楽桟《かぐらさん》（横に回す人力ウィンチ）を使って水平方向に引っ張って陸揚げするには、この構造は効率的だった。

舟入堀ができた結果、荷役スペースが大きく増えるとともに、江戸の主要道路となった通り町筋（89ページ）と直接アクセスする配置となった。それにより、船で運ばれてきた貨物を陸揚げし、江戸市内に流通させる能力は、飛躍的にアップしたはずである。

しかし、江戸城の築城が終わると、舟入堀は不要となり、順次埋め立てられて、町人居住地区である町地に変わっていった。

●八町堀舟入は艦砲射撃対策

このときに江戸前島の東側を埋め立ててつくられた「八町堀舟入」は、江戸湾に入ってきた外航船を、南側から江戸舟入堀に誘導する水路であった。なお、現在は「八丁堀」と書くが、当時は「八町堀」といった。

実は、城と市街中枢部への外国船（洋式帆船）による艦砲射撃を防ぐための施設が八町堀舟入であった。17世紀、外国船の大砲は進行方向の横向きに固定された構造だったので、外国船が城や城下町に対して平行に進めない構造にしたのである。

しかも、日本橋川河口部には、鉄砲洲と、幕府の海軍長官ともいえる船手頭・向井将監の屋敷（軍船の基地）を配している。

寛永期（1624～45）になると、八町堀舟入の入口付近の島が、船手頭・石川八左衛門の所領となり石川島と呼ばれるようになる。日比谷入江の埋め立ても、江戸城直下への外国船の侵入を遮断する効果があった。

当時の世界は大航海時代にあたり、強力な火力を備えた外国船対策が不可欠であった。

八町堀舟入北側の楓川をはさんだ対岸の埋立地（北八町堀と南八町堀）には、「寛永図」の時点（寛永9年、1632）では、松平中務大輔（蒲生忠知）の物揚場《ものあげば》と倉庫を兼ねた中屋敷が大きなスペースを占めていた。

忠知の母は家康の娘であり、親藩扱いを受けていただけあって、物揚場＝港湾としての一等地に屋敷を与えられている。他にも大名の物揚場がこの地区（現・中央区日本橋茅場町2・3丁目や八丁堀1～2丁目など）に集積していた。

なお、大名屋敷には上屋敷、中屋敷、下屋敷、蔵屋敷などがあった。上屋敷は大名家の江戸における本拠で、対外的には公館、大名家の内部管理部門、当主の私的な居住空間、江戸詰めの家臣の住宅、参勤交代で国元から出てくる家臣が住む長屋などからなっていた。

中屋敷には世継ぎや隠居した当主が居住。下屋敷は別荘や保養所、野菜などの栽培地となっていた。物揚場を兼ねた蔵屋敷は、本国から船で送られてくる物産を荷揚げして販売する場所であった。

●消えた楓川・江戸舟入堀

先に述べたように江戸前島に直角に掘られた江戸舟入堀は、江戸城の天下普請が一段落すると順次埋め立てられたが、その導入水路となっていた楓川は埋め残され、江戸、東京の商業地へのアクセスのよさから、昭和30年代までは水運が盛んであった。

しかし、高度経済成長期、モータリゼーションで自動車輸送が急増すると、物流機能を担わなくなった水路は都市の重要インフラの座から転落。首都高速都心環状線の建設のため、昭和35～40年（1960～65）に埋立て、あるいは水路部分を掘り下げて道路にされていった（現在の首都高速都心環状線）。

高度成長期以降、水運に使われなくなった八丁堀舟入も、楓川と同時期に埋め立てられて、公民館や桜川公園、東京都下水道局の桜橋第一・二ポンプ所などの公共施設にあてられている。

一方、楓川と並行する中央通り（銀座通り）では、増加する自動車対策として、昭和34年（１９５９）、都電の専用軌道への自動車の乗り入れが警視庁によって解禁され、都電も交通渋滞に巻き込まれるようになった。

昭和36年（１９６１）、国の首都圏整備事業方針に都電の撤去が盛り込まれ、さらに、東京オリンピック開催にともなう道路整備もあって、都電路線の廃止が相次いだ。

明治15年（１８８２）に新橋と須田町の間で開業した東京馬車鉄道を受け継いだ都電・本通線（通称・銀座線）も、昭和42年（１９６７）に新橋〜通三丁が廃止、残る通三丁〜須田町も昭和46年（１９７１）に廃止された。

楓川と八丁堀舟入、そして都電がほとんど時を同じくして姿を消しているのは、東京の交通・物流が水運から鉄道、そして自動車にシフトしていったことを象徴している。

しかし現在、持続可能な都市の実現に向けて、国内外を通じて環境負荷の低い路面電車（ＬＲＴ）を見直す機運が高まっていることや、震災時の物流経路としての水路の価値が見直されているのは皮肉な現象である。

第5章

連続する天下普請で、ますます強まるおカネの力

1 貨幣経済の浸透と内陸を伝う「奥川廻し」の完成

河川を使った内陸の輸送ルートができ、江戸への船舶輸送が安定した。

●天下普請で広く貨幣が浸透

第1次天下普請の後、慶長16年（1611）になると西丸の堀普請が、主に東北大名の14家に命じられた。『當代記』によれば、工事を急いだため日雇の労働者を多く求めたので、百姓を含む関東の人々が銭を手にしたと記されている。

また、2代将軍・秀忠が工事の督励に現場を観察するほど急いでいたので、集められた大勢の労働者たちが賃銭をもらって大変喜んだという記録もある（『台徳院殿御実紀』）。

天下普請に従事した末端の労働者や百姓たちにも貨幣が浸透していたことがわかる。この場合、労賃は金や銀ではなく、銭で支払いを受けている。

慶長18年10月、西国大名34家に「第2次天下普請」が予告された。

起工は、慶長19年10月からの「大坂冬の陣」を前にした3月で、すでにこの段階から戦いは始まっていた。

動員された大名の多くは、関ヶ原の戦いで家康と戦った西軍側についた毛利氏や島津氏、あるいは秀吉恩顧の武将であった。豊臣方との決戦の前に、敵になる可能性のある大名を総動員して経済的に疲弊させるとともに、恭順の意を示させる戦略であった。

そして、大坂冬の陣の直前の9月に工事は中止になり、普請を命ぜられた西国大名はそのまま大坂に参陣した。翌慶長20年（1815）、「大坂夏の陣」で豊臣家は滅亡し、当面の必要がなくなったこともあって工事は再開されなかった。

●水運網の整備が進み「奥川廻し」輸送が登場

豊臣家を滅亡させた直後の7月、徳川政権は「武家諸法度」や「禁中並公家諸法度」「諸宗諸本山法度」等の法令を定めて大名、朝廷・公家、寺院に対する支配体制を整備した。

とはいえ、政情はまだまだ不安定であった。

家康が元和2年（1616）4月に没した後、将軍秀忠は7月に家康第6子の松平忠輝《ただてる》を改易したが、その頃、忠輝やその支援者と目されていた伊達政宗による謀反の噂が飛び交っていた。

イギリス商館長リチャード・コックスの日記には、1月の段階で「義父の伊達政宗をバックにする忠輝と家康の間に戦争が起こりそうだ」とある。8月には、「忠輝が切腹したので政宗がピンチに」「忠輝はキリシタンにそそのかされて謀反を起こす」といった〝政宗絡み〟の風説が記されている。

政宗は慶長6年以降、仙台城と城下町の建設のほか、松島五大堂、塩竈神社などを建立したが、それは増上寺（46ページ）と同様、仙台の戦闘態勢の強化でもあった。

こうした政宗の強大さゆえに、人々が「謀反が起こるかもしれない」と感じていたからこそ、コックスが聞いたような風説が世の中に広がっていたのである。

それゆえ、誰にでもわかる形で、謀反の可能性を摘み取ることが軍事的にも政治的にも求められた。

家康の神格化や、上野寛永寺の建立（109ページ）もそうした文脈上にあった。当時は、元和3年（1617）2月に亡き家康が東照大権現の神号を受け、翌3月には日光東照社の神殿が竣工し、家康が日光に東照宮として祀られた時期にあたっている。

東照宮造営をきっかけに、利根川や鬼怒川の流域に領地を持つ有力な譜代大名12家に、この流域の運河・治水工事（川普請）が命じられた。

その結果、江戸―日光間の水路が開通したほか、関東地方全体の水運網が急速に整備されていった。加えて、この川普請によって、東北からの侵攻に対して、素早く関東北東部に軍勢を展開できる体制が整えられた。後年、これが商業ベースに乗って「奥川廻し《おくかわまわし》」に発展した。

奥川廻しとは「内川《うちかわ》廻し」ともいい、134ページで述べる「東廻り航路」（日本海側の酒田から津軽海峡を回って関東に至る航路）によって那珂湊《なかみなと》や銚子《ちょうし》湊に輸送された物資を、川舟に積み替えて北浦・霞ヶ浦や関東地方の河川・運河を使って江戸まで運ぶ河川舟運である（**図5－1**）。

図5－1　河川路と陸路を使った「奥川廻し」の経路

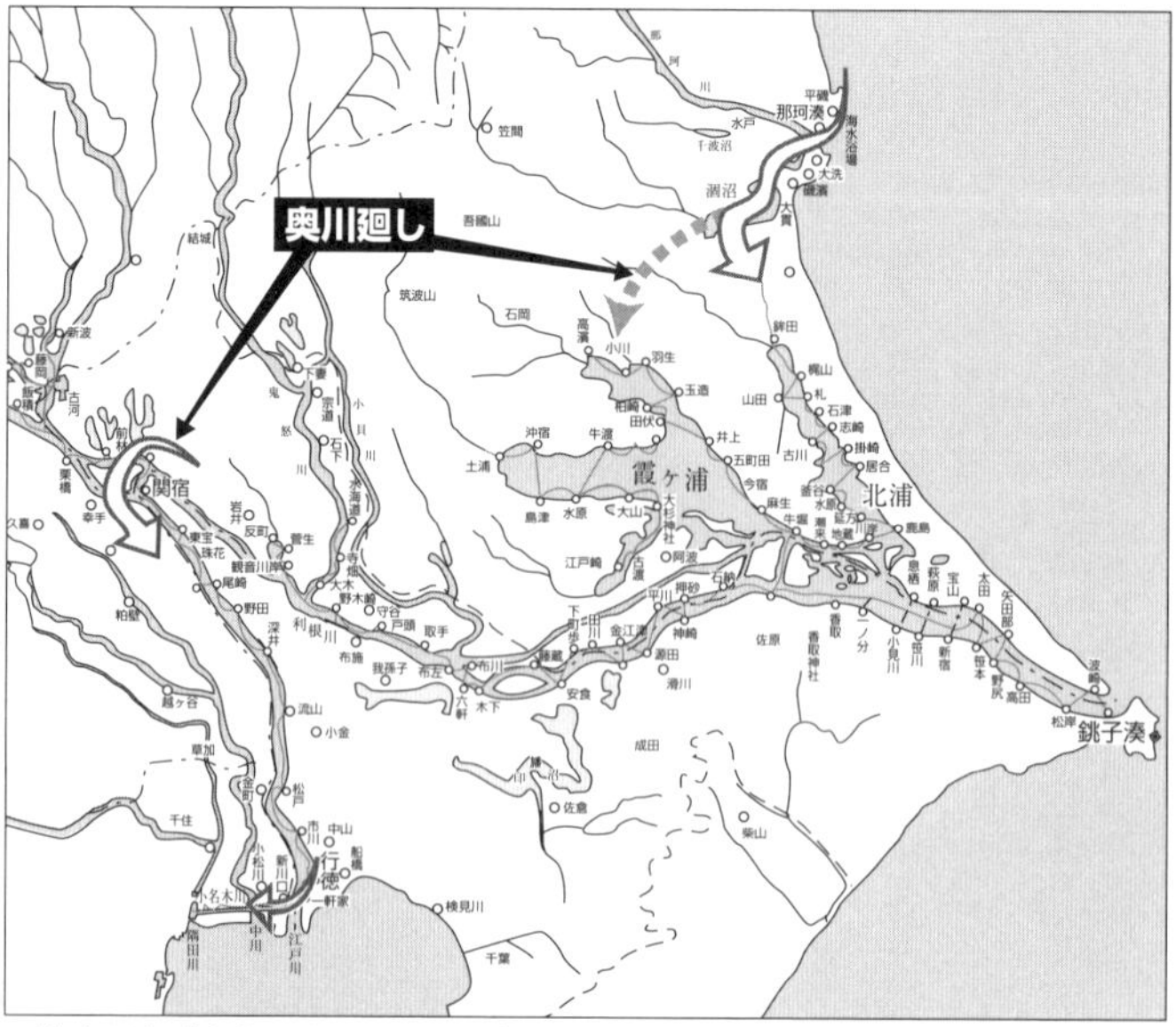

※鈴木理生『東京の地理がわかる事典』日本実業出版社より。

那珂湊に近い涸沼《ひぬま》から霞ヶ浦や北浦へは陸送ルートをとり、さらに渇水期の関宿《せきやど》付近（現・千葉県野田市）では、水のない河川敷を舟を曳《ひ》いて荷物を運ぶこともあった。

そのような手間のかかる方法をとったのは、航海の難所である銚子沖や房総半島沖を避けるためと、伊豆半島で風待ちをしてから江戸に逆戻りして入る航路（東廻り航路）では、航海の日程が不確かだったからである。

元和7年、幕府は江戸湾に流れ込んでいた利根川を、関宿付近で瀬替えして銚子に流すようにした。これは、奥川廻しの水路整備の一環であった。

奥川廻しはその後も発展し、関東地方で生産される「地廻り物」を江戸・深川に運ぶとともに、九十九里浜など房総一帯でつくられる干鰯《ほしか》や〆粕《しめかす》を深川に集荷した。干鰯や〆粕は上方に向けて肥料として出荷され、菜種や綿花の栽培などに使われた。

2 第3次天下普請で江戸と江戸城の防御力を高めた

石垣の高さを増し、枡形を築造。江戸の守りを強固にする工事が行われた。

●第3次天下普請と秀忠の権威発揚

中止されていた第2次天下普請は、「第3次天下普請」（**図5－3**）として再び元和6年（1620）2月に命じられ、4月に起工となった。

この工事では北丸、三丸の外壁に石垣を築き、本丸の石垣の高さを増して城の威容と防御力を高めている。天守台の石垣工事にも着手した。

内桜田から清水門までの石垣のほか、外桜田、和田倉、竹橋、清水門、飯田町口（田安門）、麹町口（半蔵門）の各枡形《ますがた》（2つの城門をつなぐ城壁で囲まれた四角い空地）、大手門の石垣と枡形なども築造された。谷筋を活かして半蔵濠や桜田濠も整備された（**図5－2**参照）。

工事には東北大名8家を含む10家が動員され、政宗は黄金2676枚を費やして大手門の石垣と枡形を築造した。

謀反の噂の中心人物だっただけに負担も大きかったが、噂を打ち消すために自ら大工事を志願した可能性もある。

このほか、平川や小石川などの増水時に、城の北側の雉子橋から鎌倉河岸の一帯が浸水するのを防ぐために、駿河台を削って隅田川に放流する放水路もつくられた。それが現在の神田川である。さらに、江戸舟入堀（98ページ）の対岸の八町堀などの埋め立ても進んだ。

この天下普請は、家康が亡くなり、2代将軍・秀忠になって最初の大規模な普請であり、江戸城の防御力はもちろん、秀忠の権威も高めた。

第1次天下普請による慶長年間につくられた天守に代わって、新たな天守が完成したのはその象徴であった。

■5－2　江戸城の32城門と濠

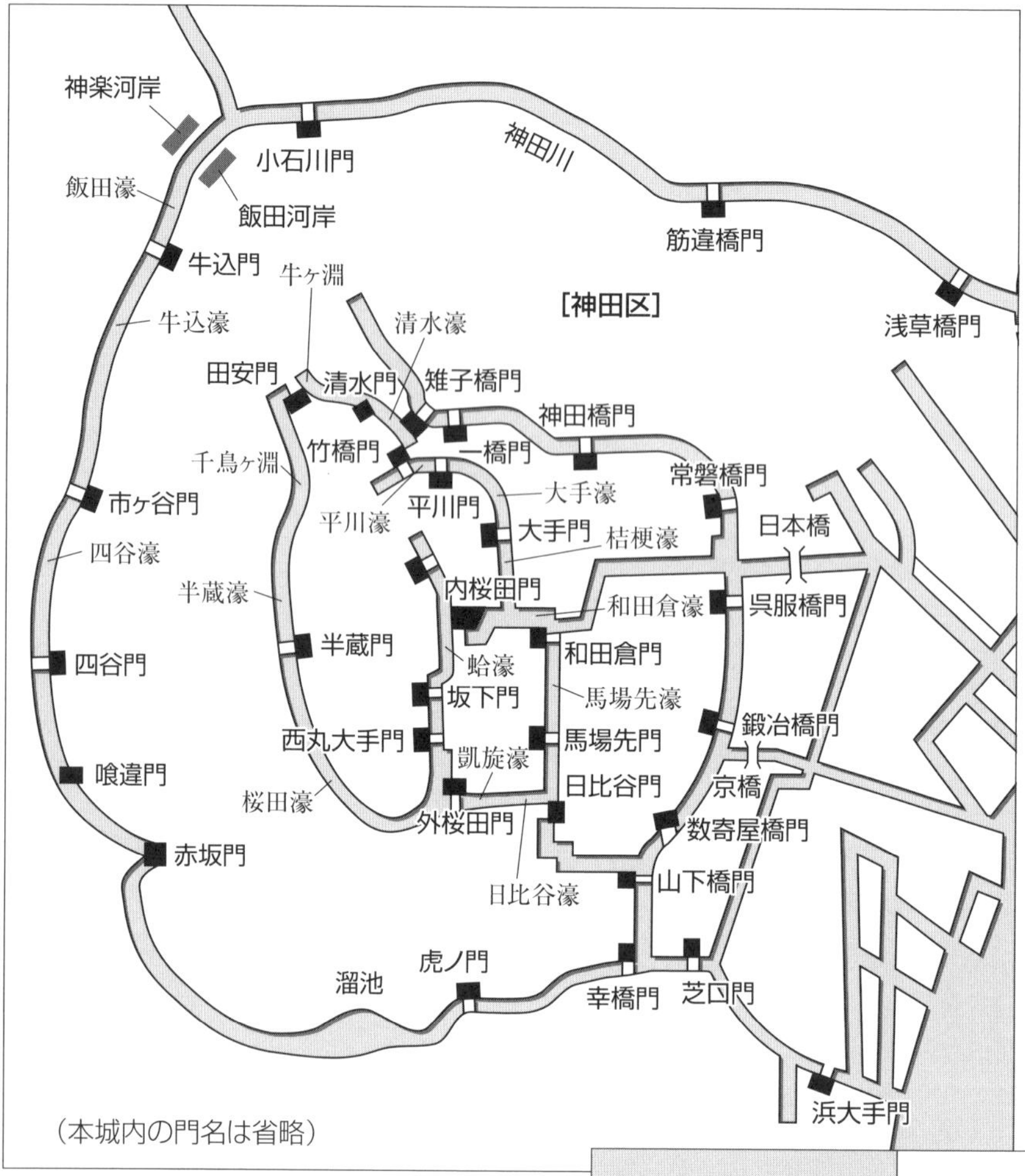

※鈴木理生『江戸と城下町』新人物往来社に加筆。

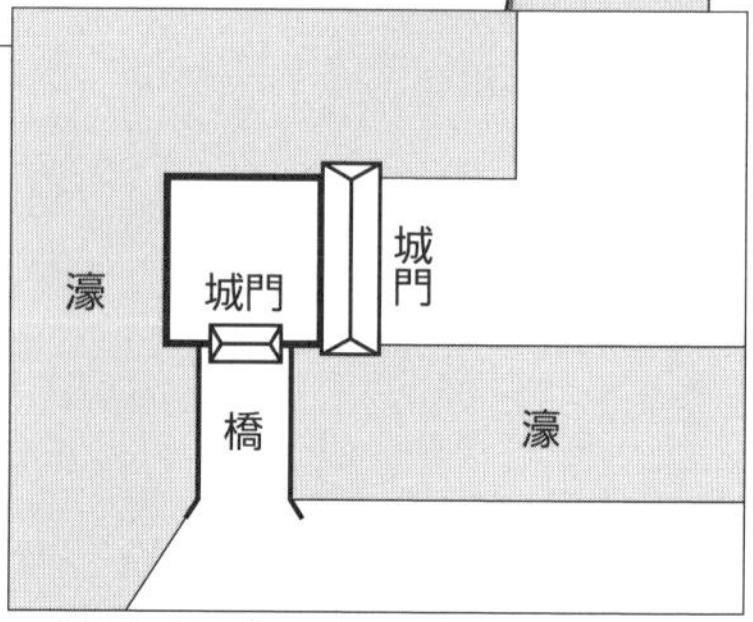

●枡形（外桜田門）

●さまざまな専門業者が発達

この時代になると、それまで以上に貨幣による決済と専門業者の活用が進んでいた。

たとえば毛利氏は、元和4年に石垣工事に必要な石材を石屋に注文して、賃船で輸送している。第1次天下普請のときには、石材の切り出しも廻漕も御手伝大名が自ら行っていたことからすれば、大きな変化だった。

民間の専門業者を発達させるだけの需要と、それを貨幣で決済する世の中になっていたのである。

一方、大坂城の天下普請も元和6年正月に発令され、64家の大名が動員されて、寛永6年（1629）に完成している。

この工事は、「大坂夏の陣」で焼け落ちた大坂城の上に、まったく新たな城郭を築造するもので、豊臣時代を思い起こさせるものは徹底的に排除された。この普請により、大坂を中心とした水運の発達がもたらされた。

●寛永寺建立の狙い…上野の山も戦略拠点

第3次天下普請が行われていた頃、元和8年（1622）から「寛永寺《かんえい》」（現・上野公園一帯）の造営が始まった。

この年、最上義俊（山形）、本多正純（宇都宮）が改易になり、大名たちの不安感を高めただけでなく、秀忠の兄・結城秀康の子である松平忠直による謀反の噂まで、2月のコックス（105ページ）の日記に記されている。政宗の脅威とともに、親藩大名の謀反の噂までが交錯する時期に、寛永寺の造営が始まったのであった。

こうした当時の軍事・政治情勢を視野に入れると、寛永寺の建立は「江戸城の鬼門封じのため」といった従来の説明については、別の見方も成り立つだろう。

江戸時代の寛永寺は「上野の山」の一帯で、旧石神井川によって本郷台地から切り離された標高10mの台地部分の広大な範囲にわたっていた（**図5－3**）。藤堂高虎、津軽信枚《のぶひら》、堀直寄《なおより》の下屋敷などがあったが、造営のために幕府が収公して天海《てんかい》に与え、寛永寺を建立した。

ここからは東京下町低地のほか、筑波山や赤城山、日光男体山までの関東平野を一望できる。東北地方から千

■図5－3　第3次天下普請と寛永寺

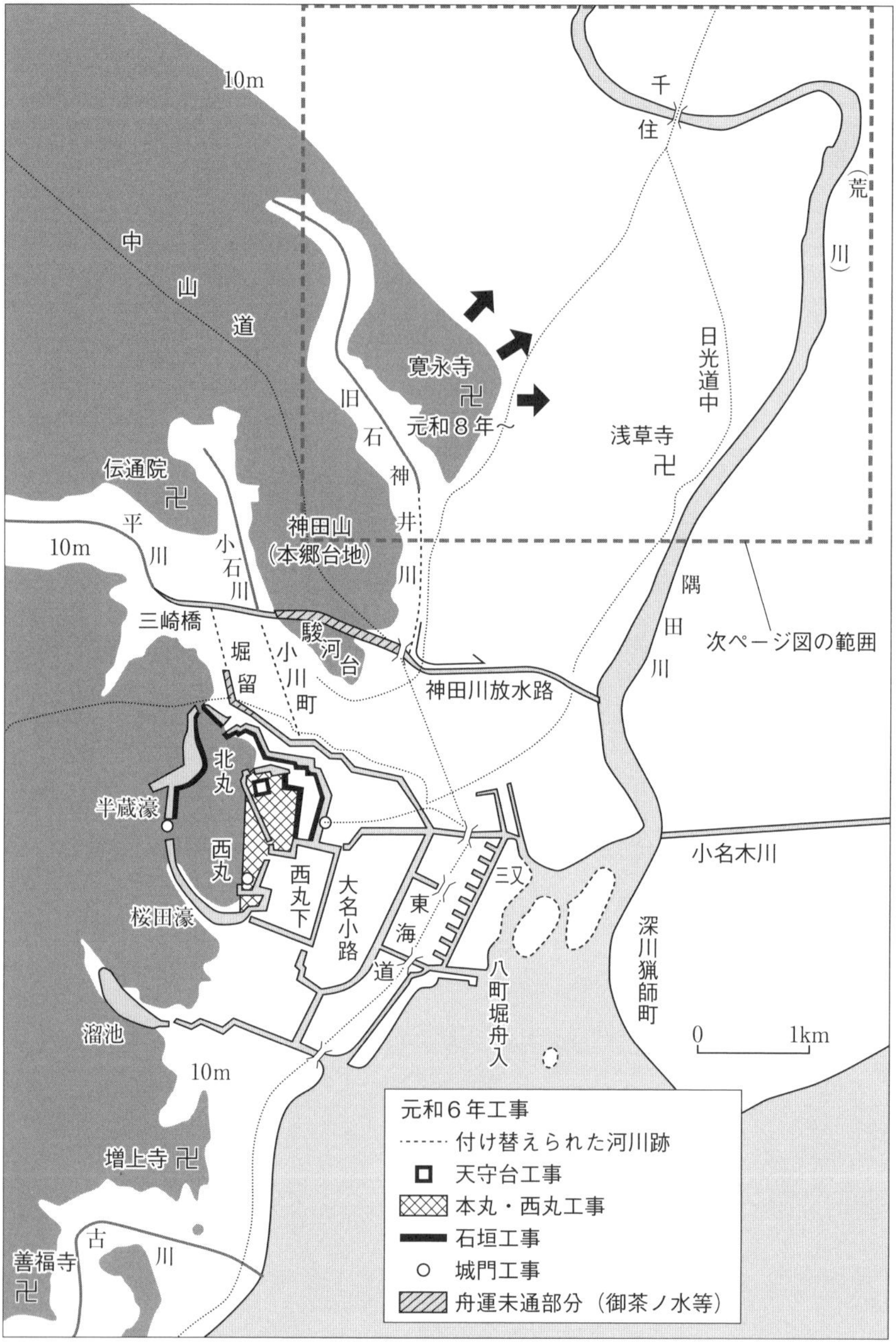

※鈴木浩三『江戸の都市力』筑摩書房より。

住を経由して江戸に通じる古くからの道筋（後の日光道中、現在の「下谷通り」に相当）も見下ろせる（図5－4、5ページ図）。

ということは、政宗の脅威があった時期に、江戸防衛の拠点として寛永寺を建てたとみてよいだろう。

戦略的に重要な場所を見下ろす台地上に大寺院を配置することは、増上寺などと共通した発想であり、かつ、そこは実際の「鬼門」を封じる場所でもあった。

『台東区史』通史編Ⅰでも、上野の山の「館《たて》（砦）的な性格」や、陸路と水路へのアクセスがよく、新河岸川（荒川支流で江戸と川越を結ぶ主要ルート）、隅田川、三味線堀（不忍池から浅草鳥越を経て蔵前付近で隅田川に注いでいた水路）によって、関東の戦略拠点だった川越（埼玉県）にも直結していることなどを指摘したうえで、「幕府が東叡山の山主に皇子を迎えて、万一の場合の対朝廷の柱とすると共に、この地を軍事上の一拠点と認識していたとしてもあながち不思議とはいえない」としている。

「政宗に対する防衛拠点」という実態は、天下を統一したはずの徳川政権にとっては、政治的にマイナスだったのであろう。それだからこそ、政治家・天海が「鬼門封じ」という〝理屈〟を編み出したのだろう。

■5－4　寛永寺と千住・日光街道

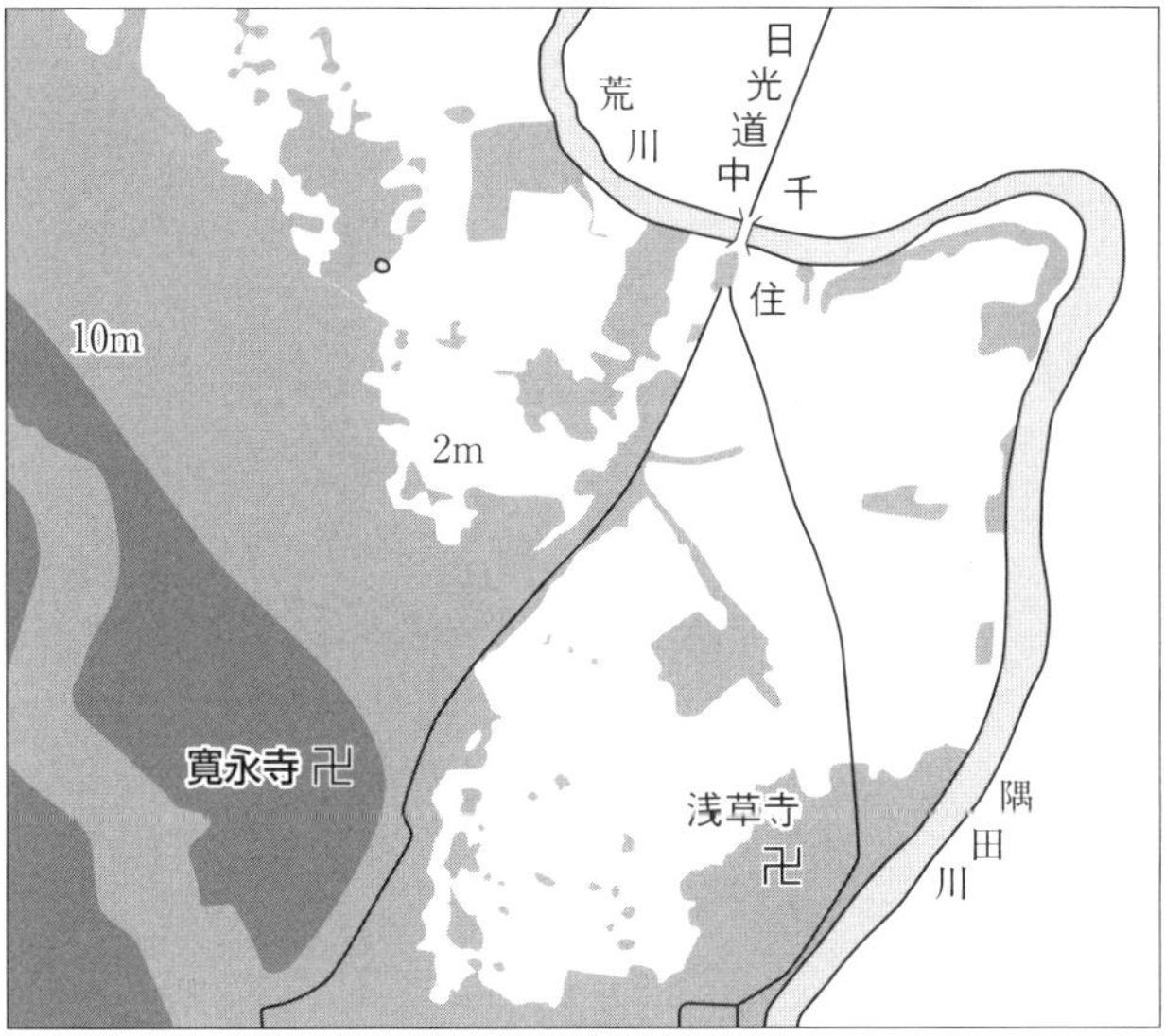

※鈴木浩三『江戸の都市力』筑摩書房より。

3 第4次・第5次の天下普請はさらに大規模に

普請には大名税という側面もあり、それがさらに経済を回していた。

●第4次天下普請でさらに貨幣経済が浸透

寛永5年（1628）から寛永7年にかけて行われた工事が「第4次天下普請」で（**図5－5**）、東北、関東、北陸の70家が7組に分けて動員された。

親藩大名の尾張・水戸両家や、老中の酒井忠世、土井利勝、酒井忠勝、永井尚政《なおまさ》などの有力譜代大名も参加している。

ここでは本丸、西丸の工事のほか、外濠に面する外郭の石垣工事や城門築造を行ったが、以前に完成した石垣を嵩《かさ》上げするといった増築・修築も多かった。

第4次天下普請の特徴は、第3次にも増して貨幣経済と市場メカニズムによって、工事が進められたことであった。

たとえば、田安門の普請を命じられた越前国北庄《きたのしょう》（福井）の松平忠昌は、「金をケチるな！　工事をしっかり行え！」と家臣に命じている。

材木商を使って江戸中の材木を買い占め、大量の材木を敷いた上に石垣用の巨石を滑らせながら運んだので、工事は円滑に進んだ。

忠昌は家康の次男・結城秀康の次男であったが、兄の忠直が改易された後の北庄藩を継ぐことを許されたこともあって、将軍への忠誠心をアピールしたのかもしれない。

工事の効率性だけでなく〝忠誠心〟までもが、「カネで解決できる」時代になっていた。

ところが、同じ現場を割り当てられた加藤清正の三男忠広は、忠昌に先を越されて材木を調達できず、非効率な工事を無理に進めたため、死傷事故なども多発させた。

■5－5　第４次天下普請

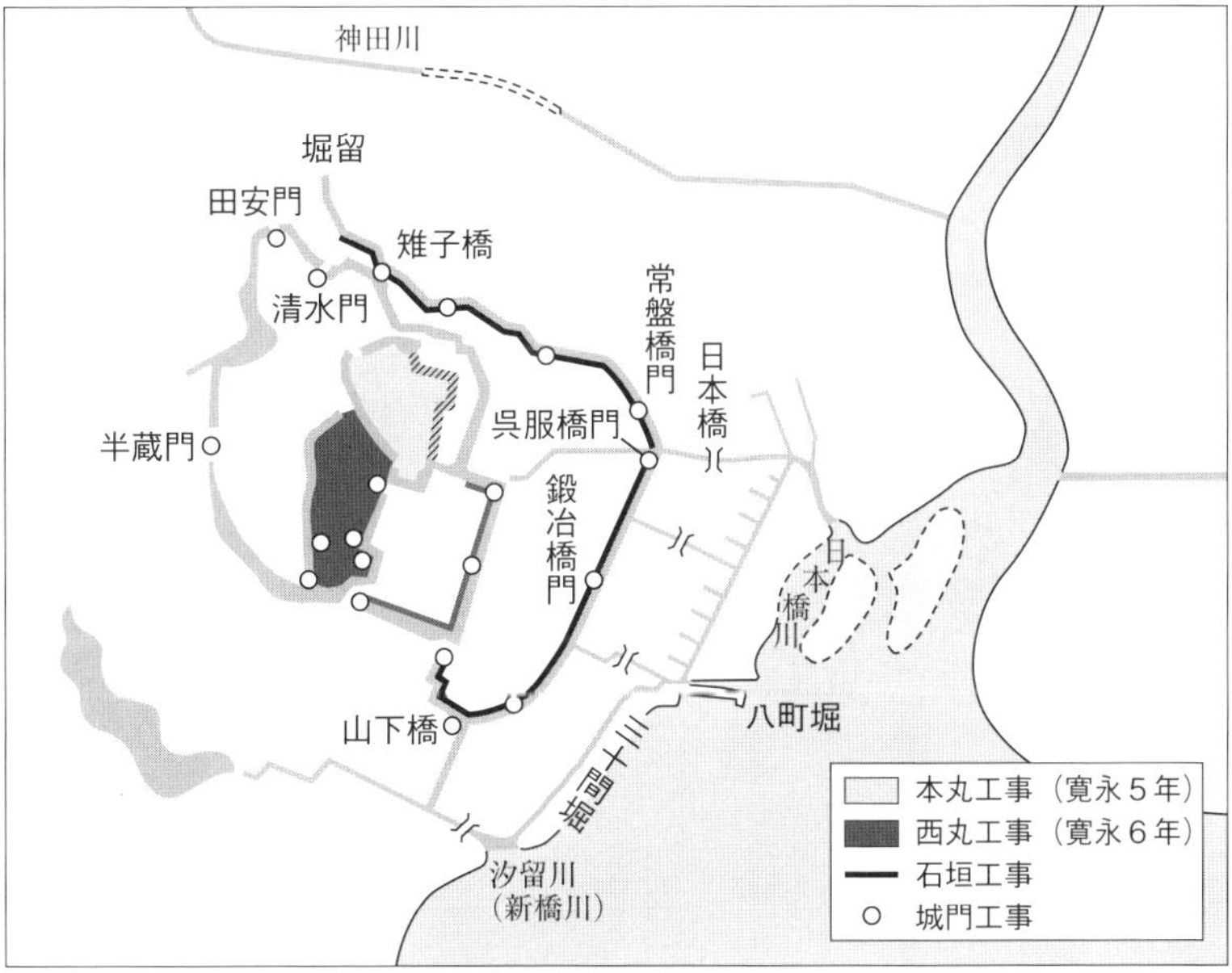

■5－6　第５次天下普請

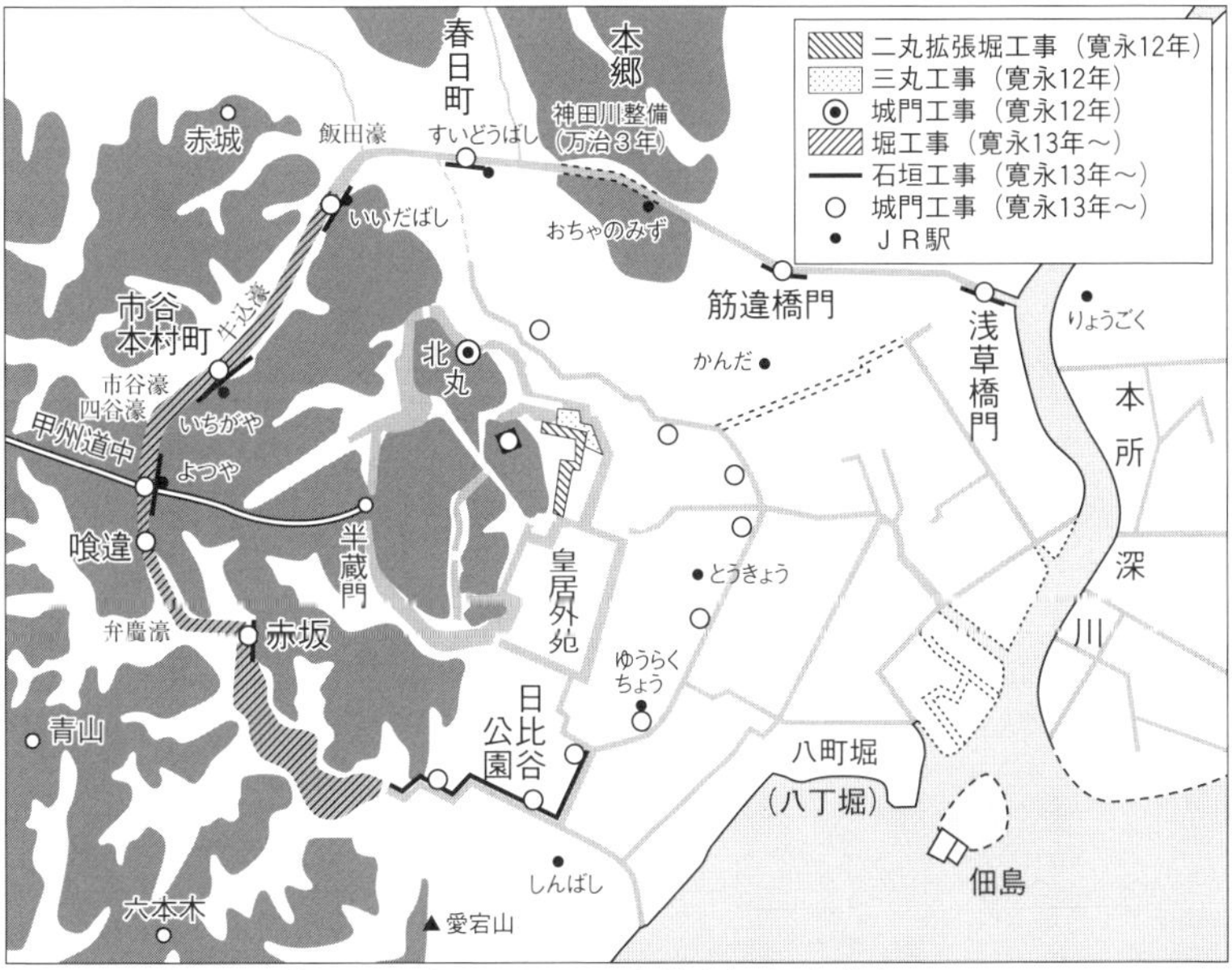

※両図とも鈴木理生『江戸はこうして造られた』筑摩書房より作成。

松平家よりも工事が大きく遅れ、コストもかかって「加藤家の身上をつぶした」とまで忠昌側に書かれている。築城の名手・清正の後継者は、カネと市場を使った天下普請をめぐる大名どうしの競争に敗れたのである。

●最大規模の第５次天下普請

それまでに比べて、はるかに大がかりだったのが「第５次天下普請」（**図５－６**）である。寛永12年（１６３５）に二丸の拡張と三丸の縮小工事として開始され、寛永13年から外郭工事も始まった。

天守は寛永14年の大修築を経て翌年に完成、外郭の門は寛永16年８月までに竣工し、江戸城の総構《そうがまえ》が完成した。

江戸城の天下普請では最大規模の１２０家が動員され、枡形・石垣築造には西国大名６組62家、外濠の掘方には東北・関東の大名７組58家が従事した。

現存する清水門、田安門、外桜田門のほか、外郭の門としては筋違橋門、小石川門、市ヶ谷門、四谷門などの枡形門が完成している（**図５－２**参照＝108ページ）。

●内陸部に水運網が広がる…神楽坂の賑わい

第５次天下普請で、四谷濠（真田濠）、市ヶ谷濠、牛込濠、飯田濠が整備され、さらに万治３年（１６６０）の神田川の整備工事により、本郷台地が深く開削されて常に水が流れる状態となった。これにより飯田濠まで水運が通じるようになり、江戸の内陸部に水運網が広がった。

江戸の内陸部の最も奥に成立したのが、神楽河岸である（**図５－２**）。

ここには神楽坂を経て上州道に通じる牛込見附があり、水陸の結節点になった神楽坂一帯には町屋が形成され賑わうようになった。

牛込見附の遺構（石垣）は、ＪＲ飯田橋駅の近くに残されており、江戸三十六見附のなかでも原型を思い起こさせるものとなっている。

この完成によって、家康入府から約70年間・４代将軍家綱の代まで続いた江戸の市街地整備が完成したのである。

●天下普請は大名税の性格も

天下普請には、軍役の拡大版あるいは大名の統制手段といった役割を超えた機能が備わるようになっていった。

その機能とは、諸大名の所得や資産を、天下普請を通じて徳川政権の城郭や都市施設などのストック（資産）に振り替えることであり、大名の財産を幕府に移転させるシステムだったともいえる。

言い換えれば、天下普請は大名への〝課税〟システムに進化し、その後も普請が継続的に命じられたことによって、制度として定着していったと考えられる。

江戸時代の初期の年貢率はおよそ「七公三民」（123ページ）とされ、大名はそれぞれの領国から生み出される生産物を事実上ほぼ独占していた。

したがって、大名（の所得や資産）に課税すれば、当時の国民から徴税するよりも、はるかに安い徴税コストで必要な財源を得ることができた。

課税のしくみとしては、天下普請を命じて大名から現物納付の形で工事の役務や資材を提供させることであった。大名が提供する役務や資材は、最終的には幕府のストックになるか、市場に還流して経済を潤した。

したがって、諸大名たちが苦心の末に完成させた江戸城が火災で焼失しても、徳川政権にとっては、政権を揺るがすダメージにはならなかった。むしろ、普請が続くほど、経済が拡大したのである。

家康は〝百姓は生かさず殺さず〟を旨としたが、それは、大名を通じて、間接的に国内の富を徳川に吸い上げるしくみでもあった。それもあって、とくに江戸時代の初期の段階では、領国経営に失敗した大名は容赦なく改易の憂き目にあった。

徳川政権が260年間も続いた背景には、大名のフローやストックを独占的かつ効率的に徳川政権に集めるシステムをつくることに成功したことがあげられるだろう。

参勤交代《さんきんこうたい》（122ページ）は、それによって所得や資産が幕府に直接的に移転するわけではないが、大名たちに費用負担（経費支出）を強制する点では、経済に大きく寄与していた。

4 江戸屋敷の普請にみる金銀銭相場の変動

『相良家文書』からわかる、江戸屋敷建設の工事内容、諸費用、両替の状況。

●相良氏の江戸屋敷建設は金・銀・銭で支払い

時代は前後するが、「関ヶ原の合戦」に勝利すると、外様大名の江戸への参勤と、その妻子を人質として江戸に住まわせることが家康の方針となった。それに応じた大名には屋敷地が与えられ、江戸屋敷が次々と建てられた。

第1次天下普請が始まると、諸大名の江戸屋敷は、人質の居住のため、あるいは幕府との連絡拠点というだけでなく、天下普請の工事事務所として、工事に張りついていた当主の住宅となった。そのため、江戸城の普請と大名屋敷の建設ラッシュが重なった。

しかし、江戸で屋敷地を拝領しても、建物の築造は土地を拝領した大名家が自ら負担しなければならなかった。造成されていればよいほうで、低湿地の場所を指定されるだけで、宅地としての造成工事を自前で行う場合も多かった。

その様子を物語るのが『相良家文書《さがらけ》』の「江戸御屋形作日記」である。肥後国・人吉城主の相良長毎《ながつね》が、江戸に差し出した母を住まわせるために、慶長11年5月から7月にかけて江戸屋敷を建設した際の決算書だ（図5－8）。

相良氏は小大名（2万2000石）だったためか、屋敷も小規模で3か月ほどで完成したが、土地の造成費は屋敷建設の決算書にみえないので、建物の建築だけで済んだとみられる。

とはいえ、当時の相良家の江戸屋敷（上屋敷）の場所は、「寛永図」でみると、土橋と御成橋の北側で（図5

■5－7　「寛永図」の相良屋敷

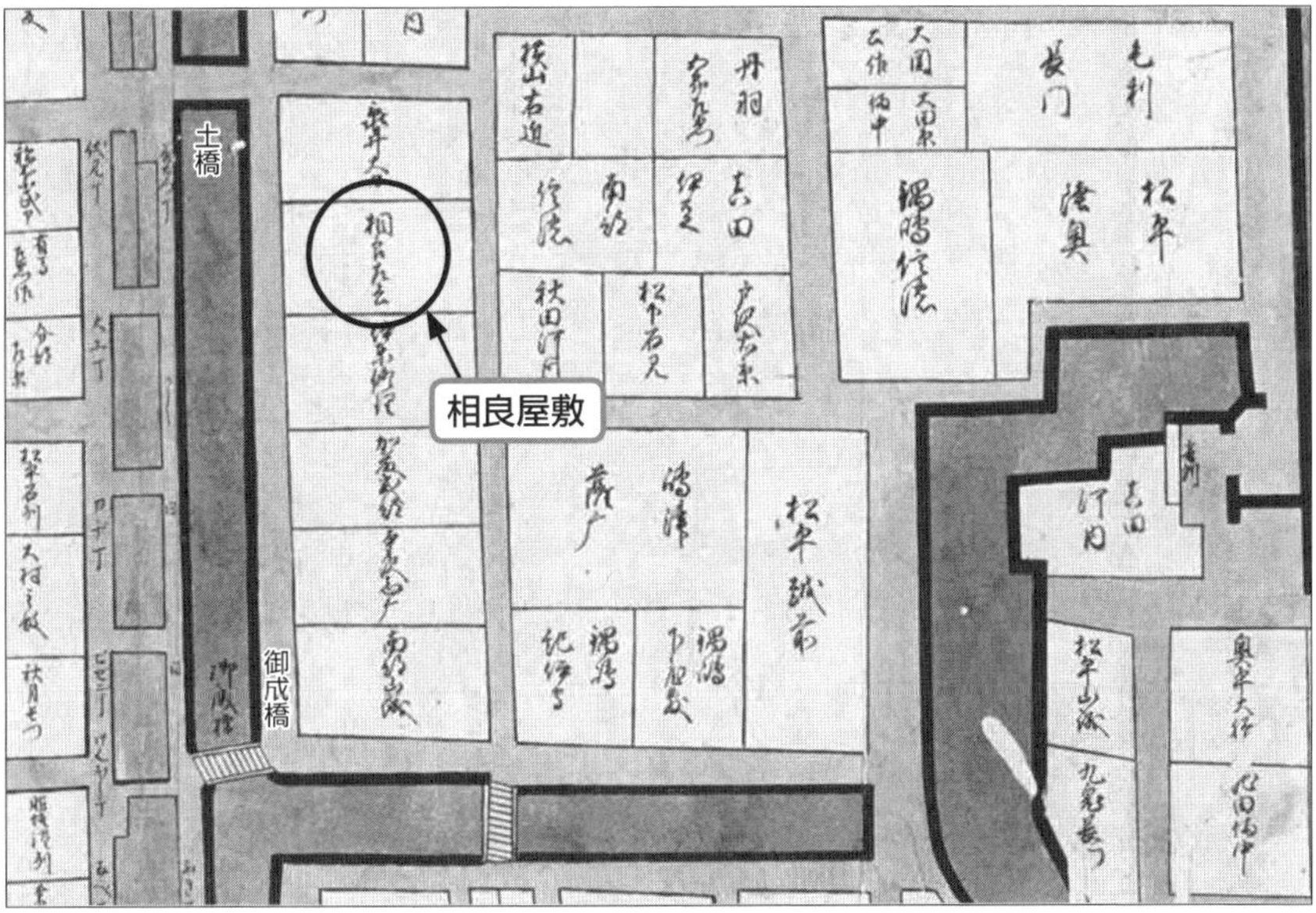

※「武州豊嶋郡江戸庄図」（東京都立中央図書館蔵）より。

－7、37ページ図の中央部。現・千代田区内幸町2丁目）、日比谷入江を埋め立てた場所にあったので、敷地を得るには造成が必要だったはずである。

ただ、『寛政重修諸家譜』によれば、慶長7年（1602）、長毎が伏見にあった老母を江戸に差し出すと申し出ると、西国（九州）からの初めての人質ということで家康が大いに喜び、刀を下賜《かし》している。

となれば、人質用の屋敷のために造成済みの土地を与えて、優遇ぶりを諸大名にみせつけた可能性も高い。

●金経済圏と銀経済圏の違い

決算書から読みとれる特徴としては、家康によって慶長6年から発行の始まった金銀貨幣が、5年後（慶長11年）には大名屋敷の築造で着実に使われていた点である。金（小判）は慶長小判、銀は慶長丁銀あるいは豆板銀である。

屋敷の完成後、工事明細書（内訳）は慶長11年8月朔《さく》日《じつ》（1日）付、総決算は8月13日付で、予算が銀18貫897匁《もんめ》8厘7毛であったのに対して、総工費（都合御物入分）は銀11貫834匁9厘であった（図5－8①）。

内訳をみると、建物本体の築造費が銀11貫446匁5分（②）、作業場設営などの工事雑費が銀687匁6分9厘（③）で、総工費は銀12貫134匁1分9厘である。

ただし、ここから軍役夫の飯米代（領内から動員した人員の人件費相当）として銀300匁4分を控除（差し引き）しており、工事の実額を銀11貫833匁7分9厘と計算している。これは総工費の額（銀11貫834匁9厘）と、ほぼ一致している。

本体の築造では、御台所、御広間、御書院、御風呂屋、御廊下、御局屋、御門、御中門などの大名屋敷に必要な諸施設が築造されていることがわかる。

興味深いのは、予算が「銀18貫897匁8厘7毛」と銀建てなのに対して、工事の実額は「右小判合テ150両也」と小判（金）建てで、決算は「此代銀11貫446匁5分」と銀に換算し直しており、金・銀建てが混在している点である。

つまり、資金は銀で準備したが、その銀を江戸で両替して得た金（小判）で、屋敷本体の築造代金を決済して、決算の際に改めて銀建てに換算し直したことが記録されているわけである。

この理由は、相良氏は銀の流通圏である地元の九州で工事資金（銀）を調達し、それを江戸に移して小判（金）や銭に両替し、それによって資材や工賃や労賃を支払っていたからであった。

●銀で買った小判（金）はどのように使われた？

この文書には、小判を銀で購入（両替）して調達した経過も記録されている。

額の大きいものを拾うと、

5月13日に銀2貫976匁で小判40両（1両につき銀74匁4分）を購入、

5月19日は銀1貫470匁で小判20両（1両につき銀73匁5分）を購入、

6月11日は銀2貫783匁4分で小判37両（1両につき銀75匁2分）を購入している。

また、後述するが、記録には小判を購入した際の金銀レート（金銀交換比率）もしっかりと記されている。

そして、銀と交換した小判（金）をどのように使ったかも書かれている。

5月13日に、購入した小判1両で5寸角材を60本、1両で屋根材となる杉桁を1100丁、18日には5寸角材63本、竹167束、桧の門柱2本などをそれぞれ小判1両で購入している。

6月3日には小判4両で長屋の屋根葺きの工賃、2両で松の板80間《けん》分などを支払い、16日は3両で根太材350本等を購入、7月10日は畳屋の工賃として2両支払ったほか、永楽銭10貫150文を小判10両で購入している。

●銀は銭に換金するなどして使用

一方、銀で支払った財貨やサービスの記録もある。それは工事雑費の銀687匁6分9厘（③）の内訳で、大工の手間、工事関係者の宿泊代、作業場の普請に必要な永楽銭の購入などにあてられている。

5月12日の場合、銀221匁4分で永楽銭2貫993文を買い、それを職人の飯代や風呂屋の道具代等に支出している。

また、これとは別に小屋がけ（仮設の作業場の建設費）に必要な永楽銭1貫285文にあてるため、銀94匁8分6厘を支出している。

●江戸初期からの変動相場制

小判の支出をみると、最初の5月13日の金銀交換レートは、小判1両が銀74匁4分で、19日は銀73匁5分、6月11日は銀75匁2分と、わずかに変動していることがわかる。5月13日と19日を比べると〝金安・銀高〟が進んでいるが、6月11日は逆に〝金高・銀安〟に振れている。

第1次天下普請のときに、石材が市場で取引され、価格も変動したことを紹介したが（82ページ）、小判（金）と銀の交換比率も変動していた。

金と銭、銀と銭の関係も同様であった。

	小判１両	門かむき１、引物１つ
	小判１両	ぬき240町代
	小判１両	５寸角材63本代
6／3	小判４両	長屋、屋根葺き手間
	小判２両	板80間（松）
	小判１両	５寸角材65本代
6/16	小判１両	６寸角材42本代
	小判３両	ねた（根太）350本、７寸角材11本、ひら物木13本
6/10 又は 7/10	小判２両	畳屋手間、但、上中71枚の手間
	小判１両	５寸かく材65本
	小判10両	永楽10貫150文代
5/13	小判２両	米８石、軍役夫丸《ママ》30人に渡し
6/11	小判２両半	米10石４斗５升３合（この半両が不明分）
6/11	小判４両	米22石９升

（小計）御門、長屋、塀、御畳、米の支出分 … 小判 42両

御台所、御広間、廊下、御書院、御風呂屋、つぼね屋（※３）… 小判108両

合計 小判150両（計算上は150両半）：（②の内訳）

※３：「御台所、御広間、廊下、御書院、御風呂屋、つぼね屋」として一括して計上。
原文では日付の前後した部分がある。

５ 銀で支払った財貨・サービスと銭（永楽銭等）の購入

日 付	銀の支出額	内容
5/12	銀221匁４分	永楽銭２貫993文代 飯代、御風呂屋の道具代等
	銀 94匁８分６厘	永楽銭１貫285文代 小屋がけ費用
7／1	銀43匁	大工・輿八へ渡し。
	銀56匁８分	江戸大工35人の手間、１日に１匁６分づつ
	銀88匁５分	大坂大工・貳右衛門尉へ渡し。 但、59日分の手間、１日に１匁５分づつ。
	銀47匁２分	大坂大工・喜三郎へ渡し。 但、59日分の手間、１日に８分づつ。
	銀15匁７分５厘	８升入り樽、大工の賄い用。
	銀２匁	大工の賄い。
	銀３匁	御つぼねに用いる杉けた10丁。
	銀15匁２分	同ぬき40丁。
	銀７匁	納戸用の杉板７枚。
	銀17匁２分	御つぼねに用いる松板９間分。
	銀26匁	京銭２貫。
	銀19匁５分	京銭１貫500、大工５人、奉行衆６人等の宿賃。
	銀26匁９分	上記の者の飯米、味噌、塩の費用。
	銀３匁３分９厘	京銭260の代。

合 計 銀687匁６分９厘（③の額と一致）

■5－8　相良家の屋敷築造費の内容

1　総決算（慶長11年8月13日）

予　算　　銀18貫897匁　　8厘7毛
総支出　　銀11貫834匁　　9厘………①
残　額　　銀7貫 62匁9分9厘7毛

2　内訳

A．建物本体の築造　銀11貫446匁5分【小判（金）150両で支払ったのち、銀に換算】……②
　御門、長屋、塀、御畳等……………………………………………小判 42両
　御台所、御広間、廊下、御書院、御風呂屋、つぼね屋等……小判108両
B．工事雑費　　　　銀　　687匁6分9厘【永楽銭で支払ったのち銀に換算】……………③
　（準備工事費、作業場設営費など）
C．総工費　　　　　銀12貫134匁1分9厘（A＋B＝C）
D．控除分　　　　　銀　　300匁4分
　（総工費のうち軍役夫30人の飯米代・小判4両半＝銀300匁4分（人件費に相当）
E．工事の実額　　　銀11貫833匁7分9厘（C－D）、
　総支出①と、ほとんど一致。

3　小判を銀で購入（両替）して調達した経過

日 付	銀の支出額	小判等の調達額（交換レート）
5/13	銀2貫976匁	小判40両（1両につき銀74匁4分）
	銀　72匁6分	小判1両（　〃　銀72匁6分）
5/19	銀1貫470目	小判20両（　〃　銀73匁5分）
6/11	銀2貫783匁4分	小判37両（　〃　銀75匁2分）
6/19	銀　222匁	長屋27間の屋根ふき賃、但、小判3両ニ引渡申候。【この手間は銀で支払…※1】
6/28	銀　47匁	米1石8斗
6/29	銀　968匁5分	小判13両（1両につき銀74匁5分）
7/5	銀　744匁	小判10両（　〃　銀74匁4分）
	銀1貫488匁	小判20両（　〃　銀75匁4分）
	銀　150匁	小判2両（　〃　銀75匁…※2）
	銀　525匁	小判7両（　〃　銀75匁）

合 計　銀11貫446匁5分：小判150両（②の額と一致）

※1：屋根葺きの手間賃を銀で支出したので、小判の総額（150両）には含まれない。
※2：同じ日（7/5）に銀安になったのは、小口だったためか。

4　小判で支払った額

日 付	支出額	内容
5/13	小判1両	5寸角材60本代
	小判1両	杉けた1,100丁（屋根材）
5/18	小判1両	5寸角材63本代
	小判1両	竹167束代
	小判1両	門柱2本代（桧）

5 莫大な消費を生み出した参勤交代

1年おきの大旅行は大名に巨額の金を使わせたうえ、経済効果ももたらした。

●江戸入りから50年後に定まった「参勤交代」

慶長14年（1609）12月、幕府は諸大名に対して江戸への参勤を強く迫るようになった。駿府の家康の意向であった。

なかでも中国、西国、北国の諸大名は、江戸に参勤して越年するよう事実上強制された。彼らは、豊臣の勢力圏の大名たちであった。

大名の参勤は、信長や秀吉の時代から始まり、秀吉が天下を取ると大坂への参勤が始まっている。しかし、慶長16年（1611）に家康が豊臣秀頼《ひでより》を二条城に呼んで引見したことにより、家康と秀頼の関係が確定したため（秀頼が家康に臣従）、大坂への参勤は解消された。

江戸幕府の参勤交代は、寛永12年（1635）の「武家諸法度」の改正のなかで定まった。在府（江戸での勤務）1年・在国1年の交替で各大名を帰国させるが、大名の妻子は人質として江戸に永住させた。

これは徳川氏との主従関係を確定させ、大名の日常生活を規制するとともに、大名に多額の経済的負担を課す制度となった。

この時代になると、江戸の天下普請は一段落しており、大名は江戸に張りついている必要はなくなっていた。

また、当主の不在が続くと、「島原の乱」（寛永14年）のように、大名の本国で一揆などが生じるリスクもあった。それらが、この時代に参勤交代が定まった背景となっていた。

寛永19年（1642）には譜代大名（関が原以前から徳川家に臣従していた大名）も参勤交代の対象になった

が、水戸徳川家や老中、若年寄、奉行などを務める大名は「定府《じょうふ》」といって江戸に定住するため、対象からはずされていた。

こうして参勤交代が完成するまでには、家康の江戸入りから50年以上かかっている。

●参勤費用は大名の収入の約6割

江戸での天下普請に代わるように制度化された参勤交代は、幕末まで全国の富を江戸に集めることになり、江戸や主要街道沿いの地域の消費活動を刺激し続けた。

参勤交代の旅行は、軍役と同じ扱いとされた。禄高と格式に応じた供揃《ともぞろ》えの行軍隊列を維持するとともに、道順や日程も定められるなど厳しく規制されていた。

軍役だから、参勤交代の行列は、直ちに戦闘が可能なように武装し、かつ、武器・弾薬はもちろん、旅行途上での食糧の現地調達も許されていなかった。

また、大名行列には戦闘員である武士や足軽のほか、それらを持ち歩く非戦闘員である中間《ちゅうげん》なども欠かせなかった。

現地調達が可能なものは飲料水と薪《まき》程度。それゆえ、天下普請が一段落した後の大名にとって、参勤交代は最大の義務的支出となった。

江戸初期から寛文《かんぶん》頃（1661〜73）以前までの年貢率は「七公三民」であった。七公三民とは、領主が農民の全生産物の7割を取り立て、残る3割が農民の取り分ということである。農民は、そこから自家消費分と種籾《たねもみ》などの再生産に必要な部分を差し引くと、「儲け」はほとんどなかった。

ところが、その頃から生産性の向上などもあって年貢率は急減し、宝永・正徳期（1704〜16）になると、実質的に「三公七民」に逆転している。農民に可処分所得が残るようになったのである。

参勤交代や江戸への滞在のコストは、大名の実収入の6割程度を占めていたといわれるので、10万石の大名で七公三民の年貢率ならば、禄高の42％もの費用がかかる計算になる（**図5−9**）。

■5－9　参勤交代と江戸在府にかかるお金

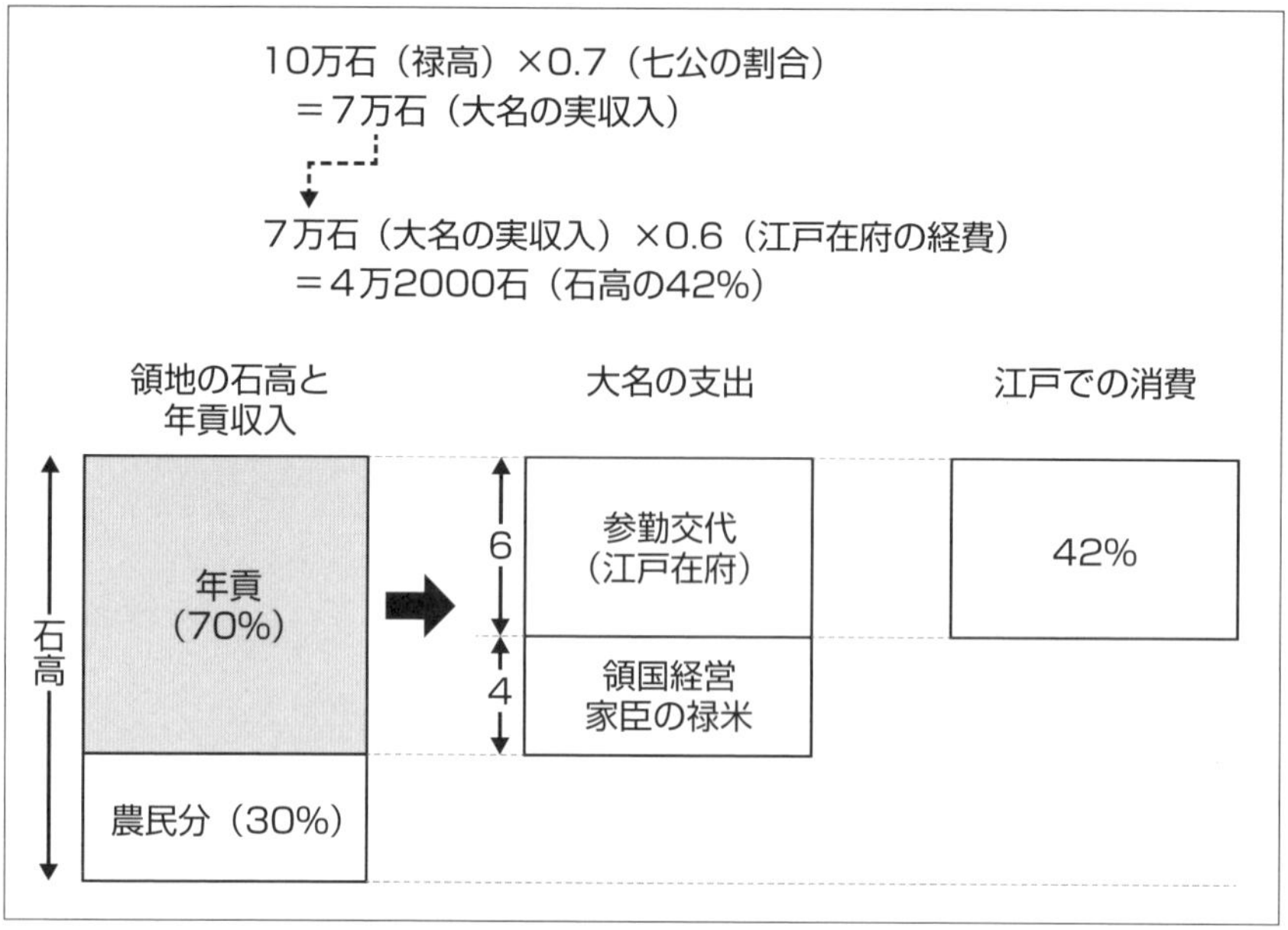

10万石（禄高）×0・7（七公）＝7万石（大名の実収入）
7万石（大名の実収入）×0・6（江戸在府の経費）
＝4万2000石（禄高の42％）

●大きな経済効果があった参勤交代

こうしてみると、参勤交代や江戸在府関係だけでも全国の米の生産高の4割以上の富が江戸に集まっていた可能性もある。江戸だけでなく道中も潤った。

そのうえ天下普請もまだ行われていたので、全国の生産高の大半が江戸に投入されていたような状況だった。

参勤交代や天下普請の経費は、現米（実際のお米）ではなく貨幣で決済するものだったので、大名財政は貨幣経済の枠のなかに取り込まれていった。

相良屋敷の建設（116ページ）でみたとおり、すでに第1次天下普請の頃の江戸では貨幣経済が定着していた。物々交換も交えていた『家忠日記』（38ページ）の時代から、わずか15年後のことである。

第6章

拡大していくヒト・モノ・カネの流れ

1 需要が増えて「労働市場」が成立した

武家でも商家でも、想像以上に流動的だった江戸の人材。

●増えていく江戸の人口

天下普請や参勤交代は、貨幣経済を浸透させ、さまざまな〝需要〟を生んだため、ビジネスチャンスを求めて多くの商工業者が江戸に集まった。また、江戸城の築造工事には労働者たちが集まってきた。

そのうえ、参勤交代にともなって、大名の家臣たちが国元と江戸とを定期的に往復するようになり、江戸に定住する義務を負わされた大名の正室と嫡子、それに従う人々なども集まった。

戦国大名の部隊には、戦闘員として指揮官である武士と兵卒である足軽がいたが、籏印《はたじるし》、馬印、纏《まとい》、楯を持つ要員や、荷物運搬などの非戦闘員も必要で、領内の百姓を徴発したり運送業者を雇って確保していた。

こうした階層式の組織構造は、武家政権である江戸幕府や大名・旗本の組織にも引き継がれた。

●財政難で契約社員も増加

江戸時代になると、槍印や馬の口取りは中間《ちゅうげん》、荷物運搬は小者《こもの》の役目となったが、そうした要員を平時にも「譜代《ふだい》」として、現代流にいえば「正規社員」として確保するのは経済的に厳しかった。

そのため、江戸初期から、大名・旗本は、中間・小者を雇用期間が1年間の一季居《いっきおり》の奉公人で確保するようになった。さらに時代が進むと、用人クラスや足軽までも一季居で手当てすることが珍しくなくなった。

足軽は武士に準じて大小の刀を差し、羽織を着るが、中間は紺の法被《はっぴ》（制服）に梵天帯《ぼんてんおび》、木刀一本であった。

ただし用人は、単純業務ではなく専門職的な色彩が強く、たとえば経理の専門家などが大名屋敷を渡り歩くとともに、彼らが結成した業界団体が加入者のスキルを保証するようなことも行われた。

●すでに成立していた労働市場

幕府は慶長14年（1609）以降、忠誠心の低い一季居を数年に一度の割合で禁じたが、譜代にすると大名・旗本の負担が重くなるので守られなかった。

慶長15年の一季居再禁では「侍はもちろん、召使も一年期の契約で雇ってはならない」「主人が、将軍の出陣や上洛のお供、土木工事を命じられた際に退職を願い出るのは曲事」（『台徳院殿御実紀』）となっている。この時点で、一季居の侍まで出現していたのである。

この時期は、豊臣方との〝最終決戦〟にともなう家康や秀忠の上洛、諸大名の動員が確実な情勢であり、かつ、天下普請も連続していた。

合戦になれば中間・小者も馬印や纏持ら、兵站《へいたん》輸送などで戦場に連れていかれる。上洛では荷物運搬、天下普請では泥まみれになることは避けられない。

そうした情報に接すれば転職を考えるのは当然で、それが「一季居の忠誠心」が疑われる根拠だった。

ということは、労働条件や待遇の変化を機敏に察して、奉公先を辞めたり変えたりする職業選択の自由度は高かったといえるだろう。つまり、江戸時代の初期の段階で、すでに労働市場が成立していたわけであった。

三貨の変動相場や、為替の発達などとともに、労働市場の面でも、資本主義的な世の中が訪れていた。

その後、当時の労働慣行を追認する形で一季居は解禁された。規制緩和をしないと慢性的な財政難に苦しんでいた武家社会が立ち行かなかったからである。

寛文《かんぶん》9年（1669）になると、江戸の武家奉公人の出替《でがわり》（契約満了）の日限が、それまでの2月2日から3月5日に変更された。翌年になると江戸の町方にも拡大され、その後、全国一律となった。

商家も飯炊きや下働きを雇わなければ回らなかった。武家も町方も、江戸は「非正規労働者」ないしは「派遣社員」を供給する労働市場のうえに成り立っていた。

2 「三都」と「長崎」が日本の経済を支えていた

大坂、京都、江戸、そして長崎がそれぞれの役割で経済を回していた。

●京都・大坂・江戸の経済的機能

江戸時代の日本経済は、幕府直轄の各都市に備わっていた異なる機能や得意な分野の組み合わせのうえに成り立っていた。

とりわけ、大坂、京都、江戸の「三都」に、長崎を加えた四都市がそれぞれ持っていた生産・流通・消費・輸出入の機能が、全国経済のなかで分担され、水運などによってネットワーク化されていた（**図6－1**）。

「大坂」は、全国規模の集散市場であった。大名領を含む全国から集まる物資が大坂市場で価格づけをされ、大消費地である江戸に送り出されていたため、当時から大坂は「天下の台所」と呼ばれていた。

将軍から領国経営を委任されていた大名は、領民から取り立てた年貢や諸産品などを自ら換金・換銀しなくてはならなかった。

この換金銀を行う主な場所が大坂で、民間が運営していた市場を通じて、幕府領や大名領で生産された米などの物資に対する価値（価格）が創造されていたのである。米だけではなく、木綿や菜種油などの商品作物、さらには手工業製品も同様であった。

江戸―大坂間での為替取引が発達したのも、天下普請や参勤交代にともなって生じた大名の江戸屋敷での貨幣需要に、大坂で換金・換銀される全国からの産物、大坂から江戸に供給される諸品等の需要が重なったためであった。

具体的には、まず大坂商人が江戸商人に対して持っている金銭債権を、そのまま大坂商人から大名への融資にあてて、それを江戸から大坂への現金輸送に代えて為替

■6－1　三都と長崎の機能分担

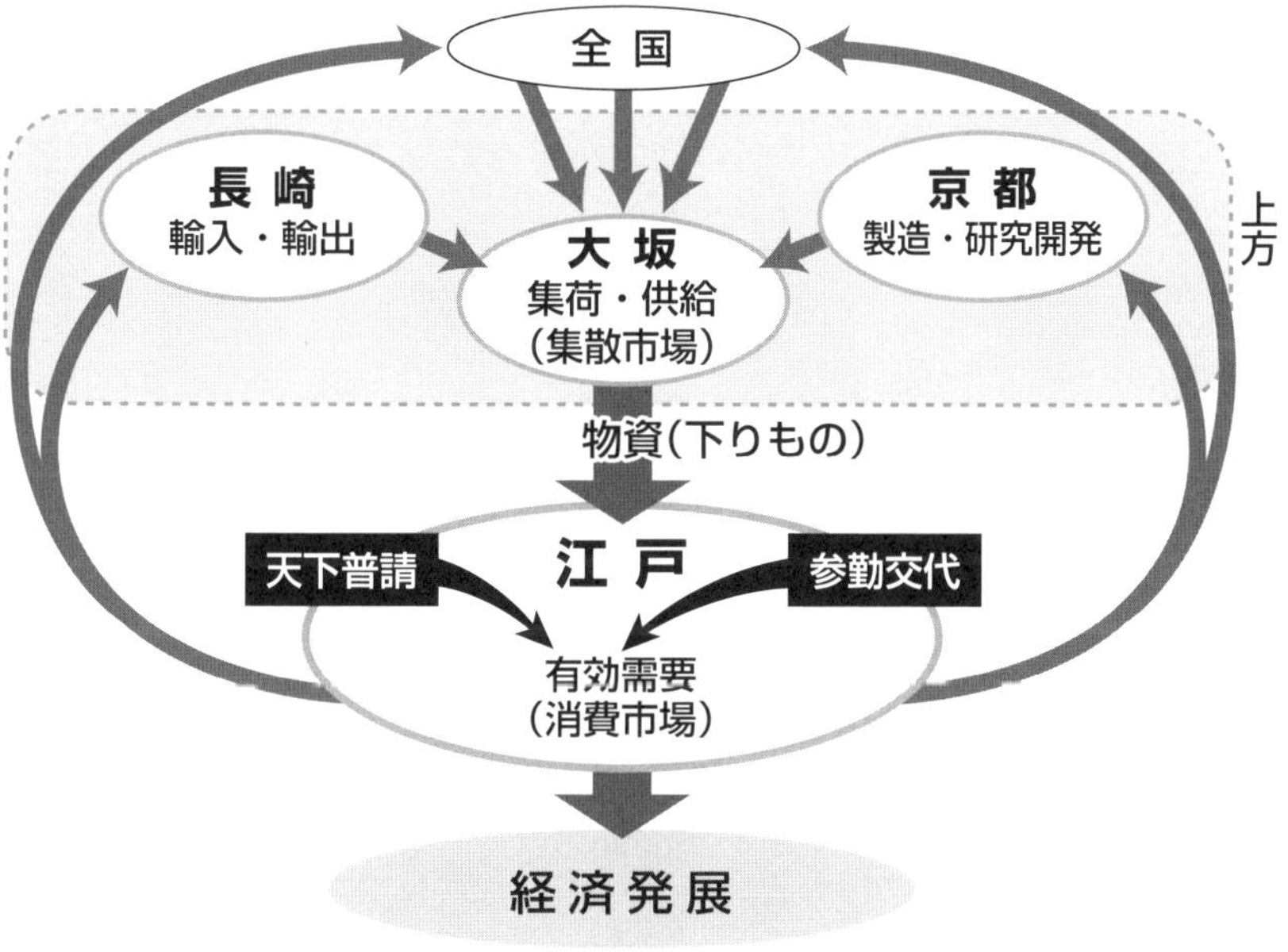

で決済した（詳しくは174ページ）。

「京都」は、当時の「研究開発都市」であり工業都市でもあった。

江戸では上方からの「下りもの」が珍重され、江戸や東国で生産された地廻り物は「下らないもの」とされていた。なかでも高級な織物、手工芸品、美術品などのほか、清酒も京都や伏見の周辺で生産されていた。

新製品の開発でも京都は先端的で、凝らした意匠や技術革新が西陣織や友禅染などで花開いている。

「江戸」は、これまで述べてきたように、大消費都市として発展した。天下普請が一段落した後も、将軍をはじめとする幕臣や大奥、参勤交代で江戸に集まる大名やその家臣による消費需要が持続した。

大奥のほか、諸大名の正夫人と跡継ぎは江戸に住むことを強制されていたため、女性向けの高級衣料・化粧品の大きな需要が江戸に生まれていた。

また、大名家の留守居（現在なら、各国の駐在大使や道府県の東京事務所長のようなもの）どうしの交流、あるいは幕府高級官僚との交際なども盛んだった。その原型は第2章で紹介した松平家忠の「振舞合い」にみられる（39ページ）。

そのため、上方などから呉服や綿などの高級な品々を荷受けして、将軍や幕臣、大名やその奥向、留守居などに販売したり、付加価値を高める加工をほどこす商工業が盛んだったのが、江戸の産業の特色の1つであった。

●長崎貿易と「鎖国」との関係

「長崎」の主な機能は、海外貿易による輸出入の窓口であった。戦国時代から江戸時代にかけての重要な輸入品は、白糸《しらいと》と呼ばれた明からの輸入生糸だった。それを材料に絢爛豪華な衣装類が安土桃山時代につくられた。江戸時代になると、大奥や大名家の女性、さらには裕福な町人階級に顧客層が拡大した。

当初は、ポルトガル人が白糸貿易の主導権を握っていたことから、幕府は、慶長9年（1604）、「糸割符《いとわっぷ》」という制度をつくって京都・堺・長崎の商人に糸割符仲間を結成させた。

糸割符仲間には生糸の専買権、入札参加権、価格決定権を与え、仲間の商人に輸入生糸を一括購入させて、それを仲間の商人たちに分配させた。これに江戸、大坂の商人も加えられ、5か所の糸割符商人が長崎貿易を独占する体制がつくられた。

このような管理貿易は、生糸取引を外国人の手から特権商人に移して、そこから利益を得ようとする家康の戦略であった。

後の「鎖国政策」には、国内支配の強化とともに、貿易利益を幕府とその系列の商人が独占する「管理貿易」としての性格もあり、そうした商人によって輸入品が三都に供給された。

経済活動の枢要な機能を、幕府直轄地で分担しあう構造は、全国のモノやカネの流れに対する幕府のコントロールや、経済政策の全国展開に貢献している。

3 江戸と上方、全国をつないだ「廻船組織」

菱垣・樽廻船、北前船、東廻り・西廻り航路で、あらゆる産品が上方へ江戸へ。

●海の世界を統一した廻船の発達

日本列島沿岸の定期・商業航路は、戦国時代末期から江戸時代の初期にかけて次々に開かれた。

航路は、秀吉の時代までに、当時の経済先進地域だった西日本を中心に、日本海側の「北前船《きたまえぶね》」や瀬戸内の水運が発展していた。

しかも、秀吉の朝鮮出兵に際しては、出撃拠点となった肥前名護屋（佐賀県唐津市）に向けた海運網が急速に整っていった。とりわけ加賀の前田利家《としいえ》は「ロジスティクス担当」として、民間船などを活用した軍需物質の輸送で大活躍していた。

第1次天下普請のときに、短期間で石船3000艘を調達・建造できたのは、2回目の出兵時の外航船が余っていたことに加え、短期間で船を大量生産できる体制や造船技術、大量の物資や人員を海上輸送するオペレーションの経験などが日本に蓄積されていたからだった。日本の海運の急発展には秀吉が大いに貢献していた。

それに加えて、江戸をはじめとする天下普請と表裏一体となる形で、上方の中心地・大坂と新興都市・江戸を結ぶ「菱垣《ひがき》廻船・樽《たる》廻船」の両組織や、東北地方の日本海側から津軽海峡を経由して太平洋沿岸に至る「東廻り航路」が定まっていった。

「菱垣廻船」は、堺の商人が傭船によって大坂から江戸に木綿、油、酒、酢、醤油、紙などの消費物資を輸送したのが始まりとされている。

それが民営による定期的かつ商業的な廻船組織に発展

し、その後、それに対抗する民営の「樽廻船」組織も成立している。

両者は明治になるまで競争関係にあった。また、菱垣、樽廻船ともに運賃収入を目的とする業態であったことも特徴だ。

江戸時代の初期の段階で、大坂—江戸間に大きな輸送需要が生まれていたため、2つの民営廻船組織が競争しながら両立できたのである（図6—2）。

両廻船は、畿内・西国から集荷した物資とともに、「北前船」が日本海沿岸から瀬戸内海経由で大坂に持ち込んだ貨物などを江戸に輸送した。

天下普請にともなって大名直営で始まった上方から江戸に向けた輸送が、大名による民間船のチャーターを経て、民間による廻船航路に発展していったわけである。

ただし、運賃を目的とする菱垣・樽廻船と異なり、日本海沿岸の北前船などは買積船《かいづみ》が中心だった。

船主が自己資金で買った積荷（商品）を適当な寄港先で販売するものが買積船で、商品の仕入額と売却額の差益で儲けるビジネスであり、菱垣・樽廻船の経営形態とはまったく異なっていた。

北前船の船荷は、俵物《たわらもの》三品と呼ばれた鱶鰭《ふかひれ》・干鮑《ほしあわび》・煎海鼠《いりなまこ》のほか蝦夷地（北海道）の昆布や鰊《にしん》肥料といった海産物、また秋田の阿仁《あに》鉱山の金・銀・銅、米も重要な積荷であった。

●「菱垣廻船組織」の誕生と「樽廻船」の分裂

「菱垣廻船」を運営する廻船組織は大坂で先に成立し、大坂北浜の泉屋平右衛門が寛永元年（1624）に、寛永4年（1627）には毛馬屋・富田屋・大津屋・顕屋・塩屋の5軒が江戸積船問屋を始めた。

一方、江戸側では元禄7年（1694）、大坂屋伊兵衛の呼びかけに応じて、江戸の菱垣廻船の荷主である問屋によって「十組問屋仲間《とくみどいやなかま》」が結成され、廻船は大坂・江戸双方の廻船組織の共同所有となった。

十組問屋仲間は菱垣廻船の組織を運営し、難破船の海難・海損処理や新造船の登録、江戸入港時の確認のほ

■6－2　菱垣廻船と樽廻船の競争

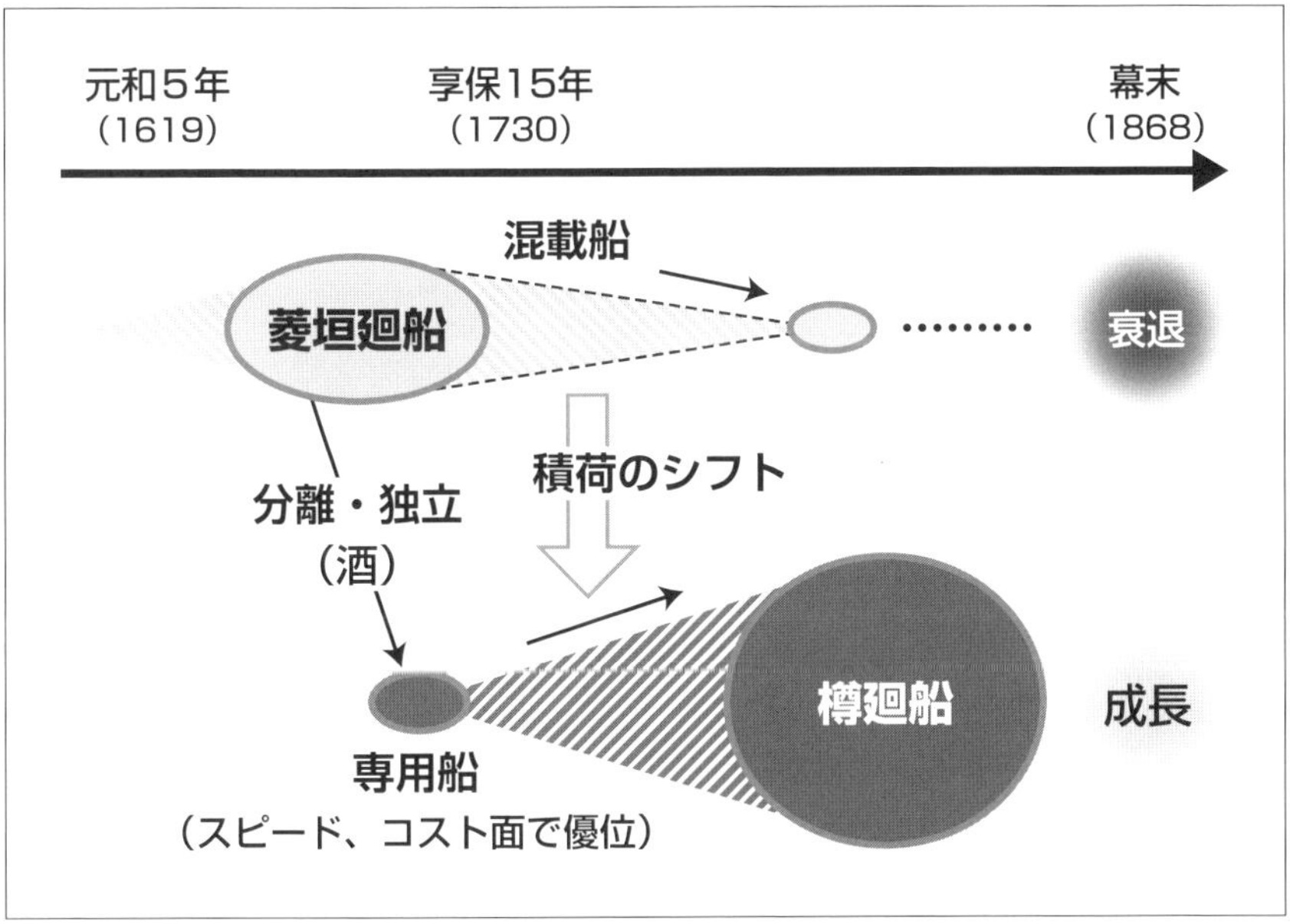

か、船頭（船長）による荷物の盗みや横流しの防止などを行った。

結成当初の十組問屋仲間は、本船町の米問屋、室町の塗物問屋、通町の畳表問屋と小間物諸色問屋、呉服町一丁目の酒問屋、本町の紙問屋、大伝馬町の綿問屋と薬種問屋だったが、これに本町の内店組、日本橋の釘問屋も加入した。

このような菱垣廻船の荷主（問屋）は、米、塗り物、畳表、小間物、酒、紙など、当時の〝下りもの〟を網羅していた。

それは、限られた輸送能力のなかで、多種多様な貨物を混載することでなるべく効率的に輸送するとともに、輸送にともなうリスクを分担させるシステムであった。

ところが、正保年間（1644～48）以降、駿河の廻船を雇った伊丹酒のほか、酢・醤油・塗物・紙・木綿などの輸送が始まった。

菱垣廻船ができた頃よりも各貨物の量が増大し、混載するよりも特定商品ごとに専用の船を仕立てたほうが、

■6－3　列島を一周する廻船航路

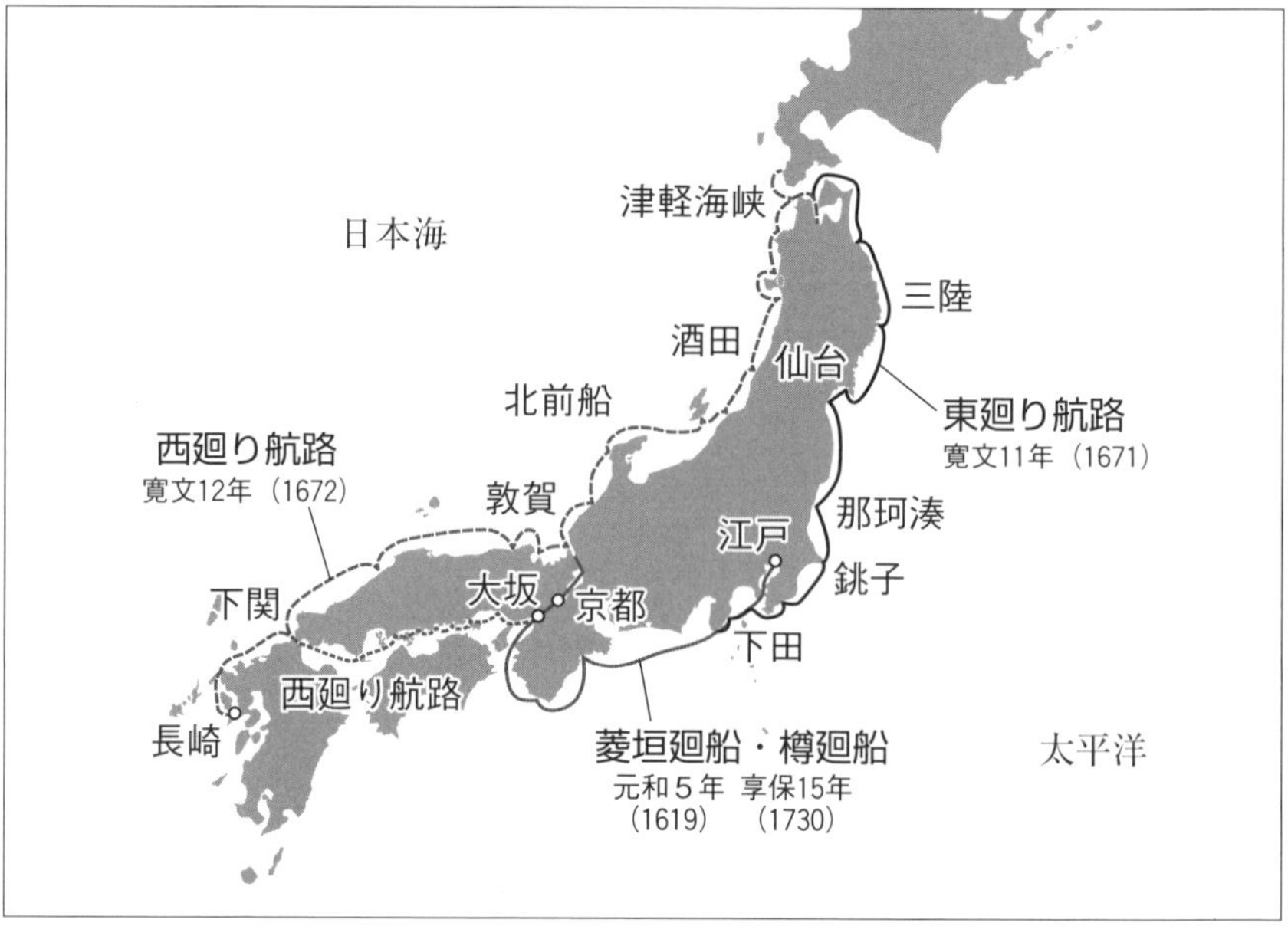

港湾荷役のスピードやコストをカットするうえで有利になったからである。

享保15年（1730）になると、十組問屋仲間の構成員の1つだった酒店組（酒問屋）が十組問屋仲間から脱退し、江戸向けの酒造業者たちによって酒樽輸送の専用廻船として「樽廻船」の運航が始まった。

樽廻船では、酒荷の上のスペースを活用して、さまざまな貨物を安い運賃で輸送できた。

そのため、本来は菱垣積みであるはずの荷物が樽廻船に流れる傾向となった。両廻船の間で荷の奪いあいが激しくなり、それにともなう紛争もしばしば起こっているが、樽廻船が優位に立ち、菱垣廻船の衰退が続いた。

●日本列島を一周する航路の完成

一方、東北地方の太平洋沿岸から江戸への輸送が増えると、大名による直営廻漕より民間ベースのほうが有利となった。そうした背景もあって、寛文《かんぶん》年間（1661～73）になると河村瑞賢《ずいけん》（幕府の公共事業を受けおった政商）により、「東廻り航路」が成立した（図6－3）。

この航路は、従来からあった日本海沿いのルートを津軽海峡から太平洋側に延長するもので、酒田から津軽海峡を経て下北半島を南下し、三陸沖―仙台―那珂湊―鹿島灘―房総半島から一度伊豆下田に入り、下田で風待ちをした後、江戸湾に逆戻りして入る定期航路である。

当時の帆船航海の技術では、房総半島を回り込んで江戸湾に直接乗り入れることが困難だったため、伊豆での風待ちが必要であった。

この東廻り航路が、北前船や瀬戸内海運、菱垣・樽廻船に加わり、日本列島を一周する定期商業航路が初めて完成したのであった。

一方、日本海から瀬戸内海を経て大坂に至る航路は戦国時代からあったが、寛永15年（1638）に日本海沿いの加賀の前田家などが大坂廻米（年貢として取り立てた米を大坂の蔵屋敷に廻漕すること）を始めた。

これに対して幕府は、米の輸送を管理下に置くため、先の河村瑞賢に命じて今度は「西廻り航路」を整備し、幕府の「御城米」などを運んだ。

これは、出羽国酒田（秋田）から北陸・山陰沖を経て下関から瀬戸内海、大坂から紀伊半島沖を回って江戸に入るルートで、安全性が高いといった理由で東廻り航路よりも盛んになっている。

西廻り航路ができる前は、日本海側の東北地方からの荷を敦賀ないしは小浜で陸揚げして琵琶湖まで運び、そこから水運や陸路で大津、京都、大坂へと運ぶ、コストと手間のかかるルートだった。そのため、西廻り航路にとって代わられた。

御城米（幕府直轄地からの年貢米）のほか、日本海側の東北諸藩の米の輸送でも、このルートが用いられたので大坂への米の集積が一層進み、大坂の米市場が圧倒的な優位性を持つようになっていった。

このように、江戸時代になると、それまで各地で発展していた海運業者、天下普請を契機とする海運需要の高まり、さらには戦国時代からの造船技術や航海技術の蓄積などが結びつき、当時唯一の大量輸送手段であった海運における天下統一がなされたのである。

4 上水の整備は廻船への給水も目的だった

経済の発展要因の1つは、江戸湊に来る多数の廻船への給水が可能になったこと。

●神田上水・玉川上水の整備

第2章（44ページ）でも触れたように、家康が江戸の開発で最初に手をつけたのは飲料水の確保で、小石川を水源にし、千鳥ヶ淵と牛ヶ淵の貯水池を築造した。

しかし、江戸が急速に発展しはじめると、飲料水の不足はいっそう深刻になった。

そのため、井の頭池や善福寺池・妙正寺池等の湧水を水源とする「神田上水」が整備され、小石川の水源もそれに引き継がれた。潮の干満の影響を受けない平川（現・神田川）の中流部、現在の文京区関口水道町付近に取水堰《ぜき》を設け、神田、大名小路、西丸下、日本橋の一帯に配水した。しかし、江戸は拡大し続けたため、神田上水の供給能力も限界に達した。

そこで、承応《じょうおう》3年（1654）、幕府は羽村（現・東京都羽村市）から四谷大木戸（現・新宿区四谷）までの素掘りの導水路である「玉川上水」を開通させ、大木戸から江戸市中へは石積みの水路や木製の樋線《ひせん》（木製の水道管路で和船製造技術が応用されている）により配水した。

江戸城内や埋立地への給水が主な目的だったため、給水地域は幕府の戦略上の位置や身分関係と無関係に、純粋に水の得られない場所に限られていた（図6−4）。

両上水とも濾過《ろか》はせず、ポンプがない時代だったので、高低差のごくわずかな埋立地や、武蔵野台地の尾根筋を自然流下によって縫うように導水するには高度な土木技術が必要だった。

■6－4　「神田上水」と「玉川上水」の給水範囲

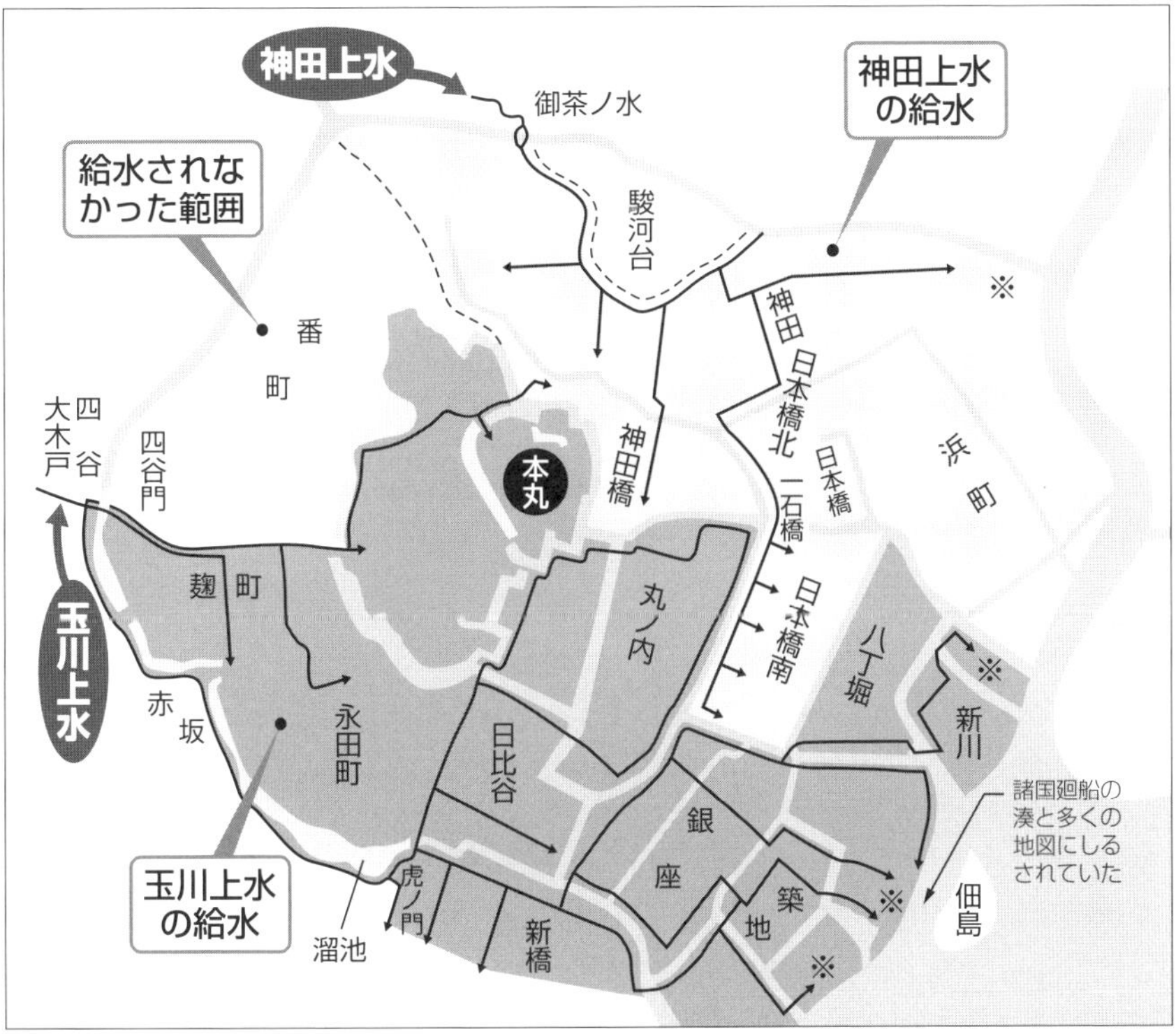

※鈴木理生『江戸の都市計画』三省堂より。

■6－5　貞享上水図（江戸舟入堀と上水樋線）

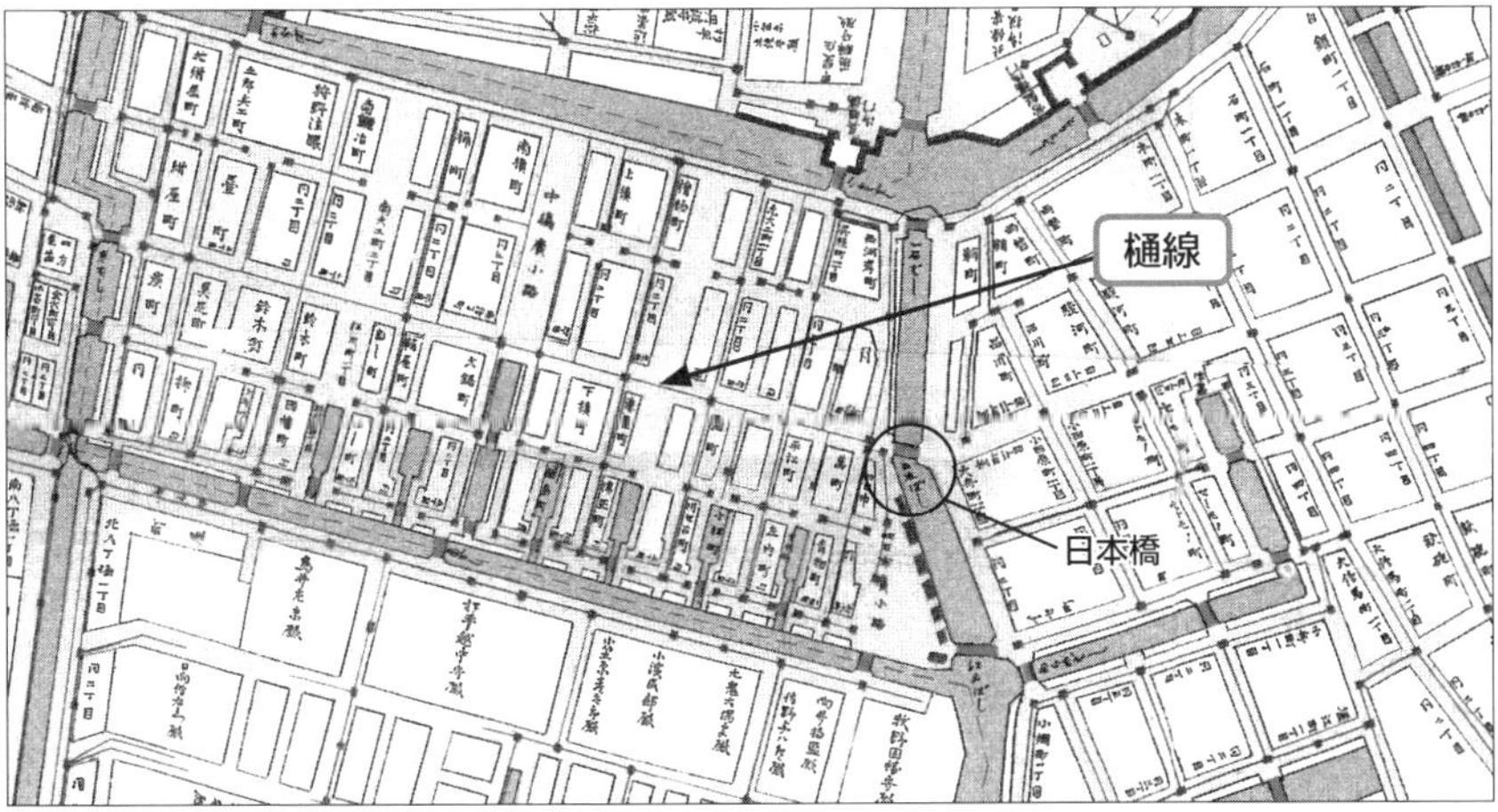

※『東京市史稿　上水篇第一』付録。

玉川上水の場合、延長約43キロメートル、標高差92メートルを2パーミリ（1000メートル進むと2メートル下がる）の平均勾配で下るという精緻な設計であった。

●両上水の給水区域と埋め立ての関係

図6－4をみればわかるように、神田上水は江戸城の北側から日本橋方面、玉川上水は城の南側を回って旧江戸前島の対岸より外側の埋立地に供給された。

江戸時代に、それ以上の埋め立てにストップがかかったのは、両上水の給水能力が限界に達したからであった。それが、明治を迎えたときの東京の範囲である。

明治31年（1898）、東京の水道は鉄管とポンプ、メーターを使った近代水道になり、その結果、「江戸前の海」の埋め立ても可能となった。

なお、在来の上水は明治34年（1901）に給水が廃止されている。

しかし、明治42年（1891）時点の大日本帝国陸地測量部の2万分の1地形図をみると、丸の内などの都市改造は進んでいるが、海岸線は江戸時代の姿をそのまま残していることがわかる（140ページ図）。

ようやく東京臨海副都心部の開発が本格化したのは、昭和も末期となった昭和62年（1987）以降である。

●廻船への給水も大きな目的だった

両上水の重要な目的は、江戸湊に入港する廻船への給水であった。多数の船を江戸湊に寄港させるには、十分な飲料水の供給が条件だったからである。

ヒト・モノ・カネの集中によって江戸が大きく発展した承応期（1652～55）に玉川上水を新設した背景の1つが、増大する船舶給水需要であった。

両上水の給水区域の末端はいずれも当時の埋立地であり、貞享期（1684～88）に作成された「貞享上水図」（**図6－5**）では、江戸舟入堀の最奥部まで樋線が配管され、船舶給水に最大限の利便が図られていることがみてとれる。

Column

天下普請ではなかった「台場」築造

嘉永《かえい》6年（1853）6月、アメリカ東インド艦隊を率いるペリーが浦賀に来航した。浦賀沖に停泊するだけにとどまらず、江戸湾のさらに奥まで測量に侵入し、朝夕、大砲を轟かせた。

危機対応を迫られた幕府は、江戸湊の防衛のために、品川沖への砲台築造を決した。これが「台場」である。

品川沖にまとめて計画された理由は、ここが江戸湾の海底谷（澪筋《みおすじ》）にあたり、喫水の深い蒸気船が江戸の中心部に向かうには、ここを航行するしかなかったからである。

江戸湾の奥は、隅田川などによる土砂の堆積が深刻で、〝黒船騒ぎ〟以前からたびたび浚渫《しゅんせつ》を行っている。

当初の計画では12か所の台場が計画され、第1・2・3番台場が第1線、その背後に第4・5・6・7番の第2線と、二重の防衛ラインを設定していた。

明治末期に大日本帝国陸地測量部（現・国土地理院）が発行した5万分の1地形図をみても、隅田川の東側河口部には砂州が形成され、外航船が入港できる状態ではない。

一方、隅田川の西側河口の延長線に沿って航路標識（⍜）である澪標（れいひょう／みおつくし）が続き、大型船は第二台場と第五台場の間を抜ける形で東京の中心部に入港するルートになっている。

石垣の石は江戸城のように伊豆から運んだが、埋立てに使う土は、品川御殿山などを削って調達した。

第1・2・3番台場は工事期間10か月で5月に完成し、第5・6番は11月の完成となった。しかし、資金難のため、第4・7番は埋立だけで中止になった。第1台場は川越藩、第2は会津藩、第3は忍藩による警備となった。

この工事には、全国から石工などの職人が集められたほか、2000隻におよぶ船が土砂を運んだ。

しかし、この工事は「天下普請」として諸大名に命じるのではなく、幕府財源の75万両で対応せざるを得なかったところに幕府の衰退ぶりが現れていた。

諸大名も慢性的な財政難にあえいでおり、ペリー来航以

■東京湾の台場と澪標

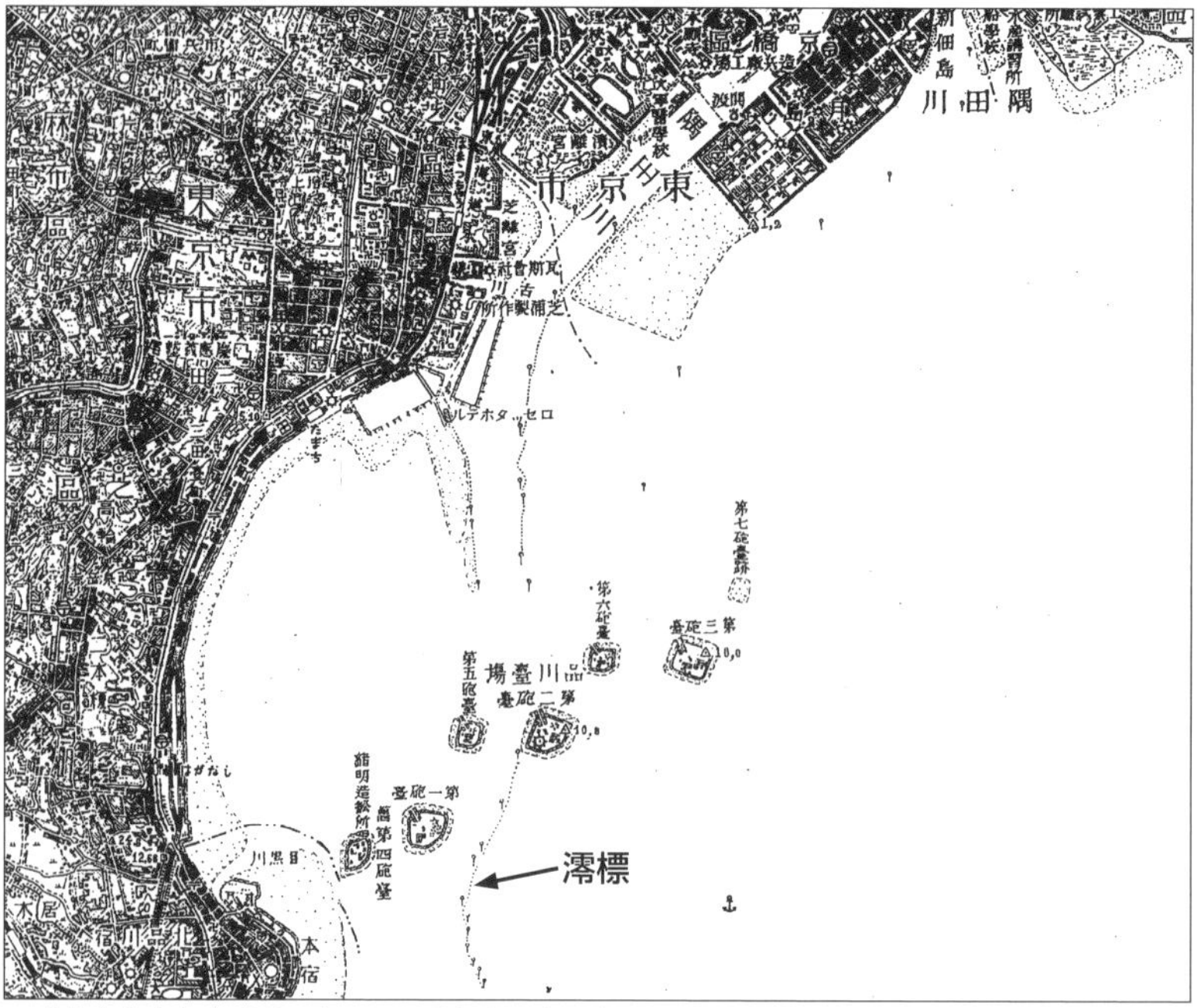

※「東京東南部」明治42年測図、「東京西南部」明治45年縮図（大日本帝国陸地測量部）より作成。

前からの沿岸防備の負担もあって、とても天下普請を発令できる状況ではなかったのである。

幕府に限らず、武家の世の中そのものが曲がり角に差しかかっていたのであった。

砲台を築造するのと同時に、大砲を撃つための多量の火薬も大急ぎで調達する必要があった。原料の硝石は秩父の横瀬などから集めたが、それを粉にしなければ役立たない。

そこで目をつけたのが江戸近郊の水車。19世紀になると水車が普及して一種の産業革命・エネルギー革命が起こり、米搗《つ》きや小麦の製粉などの動力源として普及していた。

来航の翌7月には、淀橋村（現新宿区）の水車に「御用鉄砲薬製法所」、11月には「西洋砲御貯御用合薬製場」が命じられ、盛んに火薬製造に励んでいた。

ところが、にわか火薬工場では事故が多発。翌年6月には大爆発が発生し、死者・行方不明者が出る大参事になった。荏原郡小山村などでも同様の事故が起こった。

とはいえ、ペリー来航から明治まで激動の14年。この短い期間に陸海軍ができ、艦船や大砲も自前でつくれるようになった。武士のカネはなくなっていたが、技術や資本の蓄積が国全体で進み、それが近代日本の基盤になった。

第7章

日本橋を中心に発展していく江戸

1 明暦大火で完成した大江戸の骨格

江戸の中心部が焼失した大火後に、郊外へと広がっていく町の機能。

●明暦大火で江戸が焼け野原に！

明暦《めいれき》3年（1657）の明暦大火（正月18〜19日）によって、江戸の市街のほとんどが焼失した。西丸を除き、江戸城は天守閣を含め全焼、大名屋敷や寺院、町地の大半（400町）も同様だった（**図7−1**）。

焼失した城や大名屋敷の多くは、家康の江戸入り当初の仮設住居ではなく、桃山様式の贅を尽くしたものになっていた。現在の二条城をイメージすればよい。

しかし、この大火以後は、たび重なる火災の類焼を前提に、江戸の建築物はコストをかけないつくりになっていった。

明暦大火は、改易された大名家の「無職」になった家臣による放火であった。幕府当局もはじめから放火と認識していたようで、「火付候族」や「計策悪事相頼之輩」をみつけたら「訴え出るように」との命令が、大火直後に老中から大名、旗本に出されている。

火元は3か所だが、同時多発的に火の手が上がったのではなく、1つの火災が鎮火するかしないかというタイミングで、次が発生することを繰り返している。

斎藤月岑《げっしん》の『武江年表《ぶこう》』などによれば、最初の火元は本郷丸山の本妙寺（現・文京区本郷5丁目）で、北西の強風が吹く18日の未刻（14時ごろ）に発生。湯島、神田、浅草橋、通り町筋、鎌倉河岸（内神田）、京橋、八丁堀、霊岸島、鉄炮洲、佃島、深川までを焼いた。江戸城を取り囲む形で、町地がほぼ壊滅した。

翌日になると火勢は一時衰えたが、巳刻（10時）頃に小石川伝通院前の新鷹匠町（現・文京区小石川3丁目）

■７－１　明暦大火の消失範囲

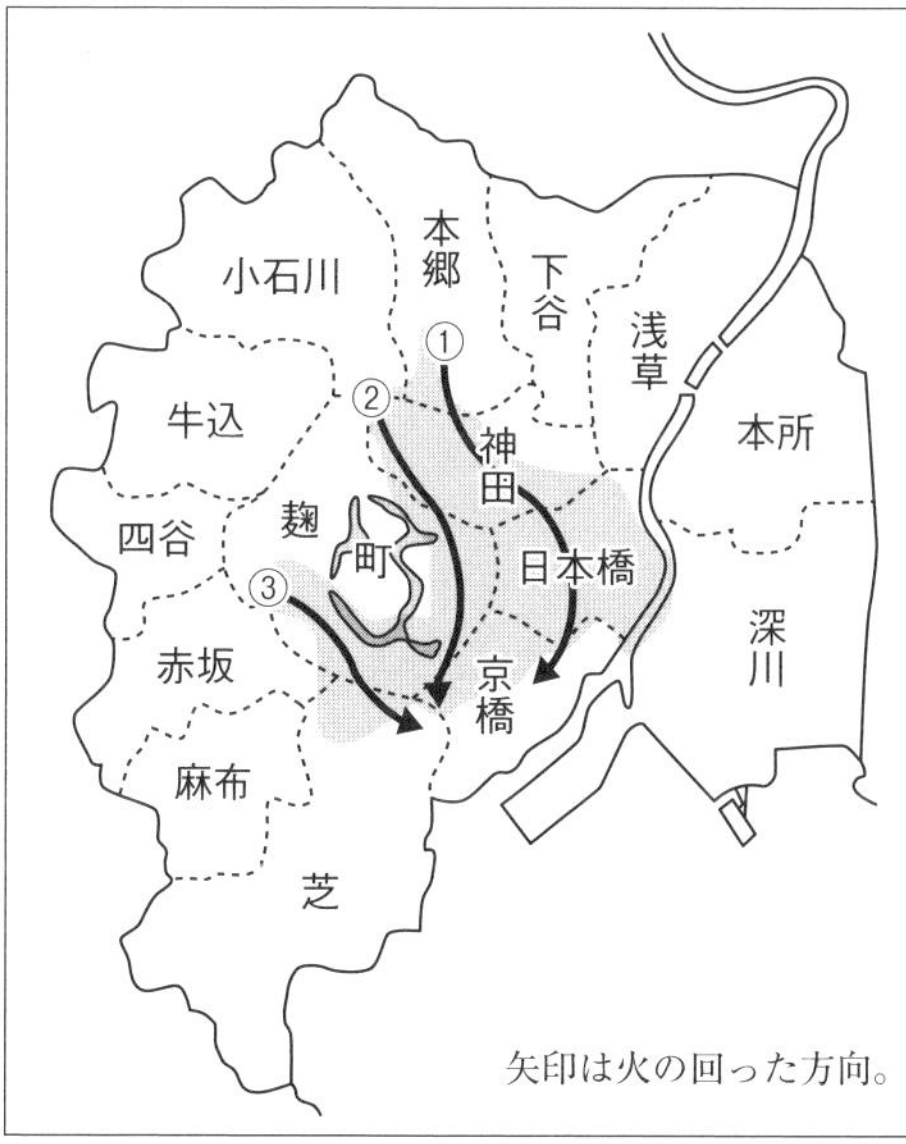

［出火場所］①本郷丸山の本妙寺、②伝通院表門下の新鷹匠町、③麹町五丁目

［焼失範囲］大名屋敷160、寺社350町数400町

※大名屋敷の数は『武江年表』と一致しない。

※畑市次郎『東京災害史』都政通信社に加筆。

から出火。北からの強風に煽られて小石川周辺から濠を越えて牛込門・田安門から城内に達した。

前日は無事だった本丸・二丸・三丸も焼失。神田橋門・常盤橋・呉服橋・八重洲河岸・大名小路・数寄屋橋も焼けた。江戸の中枢部分がほぼ焼け落ちたのである。

これで鎮火したかにもみえたが、夜になると麹町５丁目（現・千代田区麹町３丁目）から再度出火。半蔵門、桜田門周辺および愛宕下の大名・旗本の屋敷群を焼き、火の手は増上寺門前や芝の海岸まで達した。それによって焼け残っていた城の南側も焼失した。

『武江年表』では、大名屋敷５００、旗本屋敷７７０、神社仏閣３５０、町屋４００町、片町８００町などが焼失して焼死者10万７０４６人と記している。

江戸城と火元の位置関係や、延焼範囲の拡大の経過をみても、火災の拡大を飛び火で説明するのは無理がある。

最初の火元の本妙寺、2回目の新鷹匠町のいずれも江戸城本丸の北側で、北西の季節風の時期には江戸城の風上となるだけでなく、小石川や平川の谷筋が風の通り道になりやすい場所だった。江戸城を標的とする放火地点としてはベストであった。

しかし、本妙寺も新鷹匠町も、麹町とは直線距離で2キロメートル以上あり、飛び火にしては飛びすぎの感が強い。

●復興をきっかけに市街が再編・拡大

大火直後から、幕府は復興に取り組み、屋敷の再建資金を被災した大名・旗本に与えた。焼失した町々にも銀1万貫を与えて、経済インフラの復旧を図った。

同時に、全国からヒト・モノ・カネが集中し、過密化していた江戸の延焼リスクの低減対策も始めた。

江戸城内の過密解消策としては、御三家の屋敷を城外へ移転させるなどして、空地の確保を行った。

町地では、白銀町（神田）、四日市（日本橋）、飯田町（麹町）を移転させて火除け地（防火用の空地）をつくるとともに、家屋の庇《ひさし》を強制的に切らせて類焼防止と道路拡幅を図った。焼け土で築地などの埋立地も造成した。

大きな被害が生じた一方で、この大火がきっかけになって江戸の範囲は拡がっていった。

とりわけ復旧・復興を通じて過密化していた大火前の中心部が、大きく変わった。また、後述（162ページ）するように、本所、深川などの大川（隅田川）の対岸地域も市街地化していった。

さらに万治《まんじ》3年（1660）、天下普請として伊達綱宗が駿河台を開削し、洪水時の放水路であった神田川の舟運が可能となった。大火から3年後のことである。

それにより、神楽河岸や牛込船河原町（現・新宿区揚場町、神楽坂1丁目、船河原町）の湊（河岸）が誕生した（166ページ）。

江戸の内陸部に水運でアクセスできるようになり、市谷・四谷、赤坂・牛込、早稲田・高田、目白・戸塚、小日向・関口などに町地が生まれている。

こうした隅田川の対岸と江戸内陸部への市街の拡大により、〝大江戸〟の骨格が形成され、後の百万都市・江戸の基礎となったのである。

2 市場メカニズムを使った幕府の物価対策

強制的に価格を下げさせるのではなく、需給を利用して巧みにコントロール。

●市場メカニズムを使って材木相場を沈静化

明暦大火の復興需要にともない、建設資材や職人の人件費、米価などの諸物価が高騰した。関係の商人たちも抜け目がなかった。

たとえば、木材の需要が急増すると見込んだ江戸中の材木屋が、焼け残った材木や入荷予定の材木の「囲い込み」や「占め売り」（買占めや供給調整など）を行ったため、材木が急騰した。

幕府はこれに対して、城の再建を先延ばしにして需要を平準化させるとともに、材木屋からは買わずに天領（幕府の直轄地）で伐採した木材で再建工事を行うなどして対抗。諸大名の屋敷再建にも急がなくてよいと、ブレーキをかけた。

さらに、「知恵伊豆」と呼ばれた老中・松平伊豆守（信綱）が、自らの領地の川越から木材を調達したので、多くの大名・旗本もそれに倣《なら》った。

材木屋も幕府も、材木の市場価格が需給バランスで決まることを前提に、自らが有利になるように行動していたのである。また、需給バランスの操作が可能となるくらい、諸国から江戸に材木を輸送するインフラも整っていたことがわかる。

強権的に価格を下げさせるのではなく、市場メカニズムを活用することによって、幕府は材木価格の安定化に成功したのであった。

●復興景気にわく商人・職人への規制を強化

さらに9月になると、新たな規制を発動している。

江戸の商工業者が「仲間」（現代の同業者組合のよう

なもの）を組織して、申し合わせにより物価・賃金を引き上げることが禁じられたのである。

大火は景気を刺激したが、復興需要にわく江戸では、財貨・サービスを供給する側の商人や職人たちが優位に立った価格設定が行われていた。しかし、それは復興の足を引っ張りかねなかったからである。

規制対象は、呉服、糸、綿、絹、紙、本、扇子、両替、材木、竹、釘、薪、米、魚、革、石、塗物を扱う諸商人で、復興関係の建設資材だけではなく、上方から江戸に送られてくる商品全般を扱う業種となっていた。

職人は建築関係がターゲットになっており、大工、木挽、屋根葺、石切、左官、畳屋が対象だった。

大火当時、すでに江戸は消費都市として、上方を中心とする全国からさまざまな商品やサービスを引き寄せていたが、それらの供給を担っていたのが商工業者や、彼らが組織する仲間であった。

仲間の規制は、一見すると間接的なアプローチではあるが、実は当時の経済システムを動かす「テコの支点」に対する規制だったといえる。

当時は天下普請による需要拡大と民間市場の成長、統治上のさまざまな制度の確立などによって、徳川政権が盤石《ばんじゃく》化した時代にあたる。それにともなって、江戸にヒト・モノ・カネ・情報が集中する構造と、江戸向けの物資を供給する全国規模の経済ができあがっていたなかで大火が発生した。

ということは、ハードとソフトの両面にわたる経済システムが定着していたからこそ、大火という危機に直面しても、江戸に全国から復興資材などがスムーズに供給されたといえるだろう。

これは復興のテンポを加速させただけでなく、江戸の範囲を空間的にも機能的にも拡大させることとなったのである。

3 明暦大火後の江戸のビジネス街「日本橋」

拡大していく江戸の中心地、日本橋は経済と金融の中心でもあった。

●江戸前島の中心部…経済・金融の心臓部

大火から約20年後、復興期も過ぎた延宝《えんぽう》8年（1680）に発行された『江戸《えど》方角《ほうがく》安見《あんけん》図鑑《ずかん》』（以下『図鑑』）という冊子（乾巻と坤巻の2分冊）がある。

この『図鑑』に収蔵された地図と、1632年刊の「武州豊嶋郡江戸庄図」（「寛永図」・37ページ）とを比べると、江戸市街、とりわけ町地（『図鑑』では黒の太線で描かれた町地の場所）の範囲が、隅田川（大川）の東側や、神田川沿いの牛込や市ヶ谷などの内陸部、主要道路に沿った場所などにも拡大していることがわかる。

また、『図鑑』は〝江戸案内図〟として発行されたこともあって、町地に限っても、町名はもとより、販売されている品々も結構細かく記載されていて、地域の特色を把握しやすくなっている。

武家地や江戸近郊なども含め、明暦大火後の江戸を語るうえで『図鑑』には興味が尽きないが、ここでは、主に経済に関係する部分に限って話を進めていく。

『図鑑』（乾巻）から、江戸のビジネスの中心街であった「九　日本橋より神田迄」をみると、この地域は「寛永図」が描く姿を引き継いでおり、〝経済官庁〟と金融機関が、外濠・日本橋川・本町通り　通り町筋で囲まれた一角に集まっている（**図7－2**）。

ここは、本町通りでも、江戸城に最も近い位置であり、かつ、江戸前島の尾根筋に沿った中心部でもあり、家康入府以来、最も最初から開けた水陸交通の要衝の場所であった。

そして、この狭い範囲のなかに、「後藤金座」（現在の日本銀行）を中心に本両替町（現・中央区日本橋本石町）の〝両かへ〟（両替）、駿河町（現・中央区日本橋室町）の〝両かへだな〟（両替店）が記されている。

このように、本両替町には、本両替（151ページ）が軒を連ね、銀相場と銭相場が毎日建てられていた。

後藤金座と同じ区画には、江戸の「町年寄」（57ページ）の筆頭である奈良屋（本町一丁目）があり、本町通りに沿って樽屋（本町二丁目）、北村（喜多村・本町三丁目）が続いている。

「寛永図」には記載はなかったが、『図鑑』ではこのように町年寄の役宅兼住居が並んでいるのである。

●自治組織を使って政策を浸透させた

貨幣経済と市場経済システムが高度に発達していた江戸時代における幕府の金融・経済政策は、町人を対象に実施しなければ実効性が確保できなかった。

幕府の町人を対象とする行政・経済政策の責任者は、現在であれば閣僚級といえる「町奉行」であった（53ページ）。

これらの政策は江戸町人の自治的組織の頂点にあった町年寄を通じて実施されており、日々の銀相場や銭相場は、本両替町の名主を経て町年寄に報告され、それが町奉行（所）を通じて幕府に上げられていた。

また、新通貨の通用促進などの具体的な施策は、町奉行や町奉行所の命を受けて、町年寄以下の町人組織が実務を処理したほか、町人組織の実務に根ざした意見などが、幕府の政策立案の内容を左右する場合も多かった。

江戸前島の中心部は、両替の集積した金融センターのイメージもあるが、それだけでなく、通貨発行を行う後藤金座、経済官庁としての機能を持っていた町年寄など〝経済官庁街〟の機能も備えた場所であった。

■7－2 『江戸方角安見図鑑』（乾巻）「九　日本橋より神田迄」より

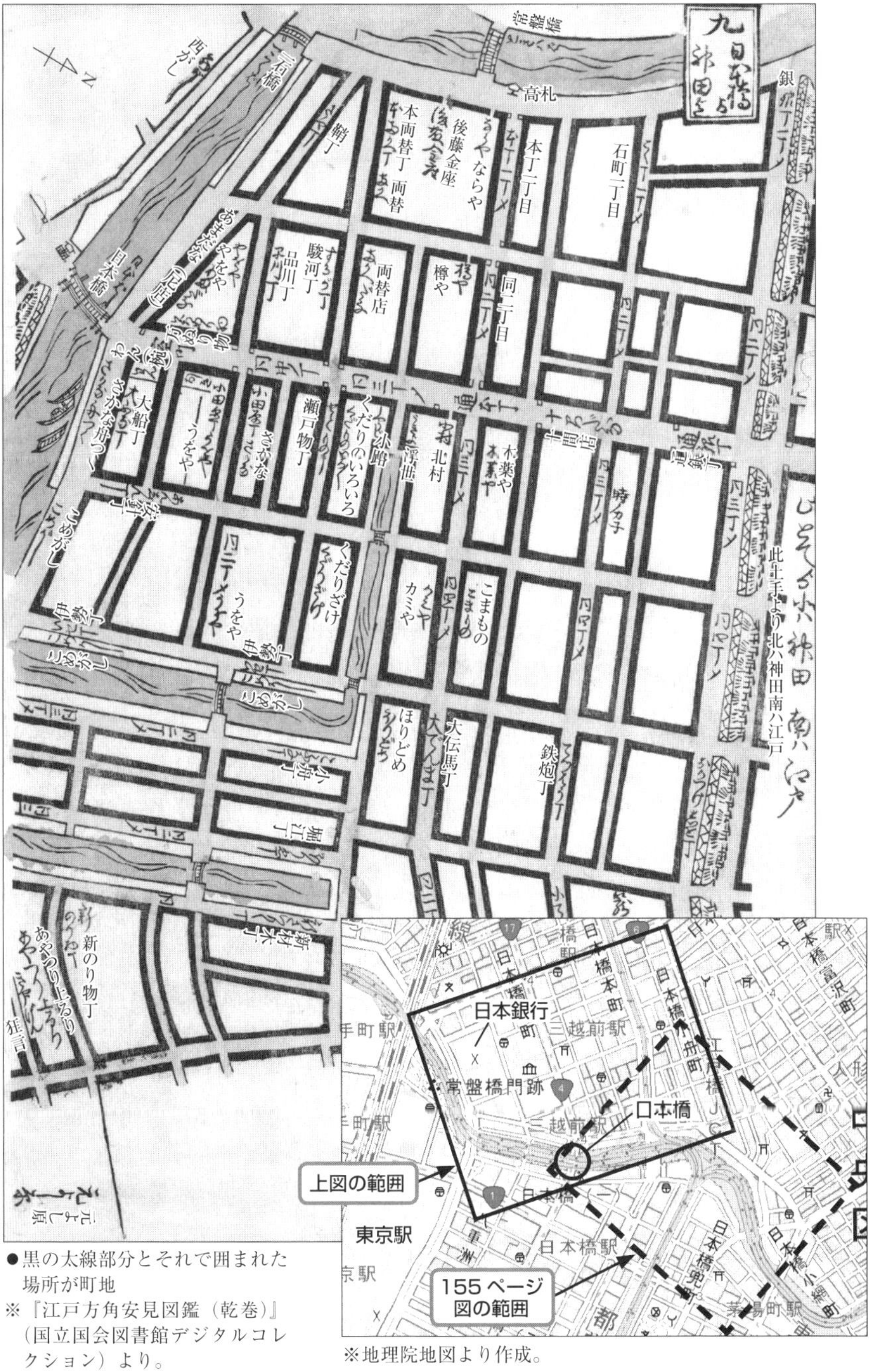

●黒の太線部分とそれで囲まれた場所が町地

※『江戸方角安見図鑑（乾巻）』（国立国会図書館デジタルコレクション）より。

※地理院地図より作成。

4 江戸と大坂の経済を回していた「両替」

人々が「両替」を利用する機会は、現代人が想像する以上に多かった。

●想像以上に多かった両替の機会

江戸時代の「両替」は、今の銀行に相当する金融機能を果していた。

金・銀・銭の交換（両替）、融資、預金、為替、手形発行などを行い、大坂、江戸、京都の三都の間はもちろん、全国のカネ・モノの流れを支えていた。

両替というと、今ではコンビニエンスストアで1万円札をくずすイメージだが、当時は購入する財貨・サービスの種類や地域によって、支払いに使われる貨幣の種類が異なっていた。そのため人々が金・銀・銭を両替して必要な貨幣を調達する機会は、第5章の相良氏のように現代人の我々が想像するより多かった（118ページ）。

それゆえ、両替手数料が両替の大きな収入源となっていた。そしてさらに、三貨の変動相場制を通じた為替差益の獲得も大きな利益をもたらした。

米などの農産物の市場価格は、それぞれの諸国の天候や作柄の違いによって変動した。諸商品の価格も、季節的な要因や景気動向などによって上下したので、それらの決済手段であった金銀の相場と連動していた。

そのため、両替だけでなく、諸商人も金銀相場に常に注意を払っていた。

たとえば、「金の通貨圏」の江戸では、銀相場が安い「金高・銀安」のときに、「銀の通貨圏」の大坂から商品を仕入れれば有利だった。

円高ドル安のときは、海外から原油を安く買えるため、電力料金が下がるのと同様である。

反対に、大坂では金相場が軟調な「金安・銀高」のと

■7－3　大阪と江戸との両替

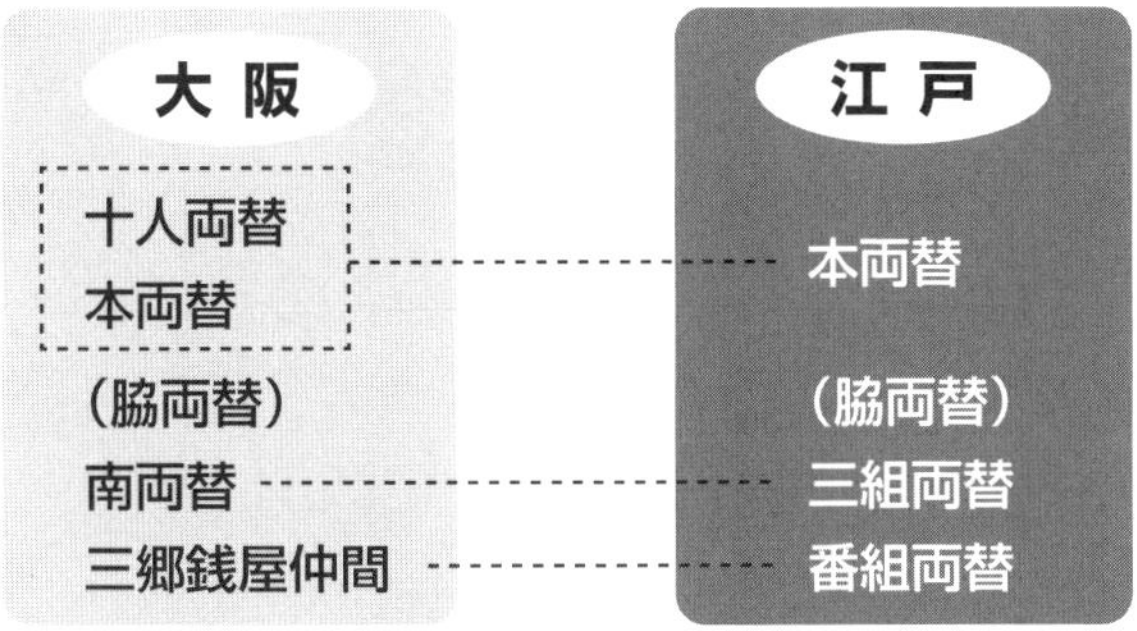

本両替	金・銀を扱う／為替・貸付・新古金銀の引換 公務：上納金銀の鑑定・包立・金銀相場の報告
三組両替	銭を扱う（金銀も）／酒屋・油屋等と兼業 ※江戸地廻り経済の発達に伴い成長
番組両替	銭を扱う

きを狙って、江戸に商品を出荷するのが有利だった。

●江戸の両替と大坂の両替の違い

江戸の両替には「本両替」と「脇両替」の2種類があり、さらに脇両替には「三組《みくみ》両替」と「番組両替」があった（**図7－3**）。

本両替は、主に金銀を扱った。為替、貸付け、新古金銀の引き換えのほか、上納金銀の鑑定・包立《つつみだて》（一定額の金貨、銀貨を和紙で包み額面を表記して封印したもの。開封せずにそのまま表記の額面で通用した）、貨幣相場の報告などを行っていた。

本両替は、現在の外国為替の取引と同様、相場の動向をみながら金銀の売買や両替を行っていた。

三組両替は銭両替だったが金銀も扱った。その多くが酒屋、質屋、油屋などを兼業していた。

銀相場（金1両に対して銀△匁と表示）は、三組両替と番組両替が金座に隣接した本両替町（149ページ図）や駿河町の公道に集まって建てたが、後に、相場立会仲間の結成や取引所の設立に発展した。

銭相場（江戸では金1両に対して銭△貫目、大坂では銭1貫文に対する銀△匁で表示）は、日本橋青物町から日本橋四日市（ともに現在の中央区日本橋通1丁目）に移った後、本両替町で建てられるようになった。

銀と銭の相場の実績は、銭両替仲間の役員から毎夜、本両替仲間の役員に通知され、それが駿河町の名主経由で町年寄の「樽屋」と幕府勘定所に上げられた。

相場の情報の掌握は、幕府にとって不可欠だった。公金の為替送金（173ページ）に相場が影響したからである。それにも増して、米相場とともに、それと連動していた銀・銭相場を注視する必要があった。

武士の収入の基盤であった米に対して諸物価が高騰する「米価安の諸色高」が進み、幕府の財政難や武士の生活苦が深刻化する状況の下では、貨幣相場に神経を注がなければならなかったのである。

江戸の両替は、享保3年（1718）の株仲間の公認に際して600人（株）に限られたが、のちに増やされ643人となった。

一方、大坂の両替には「本両替」「南両替」「三郷銭屋仲間」のほか、本両替の上に江戸の本両替にあたる「十人両替」があった。江戸の三組両替と番組両替は、大坂ではそれぞれ南両替と三郷銭屋仲間にあたる（**図7-3**）。

大坂の金相場は寛保3年（1743）以降、北浜の金相場会所で建てられた。相場の立会いは本両替の相場役に限られ、取引単位は金100両以上で、相場は金1両に対する銀価格で表示された。銭相場は、金相場の終了後に建てられた。

金相場会所には立会場があり、「立会い」は正月三が日と五節句を除いて毎日、午前10時頃から1～2時間程度開かれ、立会い時間を過ぎると拍子木で取引終了を知らせた。

●江戸の両替の発達

有力な両替は、「大名貸《だいみょうがし》」や「商人貸」によって大きな利益を上げていた。

■7－4　明治・大正の日本橋への銀行集積は江戸以来

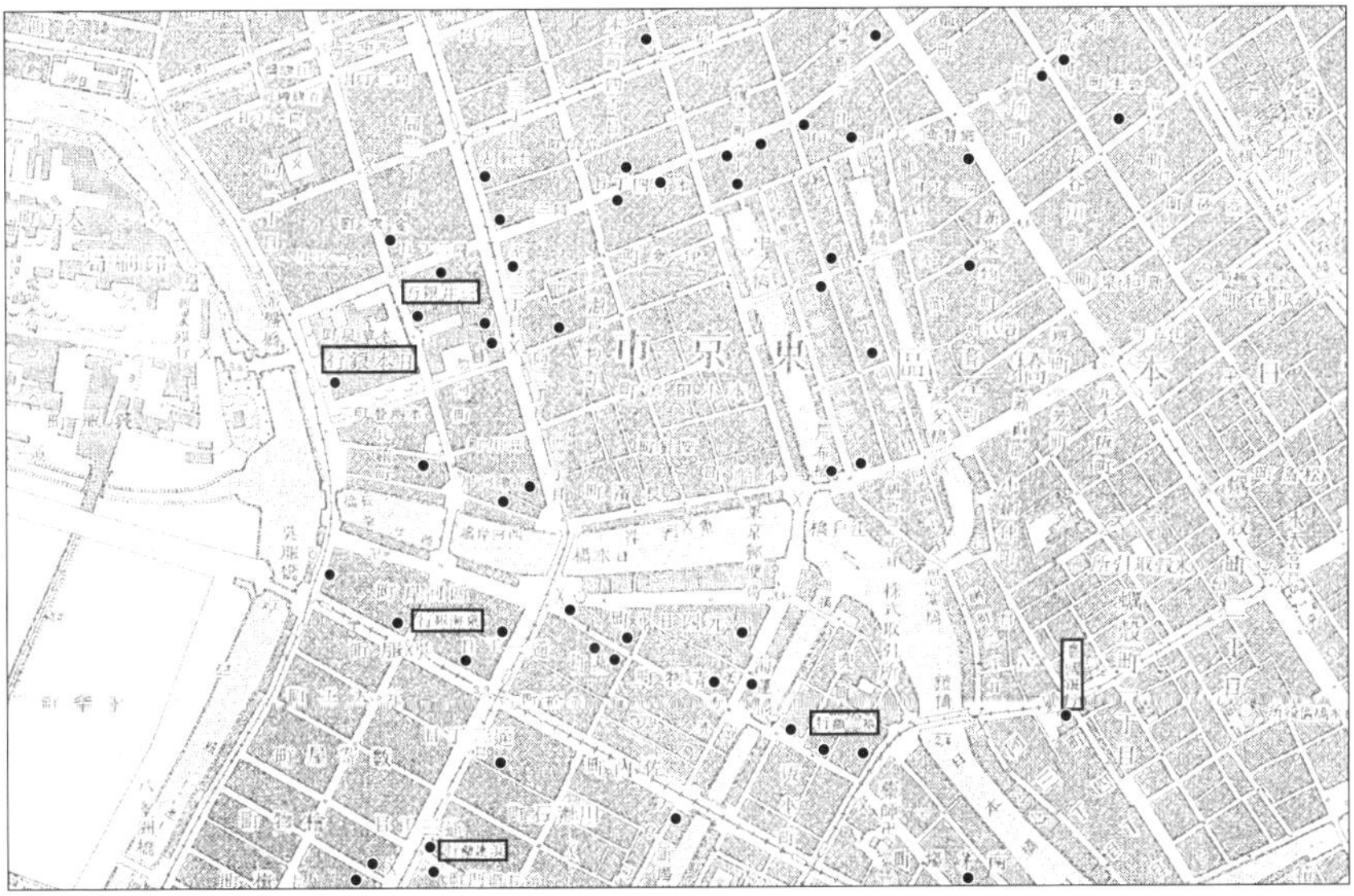

※１万分の１地形図「日本橋」（大日本帝国陸地測量部、明治43年）に大正元年当時の銀行本支店（黒丸）をとったもの。

第8章で述べるように、町人が大名にお金を貸すことが「大名貸」（172ページ）である。ところが、貨幣経済の進展や参勤交代経費の固定化などにより、年貢収入を基盤とする大名財政は厳しくなっていった。大名貸が不良債権化して、回収不能になるケースも増えた。

そのため、室町時代から続く大両替の多くが元禄期（1688～1704）頃までに消えていった。

それに代わったのが、先進地域の上方から江戸への商品流通と結びついた鴻池や三井といった新興の両替であった。

上方系の商人が廻船で江戸に送る諸商品の代金決済や送金業務は、同じく上方系の本両替のビジネスだった。

一方、時代が進むにつれ、地廻り経済を基盤にした江戸の問屋商人に対しての信用供与や商業金融は、新興の江戸の三組両替が行うようになった。本両替が独占的に行っていた大名貸も手がけるようになる。

江戸の地元経済の発展は、カネの流れのシェアを、三組両替が本両替から奪う形に進化させたのであった。

5 日本橋は「下りもの」の供給基地

荷揚場でもあった日本橋には、さまざまな専門店、金融機関が混在していた。

●水運の荷揚げ場だった日本橋

また、『図鑑』（乾巻）の「九　日本橋より神田迄」には、水路や河岸、蔵が詳しく描かれ、どこで何が荷揚げされているかといった情報も記されている。それをみると、江戸が上方と水運で直結し、江戸のビジネス街の中心を形成していた様子を実感できる。

とくに、L字型に掘られた伊勢町堀と通り町筋の近接部分（図の浮世小路の周辺）には、本町三丁目の〝木薬や〟（生薬屋）、本町四丁目の〝こまもの〟（小間物）と〝カミや〟（紙屋）のほか、浮世小路や瀬戸物町の〝くだりざけ〟（下り酒）といった表記がみえる（**図7―2**）。

また、この図に品物の名称は記されていないが、大伝馬町は太物（木綿製品）の問屋街を形成していた。

それらの品々は灘や伏見の上等な酒である〝くだりざけ〟に象徴されるように、上方から「菱垣廻船」（132ページ）で送られてくる「下りもの」の主力商品であった。

大消費地となった江戸は、薬種、小間物、紙、酒、木綿製品などの上方で生産された物資に依存していた。それらは十組問屋仲間の扱った商品と重なっている。

時代が進むと、江戸周辺を含む東国でも〝地廻り経済〟が成長し、そうした品々の生産も始まるが、当時はまだまだの状態であり、地廻り経済の発展した後も、品質の優れた下りものの価値のほうが高かった。

現在でも、つまらないモノやコトのことを「下らない」と表現するように、下りものは高級品の代名詞でもあった。下りものを珍重することを通じて、日本人の〝舶来品信仰〟が強まった可能性もある。

■図７－５　下りものの問屋街

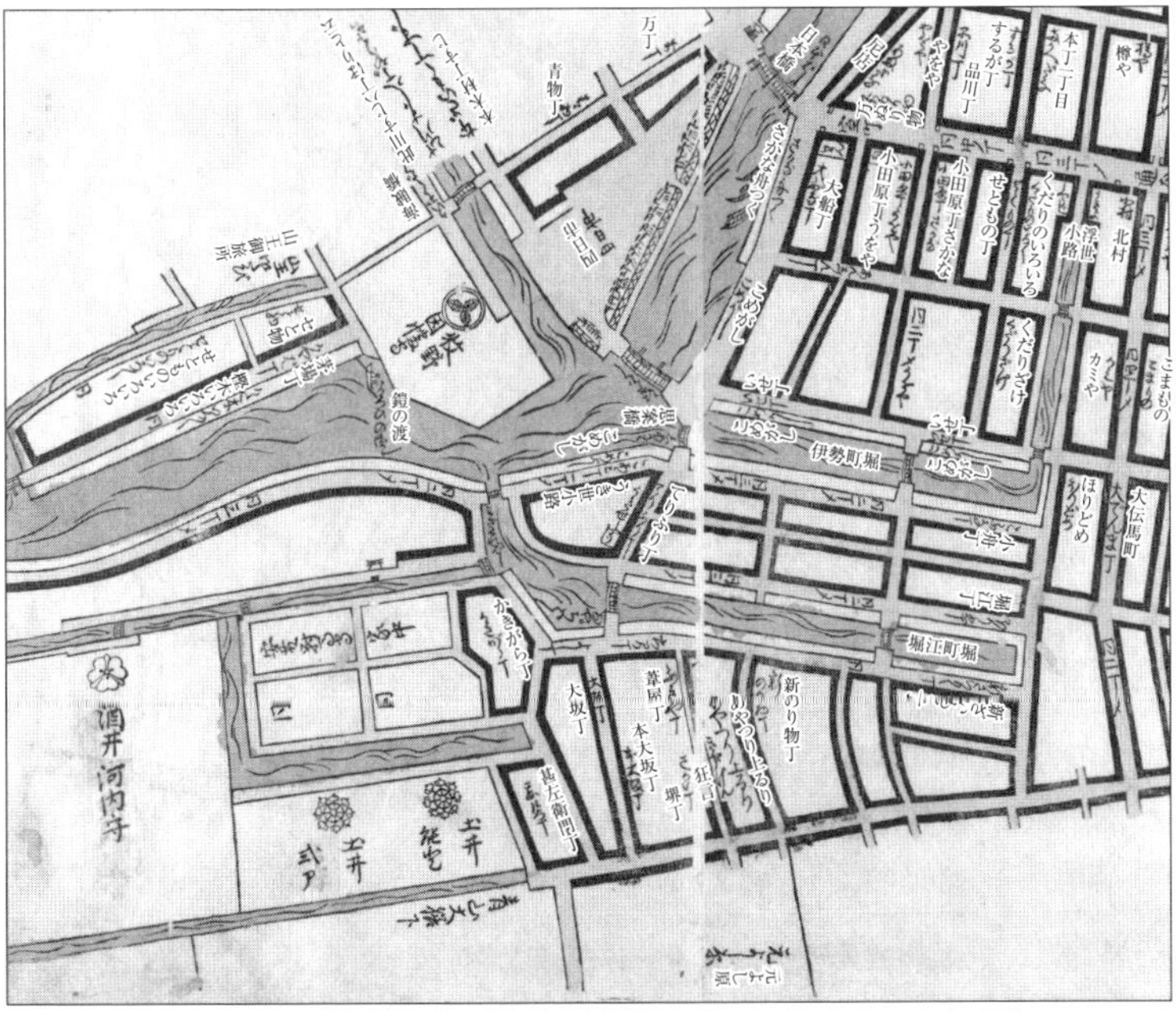

※『江戸方角安見図鑑（乾巻）』（国立国会図書館デジタルコレクション）より。

このように、江戸のビジネス街の中心部は、廻船で運ばれてきた下りものを江戸市中の流通に乗せる場所で、河岸、倉庫、商家が一体となって経済活動が繰り広げられていた。

一方、日本橋北詰の下流側には〝さかな舟つく〟と記された河岸があり、そこを中心に大船町、その奥手の小田原町に〝うをや〟〝さかな〟が集積していた（**図７－５**）。

水産物の取り扱いが増えるにしたがって、この一帯（現・中央区日本橋室町１丁目、本町１丁目）は「魚河岸」と称されるようになった。魚河岸は将軍への鮮魚献上の代わりに、集荷・販売の大きな権限を持っていた。

実際には献上用はわずかで、大部分は江戸市中に販売され、江戸湾、相模湾などの魚が早舟で集められていた。

なお、この場所になる前の魚河岸は鎌倉河岸（現在の千代田区内神田・錦町の日本橋川沿い）で、慶長19年（1614）の第2次天下普請による江戸城拡張にともなって日本橋に移転してきた。江戸の魚市場には、他にも白魚河岸、古川河口の市場（ざこば）があった。

また、日本橋北詰と一石橋の間には海産物を扱う〝あまだな〟（尼店）、品川町の〝やをや〟というように、水産・青果などの生鮮食料品の市場が形成されていた。

通り町筋に沿っては、室町には〝わん〟（椀）、〝おしき〟（折敷）、〝万《よろず》ぬりもの〟（万塗物）などの、上方から運ばれてきた漆器類を扱う商家（問屋）が集積し、その先には瀬戸物町があった。食料品と食器類を扱う商家が隣接していたのであった（**図7－2**）。

●江戸は倉庫の街だった

水運を機能させるには、運搬のための水路と、荷受けのための河岸や倉庫の充実が欠かせない。水運で運んできた大量の物資の消費を前提にしていた江戸では、両者はセットで整備されていた。

そこで日本橋の東側に目を転じると、そこは〝こめがし〟となっており、伊勢町堀の日本橋川から堀留までの両岸に位置する小網町、伊勢町、小舟町のウォーターフロントには、米河岸が連続している。この地区は、江戸の主食をまかなっていた（**図7－5**）。

時代は下るが、斎藤月岑の『江戸名所図会　一』（前半は天保5年・1834、後半は天保7年・1836）では「伊勢町河岸通」として米河岸と塩河岸が描かれており、船着場と直結した倉庫がびっしりと立ち並んでいる（**図7－6**）。この伊勢町堀の北側の堀江町堀の両岸には、新材木町、堀江町などがあって、ここも河岸地が続いていた。

●次第に発展していく周辺地域

日本橋の中心部から少し離れた場所も発展している。日本橋川をさらに下り、鎧の渡《わたし》の対岸となる茅場町、山王御旅所付近には〝せともの〟〝堅木いろいろ〟の表記があり、材木や瀬戸物など重くて嵩張る品物の集積地となっていたことがわかる（**図7－5**）。

また、吉原が移転した跡が〝元よし原〟（元吉原）になっているが、葺屋町、堺町、本大坂町の付近には〝あ

■7－6　『江戸名所図会』「伊勢町河岸通」

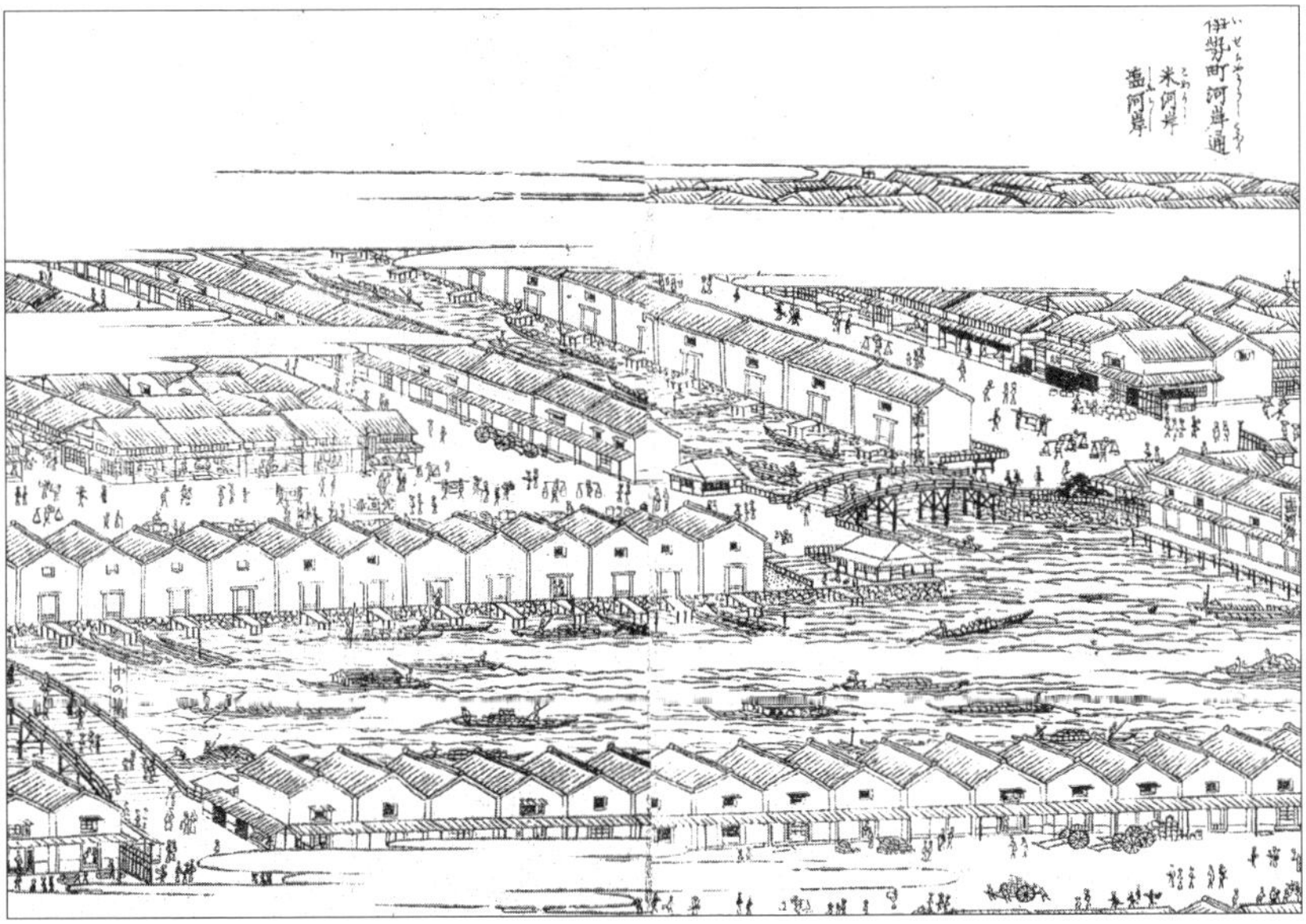

※『江戸名所図会　一』（国立国会図書館デジタルコレクション）より。

やつり上るり〟（操り浄瑠璃）、〝きやげん〟（狂言）の記載がある。ここは、江戸前島の海岸にあった芝居小屋が移された場所である（**図7－2**）。

この芝居町は天保13年（1842）に天保改革により浅草猿若町に移転させられるまで、歌舞伎など江戸のレジャーの中心街だった（江戸三座）。

この伊勢町堀や堀江町堀、小網町の付近は、旧石神井川の河口部で、堀江町、小舟町、照降町、蠣殻町、小網町などは自然堤防の上に立地したもので、江戸では最も早い時期から集落ができた場所だった。

一方、『図鑑』の右端には「此どてより北ハ神田、南ハ江戸」と書かれている。このこの〝どて〟とは、明暦大火後に築かれた防火土手である（**図7－2**）。

この表現は、大火後に大川（隅田川）の東岸などまで市街地が拡大した時代でも、江戸の範囲が限定的に捉えられていたことを示している。

その意味では、江戸の最も江戸らしい場所は、日本橋以北の防火土手までの狭い範囲だったということになるだろう。

6 江戸舟入堀は埋められて職人の町に

日本橋から京橋にかけては、資材が運ばれ、加工される場所だった。

●天下普請が終わって埋められた江戸舟入堀

『図鑑』（乾巻）の「八　京橋より日本橋（内がしより東へ八町ぼりのぶん）」をみてみよう。日本橋の南側で、現在でいうと東京駅八重洲口側の日本橋1丁目から京橋にかけての範囲になる。

第1次天下普請の際に材木業者が移住してきた本材木町（96ページ）は、『図鑑』では本材木町一丁目から八丁目となっているように、江戸城築城に用いた材木類の河岸であった名残が各所の町名に残っている。

楓《かえで》川から江戸前島を櫛形に掘割った8本の江戸舟入堀も見える（**図7－7**）。

江戸舟入堀に沿って、北から青物町、左内町、樫正町、下槙町、大鋸町、南槙町、竹屋町、炭町などが「寛永図」と同様に書かれている。

町名は、本材木町の河岸で荷受けした材木を、建築材料に加工する職人たちに、ちなむものであった。

しかし、江戸城の天下普請も終わっていたため、不要になった江戸舟入堀の埋め立てが進んでおり、「寛永図」では外濠まで伸びていた中央の舟入堀も〝中橋広小路〟になっている。〝大工町の広こうじ〟や〝長崎丁の広こうじ〟も舟入堀を埋めた跡である。

●日本橋から京橋は職人の町だった

日本橋から中橋広小路までの通り町筋には日本橋南一丁目から四丁目、その周辺には萬町、呉服町、平松町、南大工町、大工町、油町、檜物町、箔屋町、上槙町がある。

江戸舟入堀に近い地区には、木材加工関係の名称の町

■7－7　日本橋の南

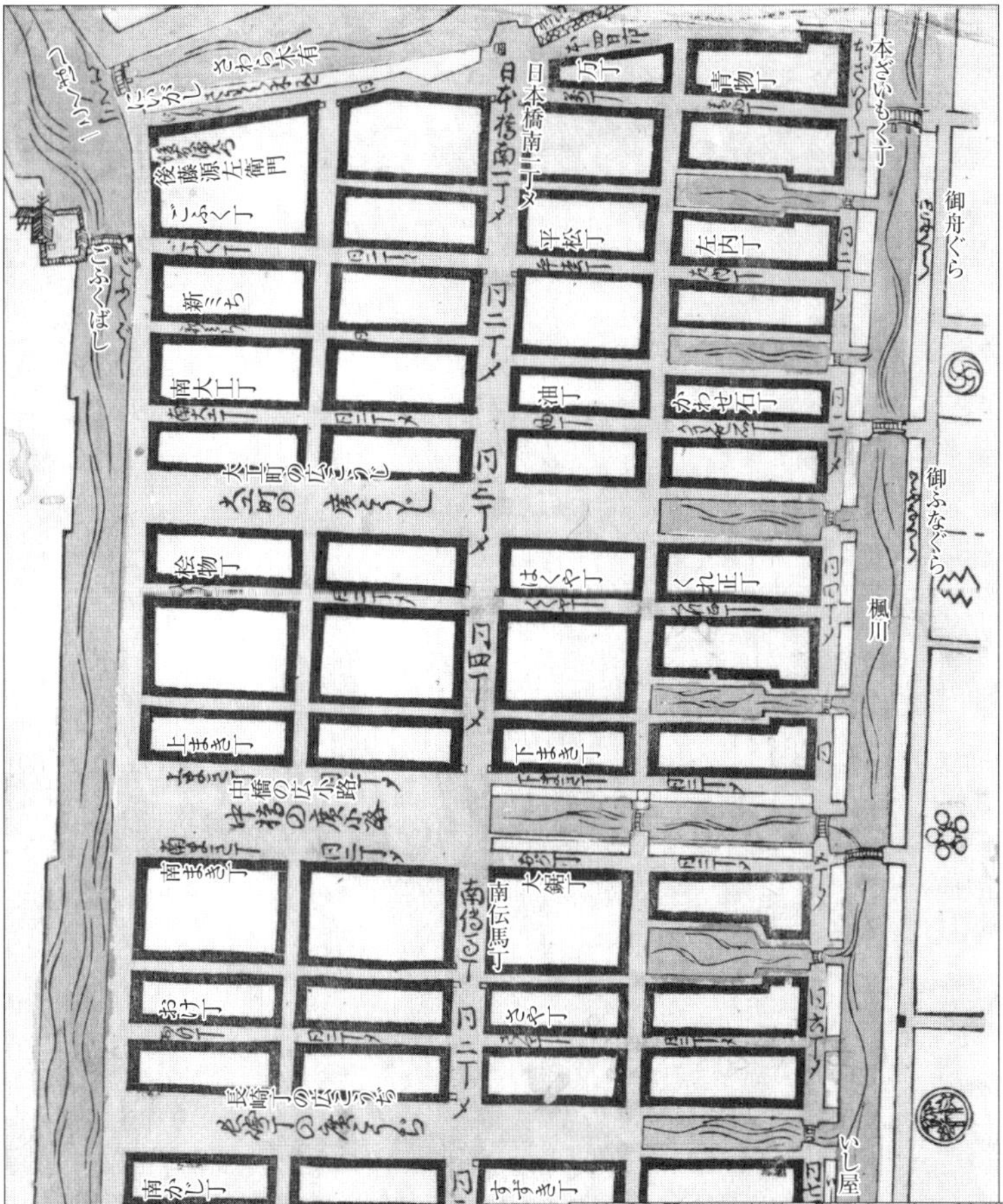
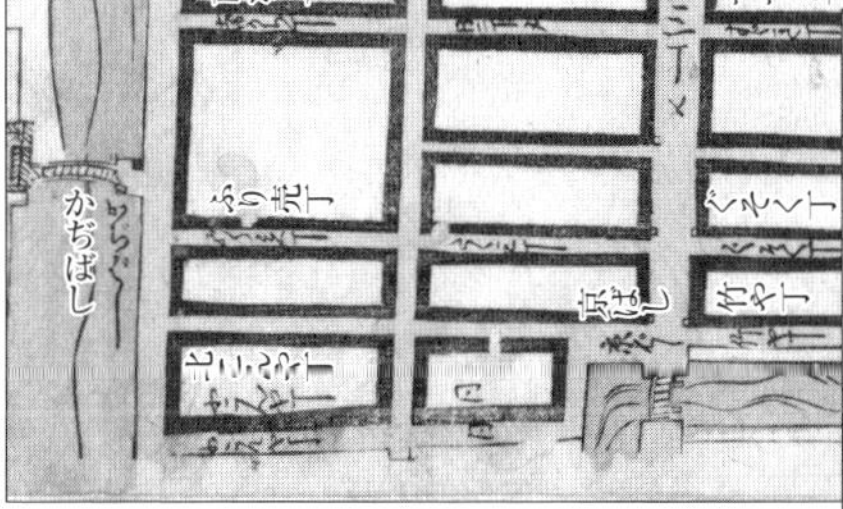

●黒の太線部分と、それで囲まれた場所が町地。
※『江戸方角安見図鑑（乾巻）』（国立国会図書館デジタルコレクション）より。

※地理院地図より作成。

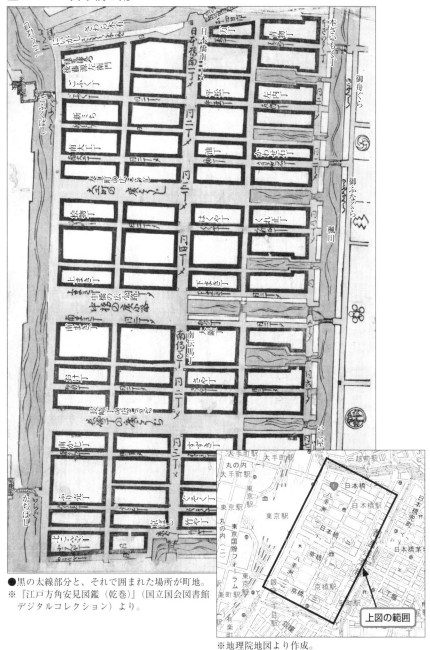

が目立っている。呉服町には幕府の呉服師の後藤縫殿助の拝領屋敷があり、「寛永図」には記されているが、『図鑑』では後藤源左衛門となっている。

このように、日本橋の北側が金座をはじめとして金融、商業などの集積した町地であったのに対して、南側には職人が集まっていた。

さらに、中橋広小路より南側、京橋までの通り町筋に沿って、南伝馬町一〜三丁目、南槇町、桶町、南鍛冶町、鈴木町、畳町、具足町、北紺屋町となっている。南伝馬町は江戸城拡張にともなって、伝馬役の小宮善右衛門が移転してきた場所だったが、その他は、職人関連の名称の町となっている。

現在の銀座は、高級ブランドショップや飲食店が集まる日本を代表する繁華街だが、江戸時代には日本橋周辺に比べると、場末感の漂う場所であった。

●幕府米蔵と札差街があった浅草

144ページで述べたように、明暦大火後の江戸城内の過密解消策として、御三家の屋敷の城外移転や城内のオープンスペース確保が進められた。

市街地では火除け地の設置や道路拡幅のほか、倉庫も移転の対象になった。

幕府の倉庫群は、もともと日本橋川流域の旧日比谷入江の最奥部付近にあった。「寛永図」で道三堀に面した場所にある鎌倉河岸付近の町屋は、その名残である。それは、皇居外苑の和田倉門という地名が、「海」の古語である「わた・わだ」と倉をつなげた呼び方であることに象徴されている。

幕府の米蔵が最初に浅草に移されたのは元和６年（１６２０）で、正保《しょうほう》4年（１６４７）になると、谷ノ蔵（矢ノ蔵／現中央区浜町）に米蔵がつくられている。そして、大火をきっかけに、鎌倉河岸（155ページ）などの中心部に残っていた幕府の倉庫群も、浅草などにまとめられていった。

幕府米蔵の移転では、万治《まんじ》年間（１６５８〜６１）に倉庫群の容量を大幅に増量している。関東一円の年貢米が集まる幕府の米蔵に限っても、年貢収量の増加によっ

■7－8　蔵前御蔵と札差街

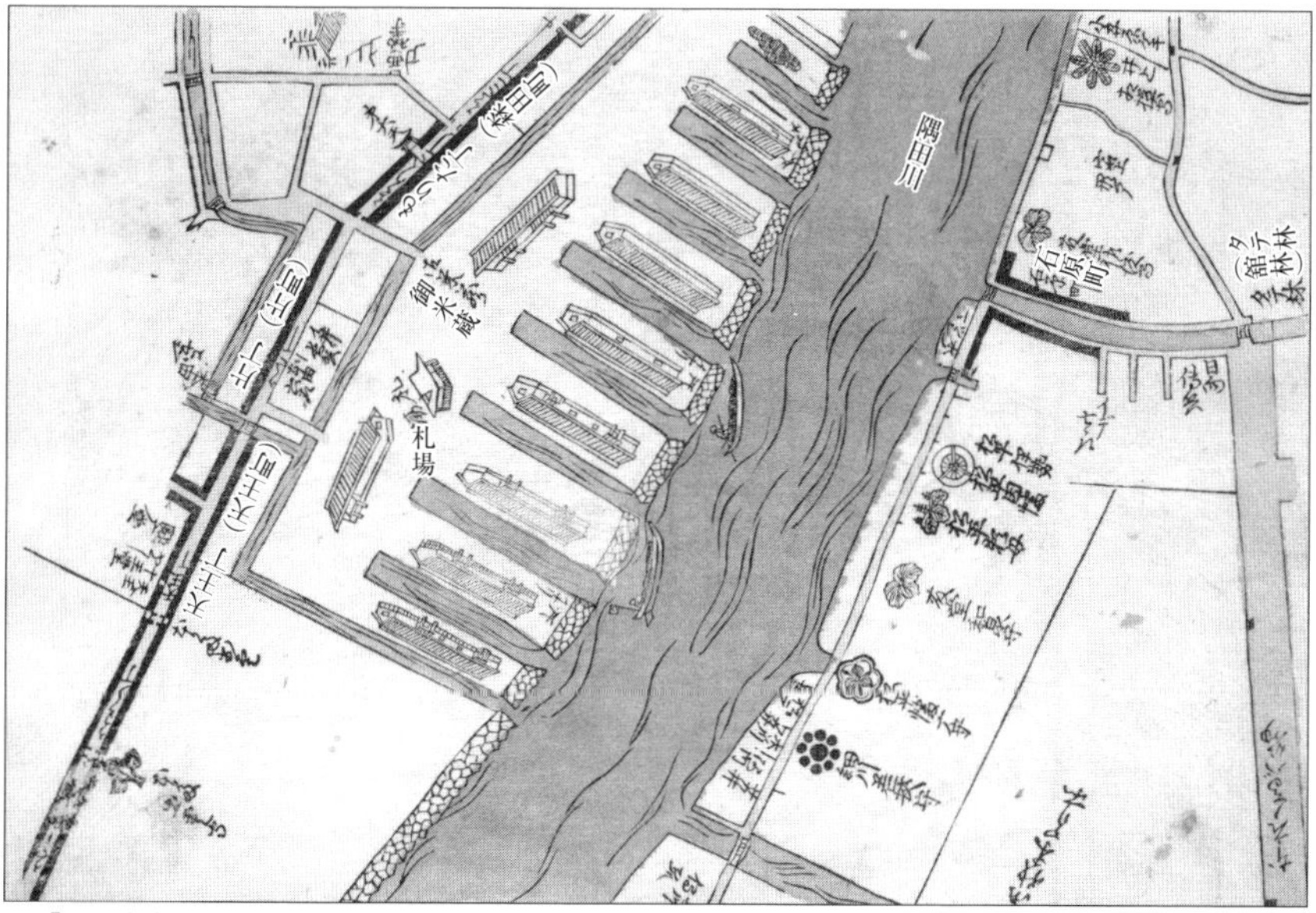

※『江戸方角安見図鑑（乾巻）』（国立国会図書館デジタルコレクション）より。

て大きな倉庫が必要になっていたからであった。

そうした倉庫群は、隅田川の自然堤防を櫛形に開削して舟入堀を築造し、舟運による大量輸送に対応できる施設として整備された。

そして、江戸の各所にあった米蔵は享保期（1716～36）頃までに浅草に吸収された。

『図鑑』（乾巻）「廿三　浅草御蔵前」では、浅草の幕府米蔵には〝御米蔵〟の表記があり（**図7－8**）、〝札場〟の建物のほか隅田川から櫛形に掘り割った舟入堀8本と、それぞれに面した大型の米蔵8棟などがみえる。

周辺の茅町、瓦町、旅籠町、天王町、片町、森田町、猿屋町などには札差《ふださし》（177ページ）たちが集まるようになり、大きな店を構えて営業し、江戸の代表的な豪商となった。『図鑑』の時点でも、〝天王丁〟（天王町）、〝かた丁〟（片町）、〝もりた丁〟（森田町）がみえる。

札差業については、第8章で詳しく触れることにしたい。

7 隅田川の東に拡大していく江戸市街

日本橋への一極集中から、橋や河岸ができて水運による大都市へと変貌していく。

●広がっていく隅田川（大川）の東岸

「寛永図」と『図鑑』で最も異なる点は、それぞれの図で描かれた〝江戸〟の範囲である。

「寛永図」の範囲は、東は隅田川、北は現在の神田までに限られていたが、『図鑑』には、明暦大火以降に拡大した市街が、発展途上の場所も含めて描かれている。

まず、「廿五　深川村」（『図鑑』坤巻）で大川（隅田川）の東側をみると（**図7−9**）、万治2年（1659）に完成した両国橋が描かれている。

両国橋の東側には、明暦大火の犠牲者を弔った回向院の周辺や竪川《たてかわ》に沿って、幕府の竹蔵（御竹蔵）、材木置き場（御材木蔵）がつくられ、〝ざいもくかし（材木河岸）〟などの町地ができている。それらは、幕府の倉庫群の移転にともなって、旧市街の商家や河岸が移転したものである。

移転した倉庫の周辺が商業地になったのは幕府の倉庫周辺に限らない。隅田川東岸に移転した大名の蔵屋敷の周辺でもビジネス街が生まれている。

代表的なケースは南本所の石原町である。ここには、後の5代将軍になる舘林の徳川綱吉の蔵屋敷が万治3年（1660）に移り、年貢米などの運搬船の出入りも盛んになった。それにともなって、諸商人が集まる賑やかな町ができている。

「廿三　浅草御蔵前」（『図鑑』乾巻）（**図7−8**）をみると、この場所は浅草の幕府米蔵の対岸で、隅田川に面して大名の下屋敷が連なっている奥に〝タテ林（舘林家）〟の屋敷がみえる。

いずれの下屋敷も、各大名家が年貢米などを荷揚げす

■7－9　隅田川東岸と両国橋

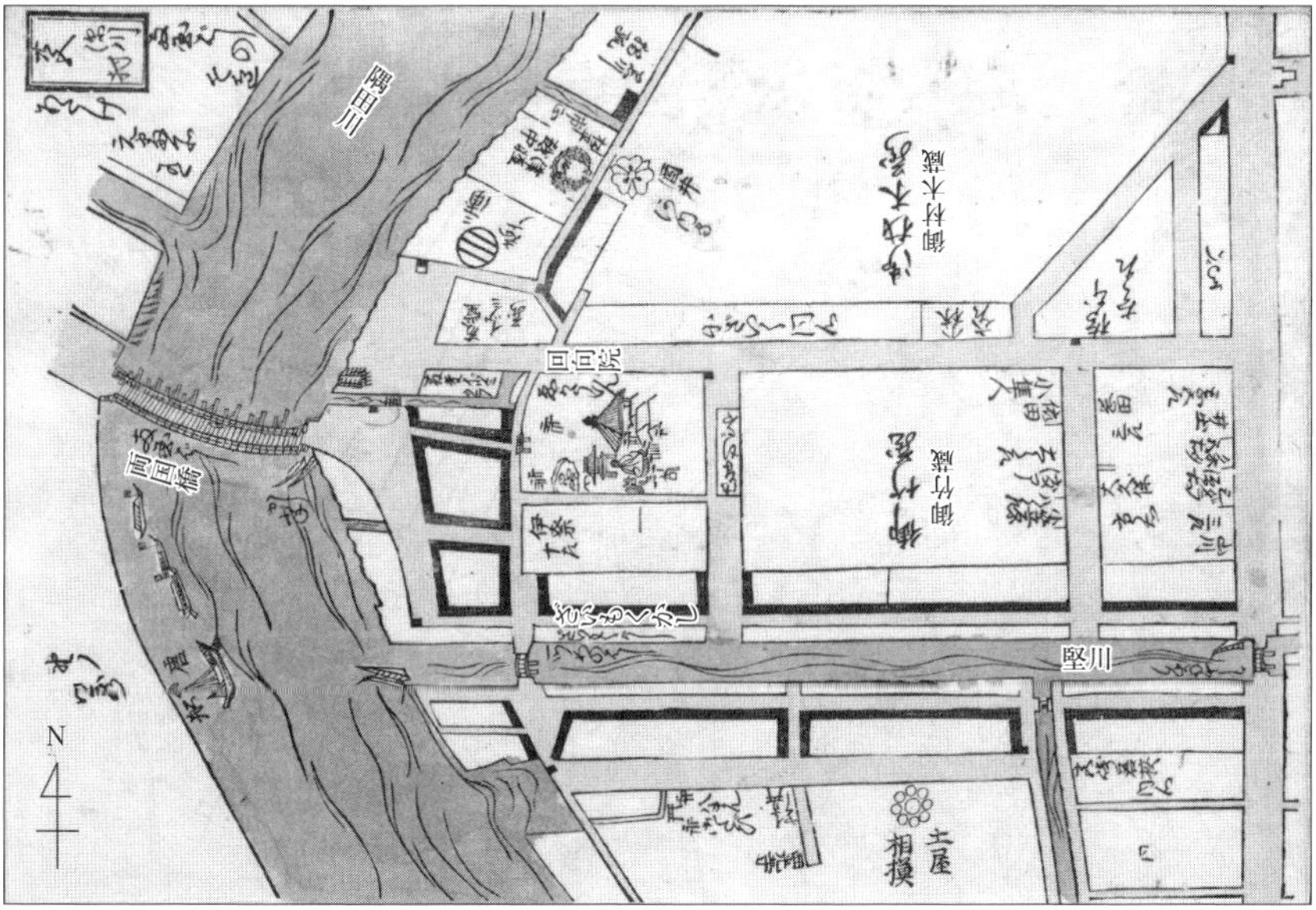

※『江戸方角安見図鑑（坤巻）』（国立国会図書館デジタルコレクション）より。

る場所であった。その他、明暦3年（１６５７）５月には尾張徳川家は類焼した八町堀の屋敷が幕府に召し上げられ、代わりに築地海岸に蔵屋敷２万７０００坪を与えられるなど、大名の蔵屋敷も臨海部に移転していった。

また、大火前の城付近にあった町地も幕府による強力なスクラップ・アンド・ビルドの対象になった。寛文５年（１６６５）、鎌倉河岸から虎ノ門までの土蔵（倉庫）の撤去命令（町触）が出されたのである。

町触は町人を対象としたものだったから、その頃はまだ、馬場先濠などに面した大名小路の西側（旧八代洲河岸）に町地（倉庫）があったわけである。

●両国橋ができて旧市街と新市街が一体化

隅田川東岸では、『図鑑』が描かれた時代までに、自然堤防の上に成立していた本所や深川の集落を足掛かりに埋め立てが進んでいた。

この埋立地の町割は、自然堤防の地形を活かしたもので、そこに、大火前に飽和状態になっていた日本橋周辺のビジネス街などから倉庫が移ってくるケースが多かった。さらに、もともと日本橋の商家などが物資の保管のために所有していた東岸の倉庫が、取引の場としての商店や河岸に変わっていく場合もあった。

こうした隅田川東岸の市街地化と商業化、町地の拡大の象徴が、旧市街と新興市街の中心であった本所・深川とを結ぶ両国橋の架橋であった。

一方、東岸の低湿地帯には、天下普請ではなく幕府の工事として運河網がつくられた。「本所二」（『図鑑』坤巻）をみると、小名木川（運河）に平行して東西に延びる竪川と北十間川、南北方向の大横川と横十間川が開削された。また、低湿地の排水路を兼ねた補助運河も掘られている（**図7－10**）。

『図鑑』では、東西南北に延びる碁盤の目状の水路網と、それに沿った矩形の土地が造成されているが、小名木川に沿った場所では町地（河岸）の形成は進んでおらず、空き地が多い。一方で、竪川沿いは、けっこう東側まで町地ができている。

●神田川ができて水運ネットワークが拡大

江戸市街は隅田川の東岸にも拡大したが、万治3年（1660）の神田川の整備工事（144ページ）により、本郷台地を深く開削し、それまで洪水時だけの放水路だった神田川を、現在のように常に水が流れるようにした。

それにより、飯田濠にまで河岸（神楽河岸、108ページ図）や荷揚場ができるなど、都市化＝町地化が進んだことが『図鑑』にも反映されている。

「三十五　本江」（『図鑑』乾巻）では、水道橋の下流で、〝此辺御茶ノ水ト云〟と記された場所の近く、現在の順天堂大学の南側には、駿河台を深く掘り割った急斜面を水面まで下る通路と船着場が描かれている。

そして、崖上の一帯は〝此辺本江（本郷）ノ元町ト云〟、〝此辺御弓町ト云〟などと元町や弓町といった町となっており、〝まきや〟（薪屋）の表示もある（**図7－11**）。

これらの町は、神田川を水運によって運ばれた薪炭（燃料）を、御茶ノ水の崖下で荷揚《にあげ》して、本郷台地上の武家屋敷などに供給していた薪炭業者の基地だったのだろうが、後年、この場所は武家地となった。

■7－10　東西の運河網

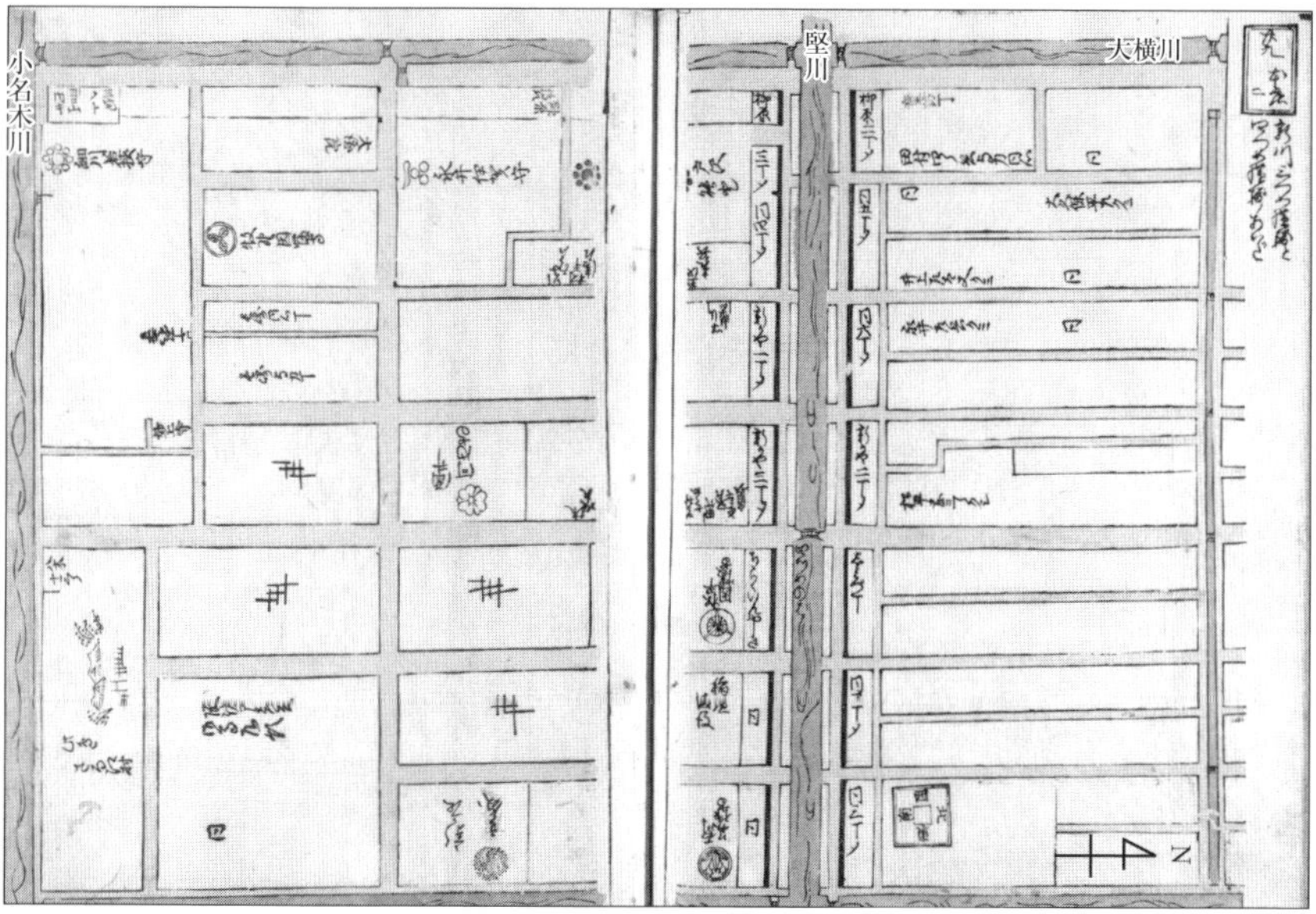

※『江戸方角安見図鑑（坤巻）』（国立国会図書館デジタルコレクション）より。

■7－11　駿河台下の船着場

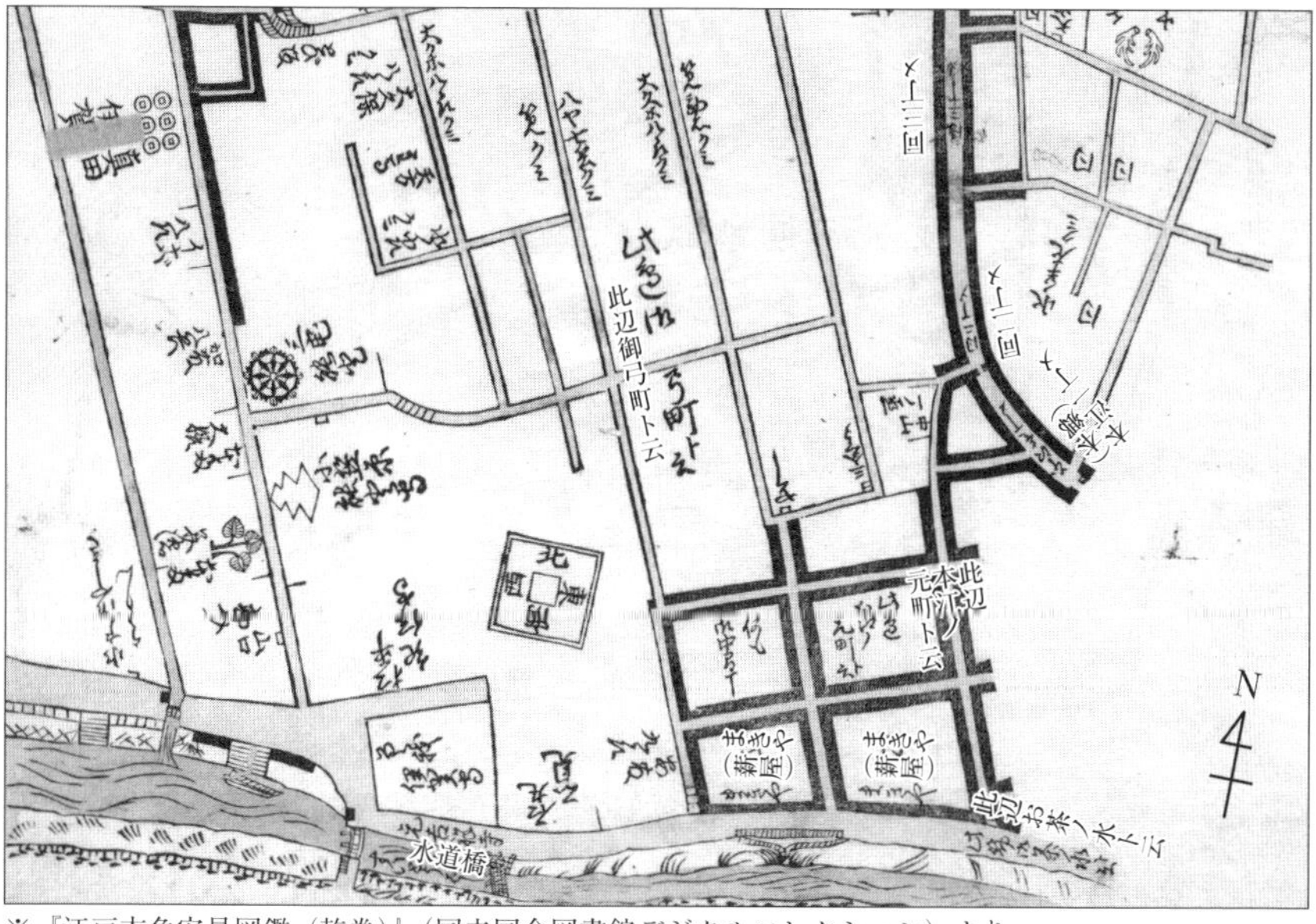

※『江戸方角安見図鑑（乾巻）』（国立国会図書館デジタルコレクション）より。

■7－12　神楽河岸・赤城神社・筑土八幡

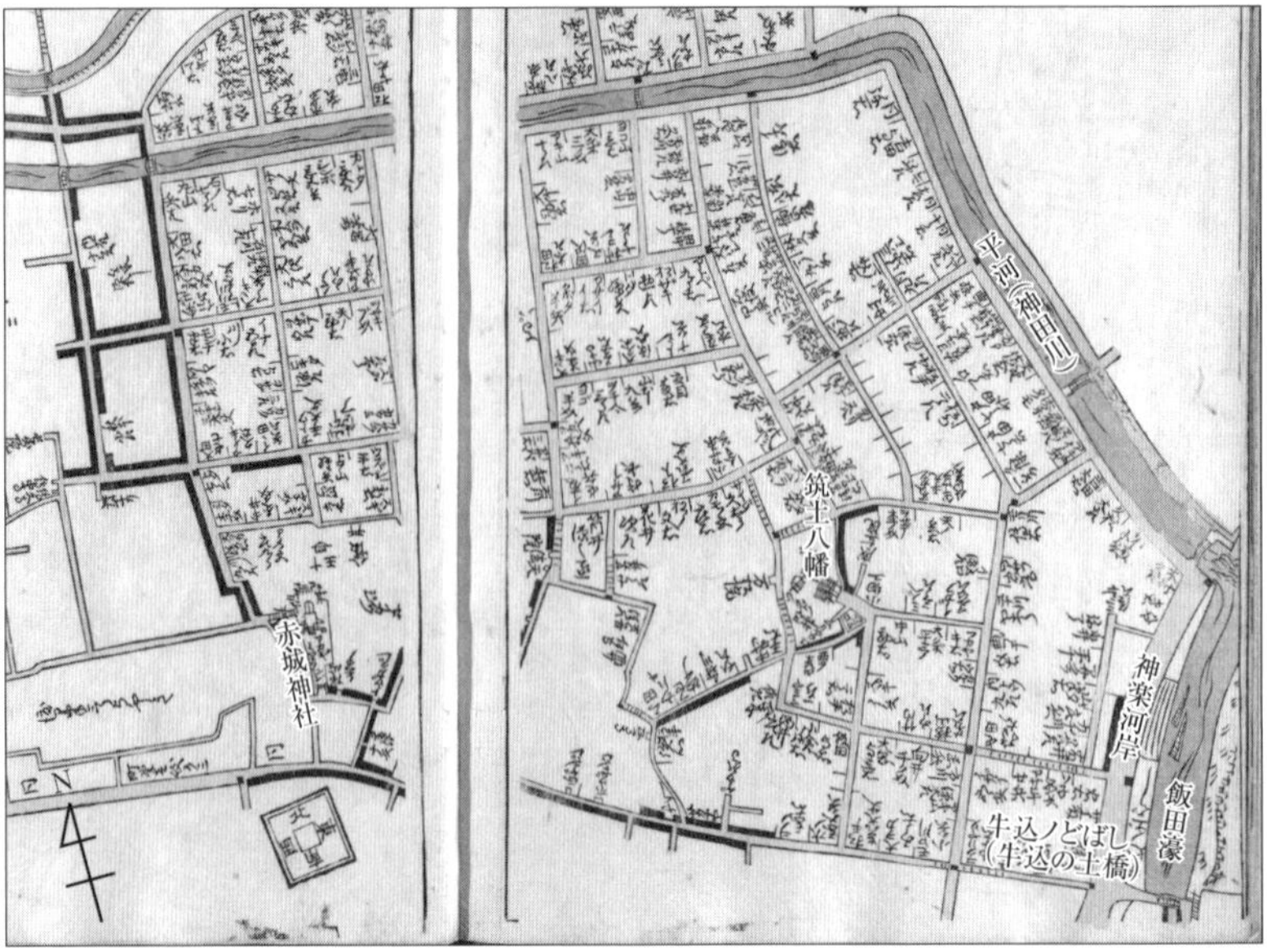

※『江戸方角安見図鑑（坤巻）』（国立国会図書館デジタルコレクション）より。

なお、元町の地名は、関東大震災の復興事業によってつくられた「元町公園」に名前が残っている。

水道橋の上流付近にも、舟と荷揚場と町地が近接して描かれており、河岸が成立していたことがわかる。一方、現在の神楽坂一帯にあたる赤城神社や筑土八幡の周辺には門前町もできている。

これが神田川を遡る水運の終点であった神楽河岸（108ページ図）であった。ただし、この上流部分を『図鑑』（坤巻）の「六　牛込ノ一」でみると（**図7－12**）、現在のJR飯田橋駅西口付近の〝牛込ノどばし〟（牛込見付の土橋）のすぐ下流の飯田濠に船着場（神楽河岸）と町地（牛込船河原町）が記されている。

このように、『図鑑』が描くのは明暦大火の後、業務機能の周辺移転が進んだ様子である。しかしそれは、単に江戸の地理的な範囲が拡大したというだけではない。

大火後における江戸およびその背後に控える全国の経済の着実な発展が、江戸の各所に新たに町地や河岸を成立させ、持続させていたことを物語っている。

Column

震災復興事業により下町の都市基盤が完成

大正12年（1923）9月1日に発生した関東大震災（相模湾を震源とするマグニチュード7・9の海溝型地震）によって、東京の下町の姿は一変した。

旧東京市（麹町、神田、日本橋、京橋、芝、麻布、赤坂、四谷、牛込、小石川、本郷、下谷、浅草、本所、深川の15区）の面積の43・6％を焼失、各区の焼失率は、日本橋区100％、浅草区96％、本所区95％、神田区94％、京橋区86％、深川区83％と、下町は壊滅した。

政府による復興計画は、震災翌日に第2次山本権兵衛内閣で内務大臣兼帝都復興院総裁となった後藤新平（元東京市長）によって進められた。

後藤のまとめた復興計画案は40億8000万円の規模で、街路、運河、鉄道や横浜の築港計画も含み、焼失した土地の強制的な収用も前提となっていた。

しかも、復興事業に必要な権限を、国や東京市などから吸い上げることも念頭に置かれていた。

大震災を、理想的な都市を実現する千載一遇のチャンスととらえたからで、焦土となった東京と「王道楽土」といわれた満州の大平原を重ねていた可能性もある。

というのは、明治39年（1906）、後藤は初代の南満洲鉄道総裁に就任し、満鉄によるインフラ整備や大連などの都市計画の策定や具体化を、強力な権限によって、ほぼフリーハンドで行った経験があったからだ。

しかし、当時の国家予算の3倍となる費用や、強制的な土地収用や権限集中などに対して財界、官僚、地主などから強い反対を受け、結局は4億6000万円あまりに落ち着いた。

その結果、帝都復興事業は土地区画整理を中心に展開された。整理の対象は、旧東京15区のうち、焼失区域を有する10区（麹町、神田、日本橋、京橋、芝、本郷、下谷、浅草、本所、深川）の3005平方キロメートルを65地区に分け、市が50、国が15の区画整理を実施し、昭和5年に事業が終了している。

土地区画整理と一体的に進められたのは、昭和通りや大正通り（現在の靖国通り）といった主要幹線道路の新設、既設道路の拡幅、動力船の航行を前提にした河川・運河の浚渫・改修（それまでの運河は、江戸以来の人力船を前提にしたつくりだった）、橋梁の整備などであった（隅田川にかかる橋では、現在の永代橋、清洲橋、駒形橋、言問橋、蔵前橋、御茶ノ水の聖橋や、六郷橋、千住大橋なども帝都復興事業による）。

その後、戦災復興や高度経済成長、東京オリンピックに向けたインフラ整備、その後の超高層ビル群の出現など、東京の姿は日々変化してきた。

とはいえ、震災復興事業の際に整備された主に下町の道路網や橋梁、街区などの基本的な構造は、ほとんど変化していない。それは江戸以来の東京に対する、震災を契機にしたスクラップ・アンド・ビルドの結果であった。

日本橋の北側一帯の震災復興事業による土地区画整理をみてみると、江戸時代以来のメインストリートである中央通りや本町通りの幅員は、整理の前後でほとんど差はない。しかし、西堀留川が埋め立てられるとともに、それをかすめるように昭和通りが新たに計画され、江戸橋も昭和通りの道幅に合わせて架け替えられている。

■復興でつくられた「昭和通り」と埋められた「西堀留川」

※東京市編『帝都復興区画整理誌』より。

第8章

江戸時代のお金と経済のしくみ

1 どのように米本位から貨幣経済へと変わっていったのか

米を貨幣に換えなければ、生活できないシステムができていく。

●米を貨幣にする装置が「大坂」

天下普請と参勤交代は、全国の富を江戸に集中させたが、貨幣経済が急速に浸透するなか、それらに必要な物資や輸送などのサービスを得るためには、大名は貨幣を調達しなければならなかった。

そのため、諸大名は年貢米などを大坂の「蔵屋敷」で銀に交換（換銀）することとなった。

つまり、実物経済である「米本位経済」を「貨幣経済」に変換する装置が、大坂だったのである（図8－1）。

この大坂における換銀のプロセスは、民間が運営する市場の影響下にあり、年貢米という実物を基盤とする武家の〝米本位経済〟は、町人が動かしていた貨幣経済に飲み込まれていくことになった。

しかも経済的に困窮し、大坂の大商人などからの「大名貸《だいみょうがし》」（172ページ）に依存するようになる大名も多く、武士と町人の力関係が経済面で逆転するようになった。

貞享《じょうきょう》5年（1688）1月、大坂で発表された井原西鶴の『日本永代蔵《えいたいぐら》』は、当時のビジネスの成功・失敗談を材料にしている。

この年の9月には元禄《げんろく》に改元され、元禄文化の開花とも重なっている。大坂は、当時から「天下の台所」といわれ、鋭敏な経済感覚が町人社会の空気となっていた。

『日本永代蔵』では、冒頭から「世の願い事の中で、お金で叶わないものはほとんどなく、お金に勝る宝物はない」と謳っている。

そして、「銀500貫目（当時、金8333両余に相当）以上を持っている者を分限《ぶんげん》、銀1000貫目以上が長者で、それだけあれば利息が利息を生む」と、述べている。

これを大名と比べてみると、当時の米1石は銀60匁から80匁だったので、最少の1万石の大名では、年貢率が仮に40％（四公六民）なら実収は4000石となる。1石を銀60匁で換算すると240貫目となる（1匁は1貫の1000分の1）。

1万石の大名の年収は、町人で「分限」と呼ばれる金持ちの半分以下であった（西鶴のいう分限は銀500貫目以上を持つ者だから、銀240貫目では半分に満たない）。武士よりも町人のほうが、豊かになっていた。

●大坂にあった蔵屋敷の機能

諸大名が大坂に設けた蔵屋敷には、領地からの「蔵《くら》米《まい》」や「蔵物《くらもの》」（米以外の特産品）が船で輸送され、換銀された（蔵屋敷を経由しないで大坂に送られたものは「納屋物《なやもの》」という）。

そのため、蔵屋敷は水運と直結した中之島周辺や土佐堀川、江戸堀川などに面した場所にあった。

蔵屋敷には、大名の家臣で蔵屋敷の代表者である留守居がおり、実務を処理する町人としては、蔵物の出納を行う「蔵元」のほか、蔵物の売却代金（銀）を授受して江戸屋敷や国元に送金（銀）する「掛屋《かけや》」が出入りしていた。

留守居は蔵元としての業務も行っていたが、寛文《かんぶん》期（1661～73）になると、大きな商人などが蔵元を務めるようになった。掛屋は本両替（151ページ）が務めていた。

蔵元と掛屋を兼ねたり、複数の大名家の掛屋を務めて、扶持米（給料）をそれぞれからもらう町人もいた。ほかにも蔵屋敷に出入りする用聞と呼ばれた町人もいた。

蔵物を、機をみながら有利に換銀するには、市場の動向や取引慣行などに関する専門的な知識・ノウハウが不可欠だった。

また、財源難にあえぐ大名たちは、蔵物を担保にして町人から融資を受けた。

そのこともあって蔵物は、蔵元や掛屋（町人）などによって管理されるようになった。

■8－1　蔵屋敷での年貢米の換銀

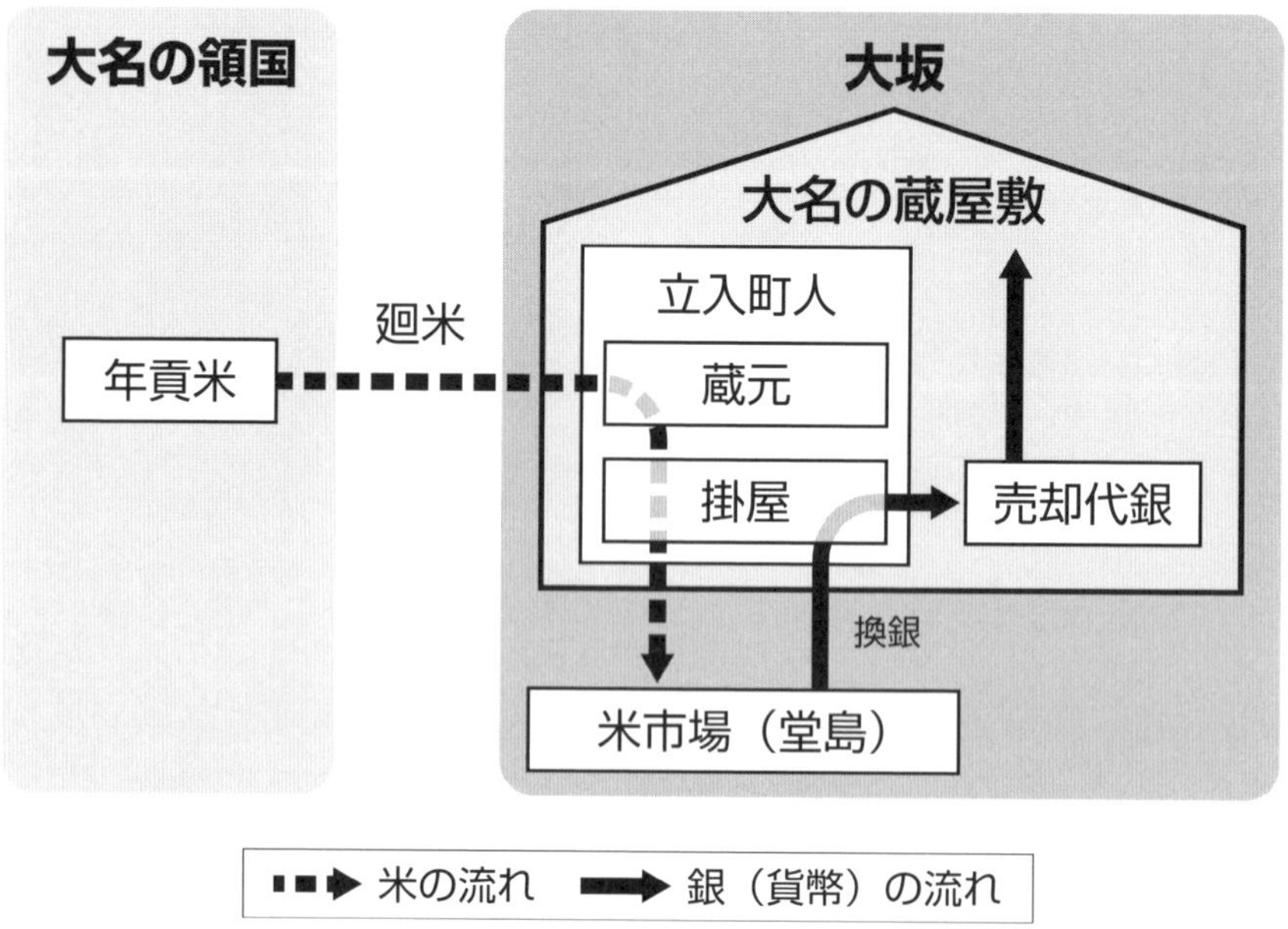

●藩財政を維持するための借金・大名貸

第5章で述べたように、参勤交代を含む江戸在府の費用は、大名の実収入の6割程度を占め、大きな負担となっていた。

しかし、大名行列の供揃《ともぞろ》えや旅程は格式で定まっていたので、簡素化してコストを抑えることはむずかしかった。領国経営のコストや、これも格式に応じた冠婚葬祭の支出なども避けられなかった。

それらの費用は、大坂で調達した貨幣（銀）でまかなわれたが、それだけでは不足しがちであった。しかも、家臣に支給する禄米《ろくまい》（給与）などは別であった。

寛文期には、すでに耕作地の開発をしつくしていたため、農地を拡大して年貢を増やすことはできず、質素倹約にも限度があった。

そのため、多くの大名が掛屋などの立入町人や大商人から多額の借金をするようになった。これが「大名貸《だいみょうがし》」である。

収入が頭打ちで、参勤交代等の義務的出費の大きい財政構造ゆえに、借金の返済は苦しかった。そのため、資

■8－2　公金為替のしくみ

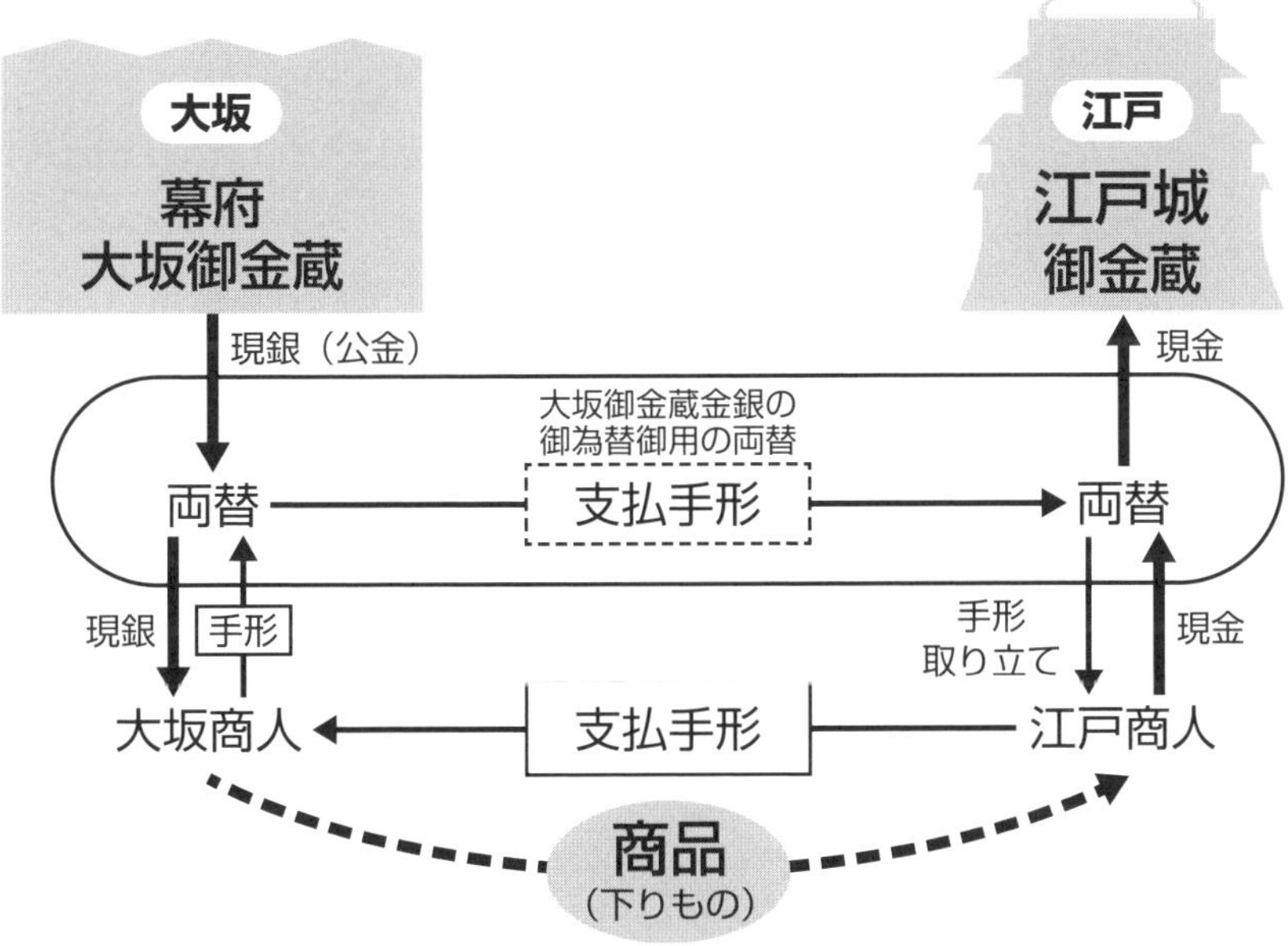

金面で大名が町人に依存する関係が定着していったのである。

　とはいえ、こうした大名に対する大きな負担は、貨幣を世の中に供給し、消費を拡大させる結果となった。しかも、国元と江戸とを定期的に往復する大勢の家臣たちが使うお金も、江戸の消費を刺激した。

●債権の決済を利用した為替のしくみ

　遠隔地間の決済手段として、為替も発達した。

　当時の主な為替には、元禄4年（1691）に制度化された「公金為替」と、享保8年（1723）に始まった「江戸為替」があった。

　「公金為替」は、幕府の大坂御金蔵から江戸城の御金蔵に輸送される現金と、江戸の商人から大坂の商人に送る商品代金を相殺するものだった。

　しくみは、大坂商人から購入した商品の代金を江戸商人が手形で支払い、その手形を大坂商人は両替（大坂御金蔵金銀の御為替御用）で換金（換銀）した。その換銀資金には大坂御金蔵で受領した公金があてられた。支払

■8－3　江戸為替のしくみ

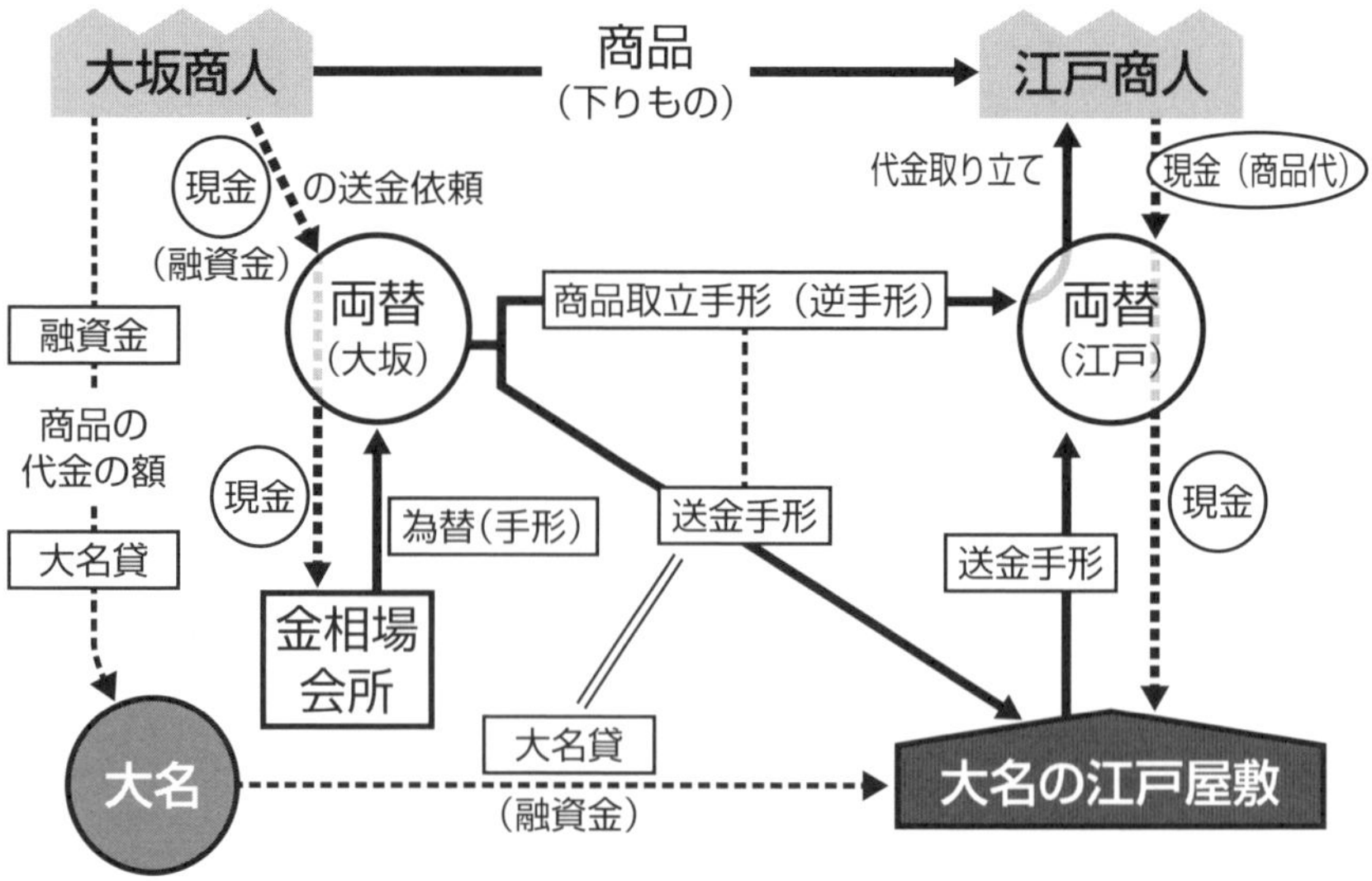

・大坂商人は、江戸の商人に商品を売った代金を
大名への貸付（融資金）として送金。

手形は江戸に送られ、江戸の御為替御用の両替が江戸商人から代金を取り立て、そのお金を江戸の御金蔵に納入するというものだった（図8－2）。

御為替御用の両替は、大坂で受領した現金（銀）を90日以内に江戸城御金蔵に現金で納入すればよく、その間は無利息とされていたので、大坂や京都で運用して巨利を得た。また、銀と金の為替差益も大きかった。

「江戸為替」では、まず下りものを荷受けする江戸商人に対して大坂商人が持つ債権（商品代金）を、大坂商人から大名の江戸屋敷への大名貸に充当する。そして、江戸から大坂への現金輸送に代えて為替で決済した。

実際には、大坂の両替が北浜の金相場会所で為替（手形）を購入し、大名の江戸屋敷には送金手形、取引先の江戸の両替には商品取立手形（逆手形）を送り、江戸の両替はこの取立手形で江戸の債務者（上方から荷受けする商人）から現金を取り立て、大名の江戸屋敷は送金為替をその両替に持ち込んで換金した（図8－3）。

江戸・上方間でこれらの為替決済を行うために、三都の両替はそれぞれの金銀相場を通知しあった。

2 貨幣経済に巻き込まれた幕臣の給与体系

基本的に、「米」でしか受け取れなかった幕臣の報酬。

●幕臣の給与は基本的に「米」

天領《てんりょう》（幕府直轄地）から集められた米は、浅草の幕府米蔵（160ページ）に入った。

そして、米蔵からの流れは、3通りあった。1つは徳川家で使う分、2つ目は幕府の運営費、そして幕臣に給付する分の3つである。

幕臣に給付する米には、知行取以外の幕臣向けの米（切米、扶持米）と、全幕臣の職務給（禄米）にあてられる分の2通りがあった。いずれも玄米の現物（現米《げんまい》）であった（図8－4）。

幕臣は収入の形態によって、「知行取《ちぎょうとり》」と「蔵米取《くらまいとり》」に分類された。

知行取とは、領地（知行地）を与えられている武士のことで、大身の旗本に相当し、収入は石高単位で表示されていた。彼らは、領地への支配権に基づいて年貢を取り立て、それを収入とした。

●蔵米取は2種類あった

これに対する蔵米取には、「切米取《きりまいとり》」と「扶持取《ふちどり》」がいて、例外もあるが、切米取は下級旗本、扶持取は御家人にあたる。

扶持取の武士は、日給を月単位で支給された。一人扶持は1日あたり玄米5合の給与となり、1か月では1斗5升、年間では1・8石の計算になった。

この他、浅草米蔵から幕臣に支給される現米には、職務給にあたる「禄米」があった。これは知行取と切米取が対象で、現金支給の場合も多かった。

■8－4　幕臣の給与

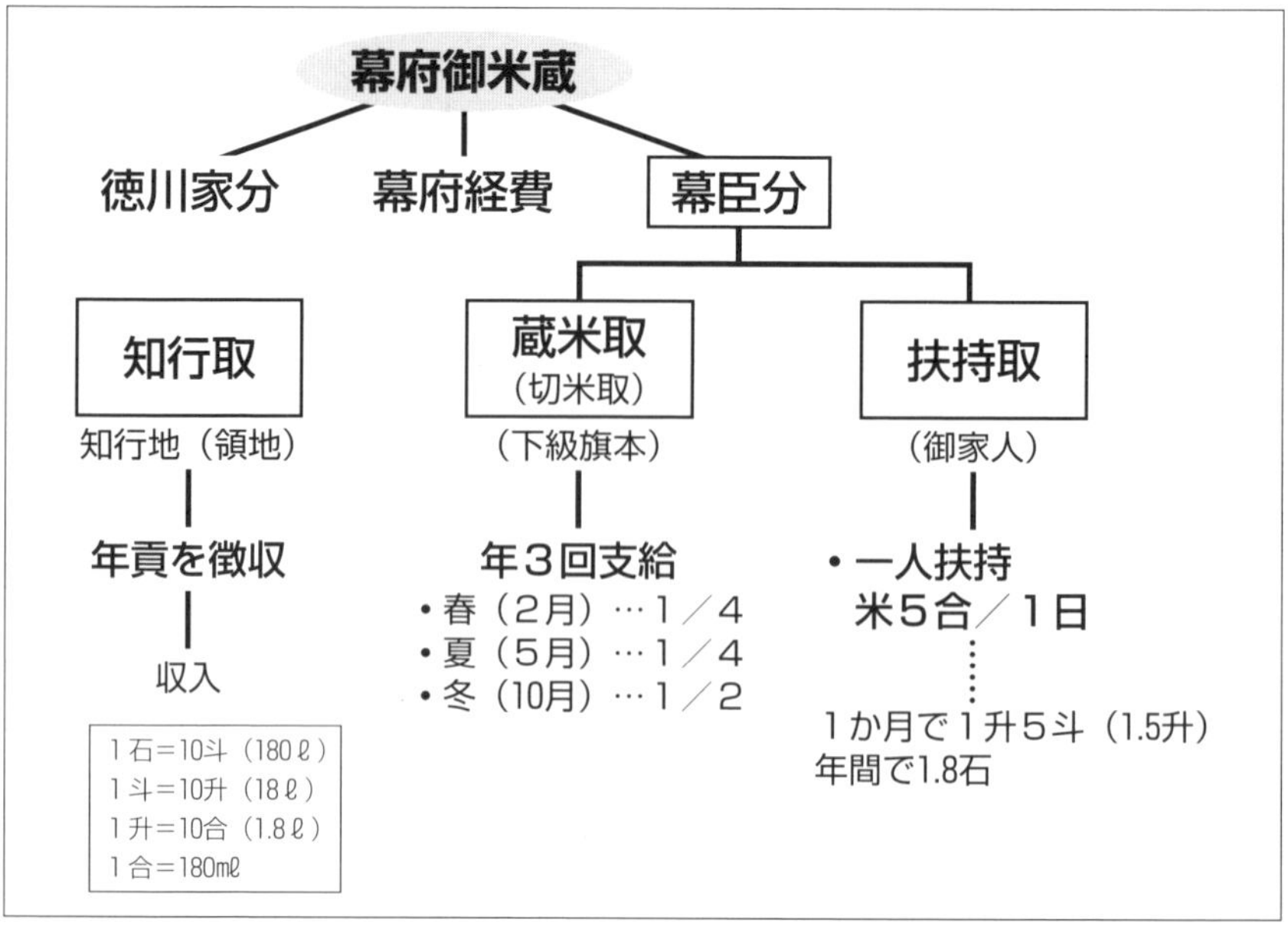

切米取の場合、１００俵、２００俵などの「俵数」で俸給の高を示され、玄米で支給された。

切米の支給は、春４分の１（３か月分）、夏４分の１（３か月分）、冬２分の１（６か月分）の年３回に分けられていたので三季御切米ともいった（**図８－４**）。

春（２月）と夏（５月）の支給分を借米・お借り米といい、冬（10月）の支給分は、切米・お切り米・十月お扶持と呼ばれた。

米穀年度は夏から始まったが、夏以前に前渡しされるものが〝借米〟、米穀年度内に支給されるものが〝切米〟と、呼び方が区別されていたからである。

3 どうして「札差」が力を持つようになったのか

給与が米だったため、札差に依存せざるをえなかった。

●もともとは米の現金化商店

第7章では、浅草の幕府米蔵の周辺に「札差《ふださし》」が集まる町が形成されていたことを紹介した（160ページ）。享保9年（1724）の株仲間公認の際には109株が公認されている。

札差は、旗本・御家人が支給される予定の蔵米を担保にした高利金融のほか、彼らから現米（実際のお米）を購入した額と、江戸市中に売却するときの差益で巨利を得ていた。大きな店を構え、ハデな生活を繰り広げる江戸の代表的な豪商となっていた。

前項で書いたように、将軍直属の家臣団であった旗本・御家人の多くは、幕府から蔵米を〝給与〟として支給されていた。そのため小身の幕臣になるほど蔵米への依存度が高くなっていた。

札差業は、旗本・御家人が幕府から支給される蔵米（現米）の現金化を請け負うことから始まった（図8−5）。こうした依頼を札差にする旗本や御家人を、「札旦那《ふだだんな》」といった。

江戸では、現金（貨幣）がなければ生活できなかったからである。米以外の食料や、生活必需品のほとんどは銭で支払うものであった。

しかし、下級旗本や御家人といった零細な幕臣たちは、米価安が進んだこともあって、慢性的に窮乏するようになり、日々の生活費にも苦労した。

そのため、札旦那として現金化を依頼する立場から、支給予定の蔵米を担保に入れて、札差から借金をする立場に変わっていった。

札差や質屋からしか融資を受けられないのが彼らの実態だったので、たとえ高金利であっても現金を借りられるだけありがたかった。

支給される蔵米のほとんどを借金返済にあてる者も珍しくなく、札旦那から取り立てる利息は札差収入の大きな比重を占めていた。

●じつは利息は市中金利より安かったが…

幕臣の窮状が長引くなかで、幕府は札差金融の最高利息をたびたび制限（公定）した。札差の株仲間が公認された享保9年の札差の利率は年15％だったが、65年後の寛政元年（1789）に年12％に引き下げた。

一方、寛保《かんぽう》元年（1741）に年15％だった一般の金銭貸借の利子率は、天保13年（1842）に年12％となり、それにともなって札差の利率も年10％に引き下げられた。

札差の利率を、市中金利よりも低くなるように設定したのであった。

ところが、公定金利に拘束されるのは札差だけであったため、架空の金主を仕立てて、そこから札差が金を借り、それを札旦那に融資する形が横行した。

しかも、架空の金主からの融資を自分（札差本人）が世話（斡旋）したと称して、礼金なども取った。

さらに、返済に行き詰まった札旦那には、証文の「書換料」という名目で、同じ月の利息を二重に取った。これを「月踊り」といった。

一方、札差の収入で大きかったのは米の売買差益である。幕臣たちから蔵米を引き受けるときには買い叩き、市中に販売する時期になると供給量を絞って値をつり上げた。買うときは米価安、売るときは米価高に米市場をコントロールできたから大儲けできるのは当然だった。

札差たちから江戸市中に供給される米は、年間40万～50万石（1石＝2・5俵で換算すると125万俵）にのぼったとされている。

札差は、幕藩体制に寄生してさまざまな利益をあげていたとはいえ、貨幣経済が浸透した江戸にあって、米本位性に基づく現米収入に依存していた幕臣たちの家計を

■8－5　札差のしくみ（幕臣への金融）

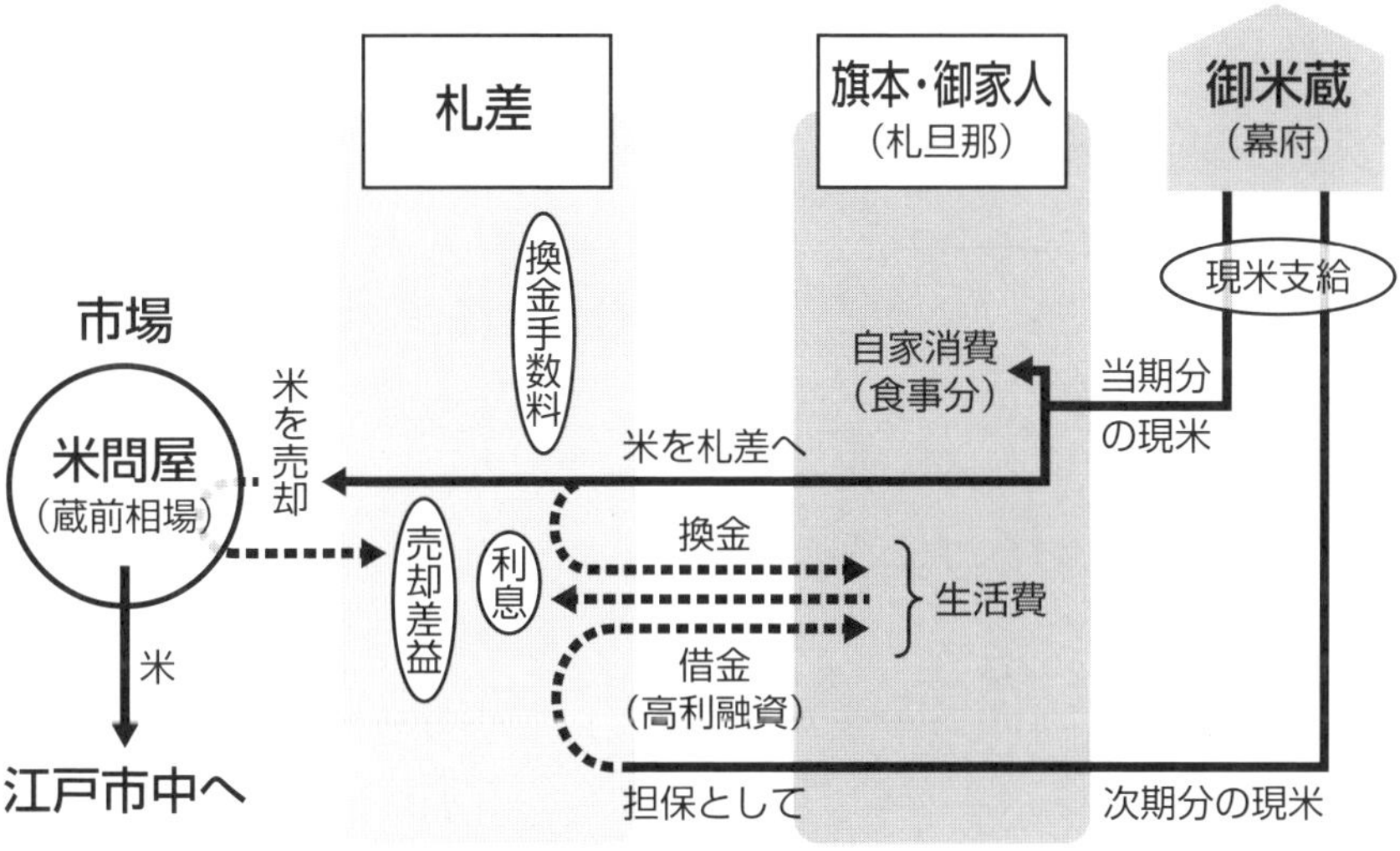

・札差は「売却差益」「利息」収入で利益を上げた

支える役割も果たしていた。

●札差に頭の上がらない旗本・御家人

このように、札差の経済力が幕臣たちを圧倒するようになると、旗本・御家人は平身低頭して借金を乞う立場になっていった。来店した彼らに対して、札差本人は面会もせず、手代や番頭に横柄かつ高圧的な態度で臨ませることも日常的となっていた。

「武士の義気」が保てなくなり、「下勢上をしのぐ」世の中になっていたのである。しかも、大名貸と同様、借金の完済は困難で、慢性的な自転車操業に陥る幕臣も多かった。

そうした状況に対して、寛政元年9月、老中首座・松平定信の主導した寛政改革のなかで、「古借棄捐利子引下」（棄捐令《きえんれい》）が発令された。幕臣の窮乏を救済するためであった。

棄捐令によって、天明4年（1784）以前の借金は一切帳消し、天明5年から寛政元年までの借金の利率は年利6％に引き下げられ、寛政元年以降の分は年利12％

と定められた。

棄捐令で札差が失った債権総額は118万7800両にものぼった。

ところが、棄捐令の効果は思わしくなかった。

札差たちは、これに対抗。債権を失って金融が逼迫したという理由で、旗本・御家人への融資を止めたのである。

それは、幕臣たちのカネ詰まりに直結したので、幕臣たちは債務帳消しを喜ぶどころか、不満を募らせた。

これに限らず、仲間が同盟して営業を休止するのは、幕府に対する強力な対抗手段になっていた。

ただし、債権を失った札差の救済策も講じられた。彼らに資金を貸与して、失われた流動性を高めるためで、浅草蔵前に関係の事務を行う猿屋町会所を開設した。

原資には、幕府出資の無利子資金1万両と、勘定所御用達（後述）から出資させた3万3000両があてられた。

札差96人が無利子融資を受けたが（1人あたり約104両）、全員の連帯債務で、札差仲間が返済を担保することとされた。

勘定所御用達とは、幕府が任命した三谷三九郎ほか9名の両替や酒屋など江戸の豪商10名であり、彼らのノウハウや資本を、幕府の政策運営に利用しようとするものであった。

この豪商たちは、それまで主流だった上方流の資本ではなく、江戸や江戸地廻り経済の発達にともなって成長してきた江戸の〝地元資本〟であった。

野田の醤油、桐生・伊勢崎の絹織物など関東・東国各地には江戸向けの消費物資の生産地が形成され、寛政期までに成長を遂げていたのである。

棄捐令の背景には、米や金銀相場、物価など市場の主導権を、商業資本から幕府に移してコントロールしようとする発想が働いていた。

しかし、そこで用いたのが、商業資本には変わりのない勘定所御用達だったところに、武士と町人の経済面での力関係の逆転という社会の流れが象徴されている。

4 業界団体を使って経済政策を浸透させた

業界の組合をうまく利用して、物価や業界を統制するシステムを構築。

●当初は禁じられていた「仲間」（業界団体）

これまで述べてきたような「米本位経済から貨幣経済」への移行と、それにともなう「武士と町人の経済面での力関係の逆転」が進むなかで、幕府の政策も変わっていった。

なかでも、商工業者が組織する諸組合や仲間といった〝業界団体〟の扱い方は時代とともに変わっていった。

徳川政権となったときには、商工業者がつくる「座」や「仲間」は禁じられていた。信長・秀吉の「楽市楽座」の原則が踏襲されていたのである。

しかし、経済の発展とともに、商工業者が業界団体を結成する実態が進んでいた。これを規制する法令がたびたび出されていることは、それを物語る。

江戸では、第7章でも述べたように、明暦大火の復旧に際して、諸商人・諸職人が仲間を結成して、今でいうカルテルによって建築資材の価格や工賃を吊り上げることなどが禁じられている。

その後、警察目的から元禄5年（1692）に質屋仲間が認められたほか、不良品の排除、取締りや価格調整のために仲間を活用する動きも始まっている。

元禄7年には江戸で十組問屋仲間（132ページ）が結成されているが、結成に至るまでの期間にも実態上は商業組織として十分に活動していたとみられる。

●問屋・株仲間を使って物価統制を狙う

米将軍と呼ばれた徳川吉宗が主導した「享保改革」の目的は、幕府の財政再建とともに、「米価安の諸色高」

（慢性的な米価安により、米に対する諸物価が高騰すること）の是正であった。

この時代までに、幕府も諸大名も収入確保のために、新田開発などを通じた米の増産を図ってきた。

そのため、農地化できる土地が底をついていたことや、米の収穫量が増えて供給がだぶつき、米価が軟調（安価）になる構造が定着していたからである。

その結果、相対的に価値の低くなった米（蔵米）に依存する武士階級の財政難・生活難が深刻になった。

そこで幕府は、商工業者の組合を公認して、組合による価格調整と相互監視によって、生活必需品の高騰を抑えようとしたのである。

享保6年（1721）、幕府は江戸市中の諸商人・職人に対して、積極的に仲間を結成するように命じた。さらに、享保9年になると、米、酒、薪、塩、木綿、銭など22品目を扱う江戸の商人が、町年寄・奈良屋（57ページ）の役所に集められて、組合の結成を命じられたのである。

商工業者の組織する業界団体が、幕府の経済政策の実施ツールとして、正式に位置づけられたのであった。

●米の徴収から流通税にシフト

経済がさらに拡大した「田沼時代」（老中・田沼意次《おきつぐ》が実権を握っていた時代、江戸時代中後期、1767～86）になると、幕府はマーケットを動かしていた商工業者が組織する株仲間などを積極的に活用する形で、新たな経済政策や流通対策に乗り出した。

諸問屋や諸仲間に対しては、幕府が営業の独占を保障し、町奉行所では、彼らによる訴えにより、独占を破る者の商行為を禁ずるなどの措置をとった（次ページ）。

その一方で、「冥加金《みょうが》」や「運上《うんじょう》」を上納させることに力を入れはじめた。

現在の流通税（営業税）に相当する冥加金や運上の徴収は、幕府の税収構造をそれまでの主要財源であった年貢（直接税）から、間接税にシフトさせることに等しかった。〝税制〟の直間比率の転換ともいえる。

「米価安の諸色高」が慢性化するなかでは、一揆発生のリスクをともなう年貢の増徴策（年貢率の引き上げなど）を強化して米の収入を増やしても、それが貨幣の増収に結びつくとは限らなかったからである。

そこで、盛んになっていた商品流通からダイレクトに貨幣が幕府に流れ込むことを狙ったのであった。

俵物《たわらもの》（煎海鼠《いりなまこ》・干鮑《ほしあわび》・鱶鰭《ふかひれ》）などの輸出用海産物の増産にも取り組んだ。これらは現在の中華料理でも高級食材として珍重されている。輸出用の銅も大増産させた。同時に、それらの集荷システムを全国的に整備した。こうした、増産と集荷のさまざまな場面で、問屋などの業界団体が活用されている。

俵物や銅の輸出が軌道に乗った結果、赤字であった長崎貿易は黒字に転換し、金銀の流出も止まった。

●問屋や株仲間を使って商業秩序を維持していた

田沼時代の問屋や株仲間に対する積極的な政策については、競争制限・独占保障のイメージが強い。

しかし、加入にはメンバーの承認や弘《ひろ》メ（62ページ）が必要だったものの、制度上は両替や札差などの一部を除いて参入自由が原則だった。

当時、江戸地廻り経済の発展により、新規参入者が増えたこともあって、以前から江戸に進出していた上方系の商人がつくった取引ルールが乱されるようになっていた。

そうした時代における株仲間などへの政策には、団体の自律的な調整機能を新規参入者にも及ばせて、流通を円滑化させる狙いもあった。

株仲間などは、加入者に業界全体の利益を守らせ、仲間で定めた規範に従わせるといった自主規制や指導などの自治的活動を行っていた。

彼らは非加入者による業界利益の侵害や、他業界との利害衝突があると、町奉行に訴え出るなど幕府による保護や介入を求めたのである。

●問屋や株仲間の公的性格

株仲間などが、安定した取引ルールを保つ機能を果た

■８－６　「仲間定法」の機能

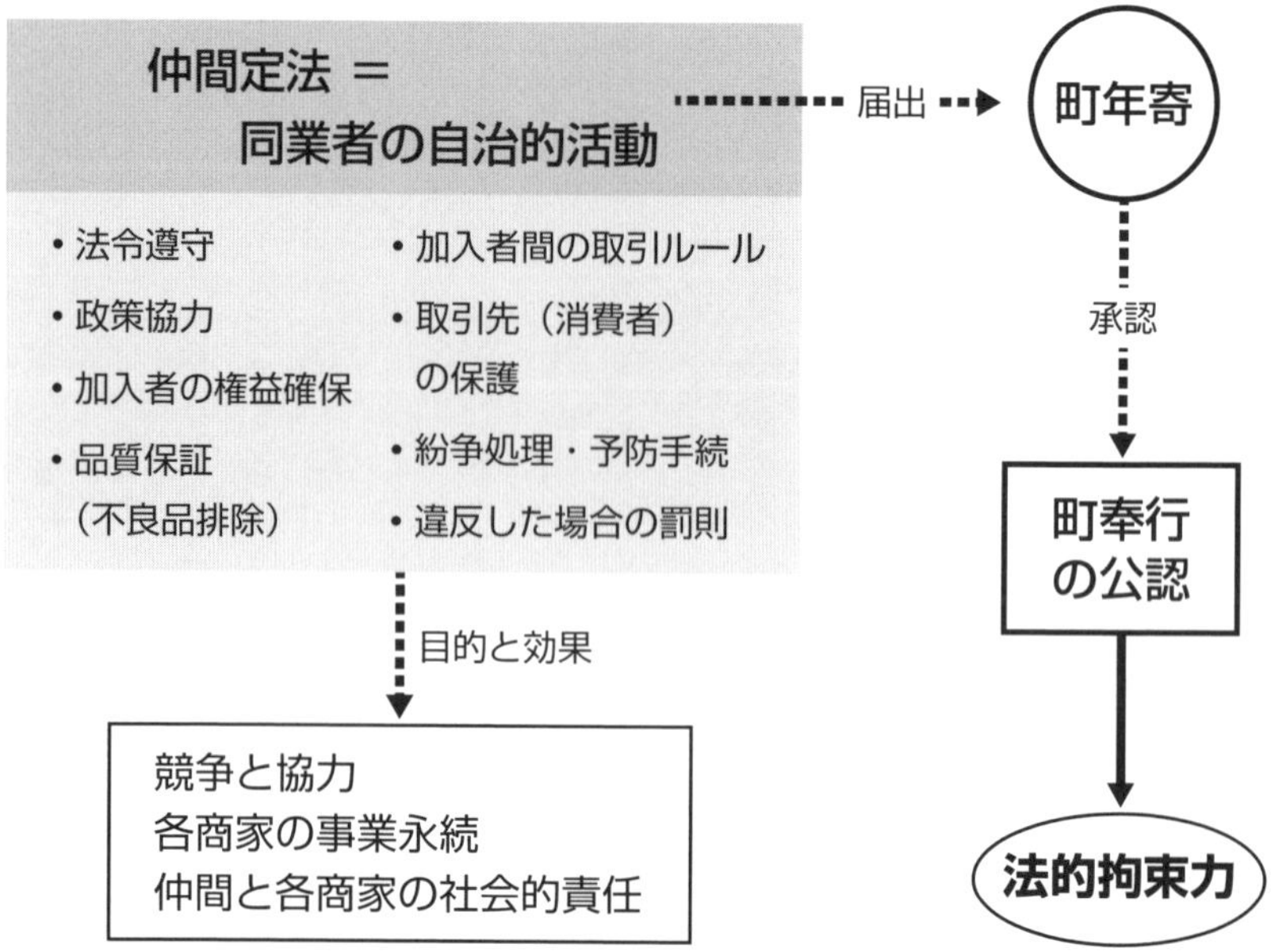

していた例が「仲間定法《じょうほう》」や「仲間掟書《おきてがき》」である。問屋や株仲間の業種や業態によって、さまざまなバリエーションがある。

共通するのは、法令遵守や政策への協力、同業者の利益確保や協調に加えて、取引先の保護、取引の透明性確保、同業者間の紛争処理、違反者の罰則などを定めており、現在の「企業の社会的責任」（ＣＳＲ）と重なる部分もある（**図８－６**）。

仲間定法は、同業者の自治的活動を通じて定められるもので、江戸では町年寄の承認を経て、町奉行から公認されて法的拘束力を持った。それは株仲間が公的に認められる手続きと共通していた。

株仲間への新規加入のほか、株の譲渡、名義・印形の変更、休業などまで町年寄を通じて町奉行に届け出るシステムも整っていった。

●同業者の経営を維持するしくみ

諸問屋や株仲間は、新規加入はもとよりメンバー商家の相続や婚姻、株の譲渡にも加入者全員の承諾が必要だ

■8－7　株式の譲渡と株仲間

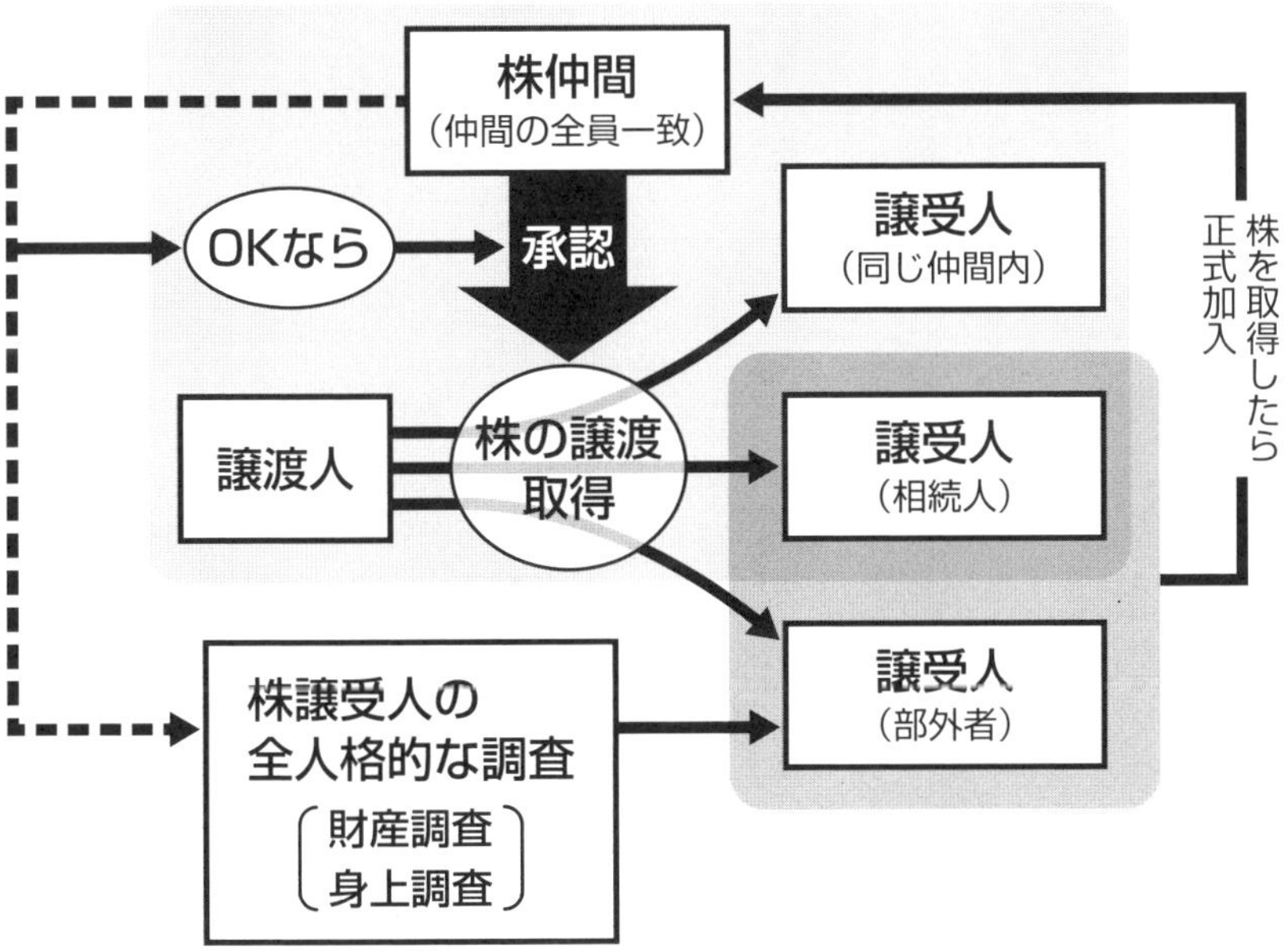

った。

新規加入者や跡取りは所属する業界や地域に対して財産上の信用はもちろん、全人格的な責任も問われたからである。

相続も含めて商家の事業継承は株の譲渡によって行われ、新規加入者は仲間全員の承諾、つまり〝公選身分〟として株を購入して参入した。

その意味で、株のやりとりによる事業譲渡は公的色彩の強いもので、経営危機に陥った同業者の救済手段にもなった（図8－7）。

こうした「町奉行－町年寄－問屋・株仲間」という間接支配による商工行政が、取引の安全性や市場への信頼を高めた面もあった。

5 爛熟期の江戸…問屋・株仲間がキーとなった経済政策

問屋規制の失敗による反省から、より自由な経済活動への基盤ができあがった。

●アメとムチを駆使して資金調達

文化期（1804〜18）になると、株仲間などの独占的な側面が強くなった。文化6年（1809）から、江戸の問屋、株仲間では冥加金《みょうが》（182ページ）の徴収が強力に進められるようになり、収めた者には鑑札《かんさつ》（お墨付き）が与えられた。

この年、幕府は菱垣廻船の積問屋仲間である十組問屋仲間から構成される「三橋会所《さんきょうかいしょ》」という組合の設立を認可した。表向きの目的は、隅田川の永代橋・新大橋・大川橋の三橋の架け替えや維持管理とされていた。

しかし、本当の目的は、衰退が続く菱垣廻船（134ページ）のテコ入れのため、大坂米市場で米投機をして収益を上げることと、仲間内の金融機能などにあった。

幕府としても、十組問屋仲間65組から三橋会所経由で年間1万200両の冥加金が現金で上納されることと、米投機による米価上昇は好ましかった。

文化10年になると、幕府は十組問屋仲間65組1271軒に対して株数を1995株と定め、以後の新規加入を禁止したうえで株札を交付するようになった。

この措置により、株の譲渡を受ける以外には新規参入はできなくなった。廃業者が出れば、その株式を仲間で預かり、仲間の内部で適当な者に譲ることになった。

つまり、仲間に独占強化という「アメ」を与えて冥加金などを徴収するとともに、米投機の資金を強引に集め、米価を引き上げるスキームであった。

これは、経済を円滑に回すために株仲間などを用いていた従来の姿勢（181ページ）を転換するもので、株仲間を経済統制に利用する方向に傾いたものだったといえる。

しかし、文政2年（1819）になると、このスキームの中心人物だった十組問屋仲間頭取・杉本茂十郎の上納金横領などの不正が発覚、三橋会所は廃止された。

この文化・文政期（1804〜30）は、徳川家斉《いえなり》が第11代将軍（在職1787〜1837）として実権を握り、大奥などと奢侈に明け暮れた時期と重なっている。家斉の子女の婚礼だけでも18組もあって商人には特需も生まれ、文化・文政期は江戸文化の爛熟期となっていたが、幕府財政の悪化も進んでいた。

●すべての問屋・株仲間の解散で金融機能が混乱！

家斉が天保12年（1841）に死去すると、老中・水野忠邦《ただくに》は12代将軍・徳川家慶《いえよし》の信任を得て、家斉側近の一掃とともに、「享保・寛政の両改革への復古」をスローガンとする「天保の改革」を始めた（これら3つの改革は「江戸時代の三大改革」と呼ばれる）。

しかし、幕府財政を再建し、幕藩体制の維持のための「改革」であり、すでに定着していた貨幣経済や市場経済に幕府の体制や制度を適合させるものではなかった。貨幣を軸に発達していた経済を、年貢（米）収入を基礎とする武士の立場を建前上コントロールしようというものであり、はじめから矛盾を抱えていた。

その矛盾を抑え込むため、天保の『改革』では旧来型の超緊縮策がとられ、大幅な引き締めが実施された。

問屋や株仲間の解散、物価の強制的な引き下げのほか、出版や風俗、奢侈の取締では、警察力や隠密を使った恐怖政治が行われた。また、幕府財政補塡のために富商から御用金徴収を行うなど、強権的な対応がなされた。

しかし、市場の反撃に結局は屈したのが、天保の改革の特徴だった。

社会不安の要因となっていた物価高騰は、問屋や株仲間による流通独占のためだとして、この年（天保12年）の暮れ、菱垣・樽両廻船組織や十組問屋仲間など、商工業者でつくるすべての株仲間や諸組合を解散させた。

商工業への新規参入の自由化による物価引き下げを図るとともに、問屋の名称を用いることも禁止した。

ところが、江戸・大坂をはじめとする金融機能がほとんどマヒしてしまった。

株がなくなったので、それを担保にした金融が停止し、問屋を通じた零細業者への運転資金の供給も止まったからである。

また、両替や札差を含め、資本力や信用、ノウハウが必要な業種、あるいは大規模なビジネスへの素人の新規参入は進まなかった。しかも、参入者の多かった上方製品を仕入れる主要業種では、急増した参入者が見境なく発注を繰り返したため、上方における価格がつり上がって物価抑制とは逆の結果も生じていた。過当競争や取引秩序の破壊で、かえって流通が混乱したのであった。

●諸問屋再興で経済の活性化を

水野忠邦が失脚すると、弊害の多い諸問屋の解散に関して、町奉行から見直しの提案がたびたび出された。

さらに弘化2年、南町奉行に復帰した元北町奉行の遠山景元《かげもと》も諸問屋の復活を建議したが、時期尚早とされた。

しかし翌年、関東一帯の洪水に江戸の大火が重なり、物価の高騰や江戸の貧民層の生活難が確実視される事態が生じた。幕府は打ち壊しや一揆予防のための対策に迫られたのである。

このとき、元南町奉行だった筒井政憲《まさのり》が老中阿部正弘に遠山と同様の提案をしたのがきっかけで、嘉永4年（1851）の諸問屋再興につながった。

筒井の提案では、次のように述べている。

「御救米や銭を給付しても受給者が商売を始めるわけではなく、その場限りの対策に終わる」

「零細業者は復活した問屋から商品を借りて販売し、その売上を返済と生活資金にあてられる」

「株式を復活させて金融の円滑化を図れ」

「下り米などの商品の信用取引が復活すれば流通が円滑になる」

「幕府と業界団体との関係を復活させれば、物価対策などで町奉行所が指導・監督を行いやすい」

遠山も「諸問屋を復活させれば民間活力が増大し、零細業者の営業も改善されるので民心も治まる」「町人の営業力強化や、零細業者の利便のために取引のルールを以前に戻せば、それぞれが安心して暮らせるようになり、自然と民心が治まる」と述べている。

つまり筒井も遠山も、資金を持たない低所得層が商売を行える条件を整えて、自助努力で生活を成り立たせるのが得策であり、株を復活させて流通・金融を再生すれば経済全体が上向くと言っている。

バラマキよりも、社会全体の経済活力を高めるほうが効果的だということは、すでに当時の政策立案者の常識となっていた。

これがきっかけとなり、参入が自由で、冥加金の納入もなく、文化期以前の制度による諸問屋が嘉永4年（1851）に再興されたのであった。

こうした政策立案のセンスは、江戸初期からたび重なった大火、地震、飢饉や打壊しに対して幕府、とりわけ町奉行所や江戸の自治的組織が経験とノウハウを蓄積してきた結果でもあった。

●『諸問屋再興調』と江戸の経済

なお、諸問屋再興に関する一連の記録は、『諸問屋再興調』として旧幕府が明治政府に引き継いでいる。そこには諸問屋の系譜、個々の仲間や組合が再興にあたって幕府に出した要望・回答などが含まれている。

この史料では、諸問屋再興を所管した江戸の町奉行と実務を担当した与力・同心、町年寄、諸色掛《しょしきがかり》名主、各町の名主や各問屋組合などによる、再興を決するまで、あるいは再興後の処置に関する意思決定のプロセスを見ることができる。なお、諸色掛名主とは天保改革期に物価調節を目的に設置された役職である。

そこからは、市場のしくみとしての諸問屋の機能や、諸問屋と幕府との関係、江戸の町奉行所が総合経済官庁の機能を果たしていたことが読み取れる。

Column

河川水運から鉄道輸送へ

明治末期、鉄道によって遠隔地から東京に運ばれた物資は、鉄道と水運の交わるターミナルで船に積み替えられて市内に流通した（次ページ図）。

銚子や佐原、房総半島からの貨物は両国橋で、中央線方面からの貨物は飯田町（千代田区飯田橋3丁目）で、東北方面からのものは秋葉原貨物取扱所で、隣接する運河から船に積み替えられて市内に輸送されていた。

東海道方面からの貨物ターミナルは、旧汐留《しおどめ》駅にあたる新橋駅（現在の新橋駅は当時は烏森《からすもり》駅）であった。

汐留駅の機能は、昭和48年に開業した東京貨物ターミナル駅などに順次移転し、国鉄の分割民駅化にともなって広大な空地となっていた。平成7年から都市再開発が始まり、平成16年には超高層オフィスビルやホテルなどが林立した。

常磐方面からの貨物は隅田川貨物停車場（現・JR貨物の隅田川駅）で、隅田川から水路が駅構内に引き込まれ、貨物引込線ごとに運河に面する構造となっていた。

これらの貨物ターミナルのうち、現在でも使用されているのはJR貨物の隅田川駅のみで、平成11年に廃止された飯田町駅で扱っていた首都圏の新聞・出版社向けの紙も取り扱うようになっている。

一方、奥川廻し（104ページ）も鉄道と結びつき、その役割を終えている。

明治22年（1889）、水戸鉄道（現在のJR水戸線）の水戸〜小山が開業、翌23年には那珂川貨物取扱所（那珂湊）〜水戸の貨物支線が開業し、東廻り航路と奥川廻しの中継地である那珂湊と水戸が鉄道で直結した（水戸鉄道は明治25年、日本鉄道に譲渡され水戸線となる）。

明治28年には水戸線の友部《ともべ》駅と日本鉄道・土浦線（現在のJR常磐線）の土浦〜友部が開業、翌29年になると土浦線は田端まで延び、田端〜隅田川駅も開業と、急ピッチで鉄道敷設が進んだ。

明治になると、奥川廻しは汽船も導入されて盛んになっていたが、常磐線の完成によって東北地方からの貨物の流れは水運から鉄道にシフトした。

■明治末期の貨物ターミナル

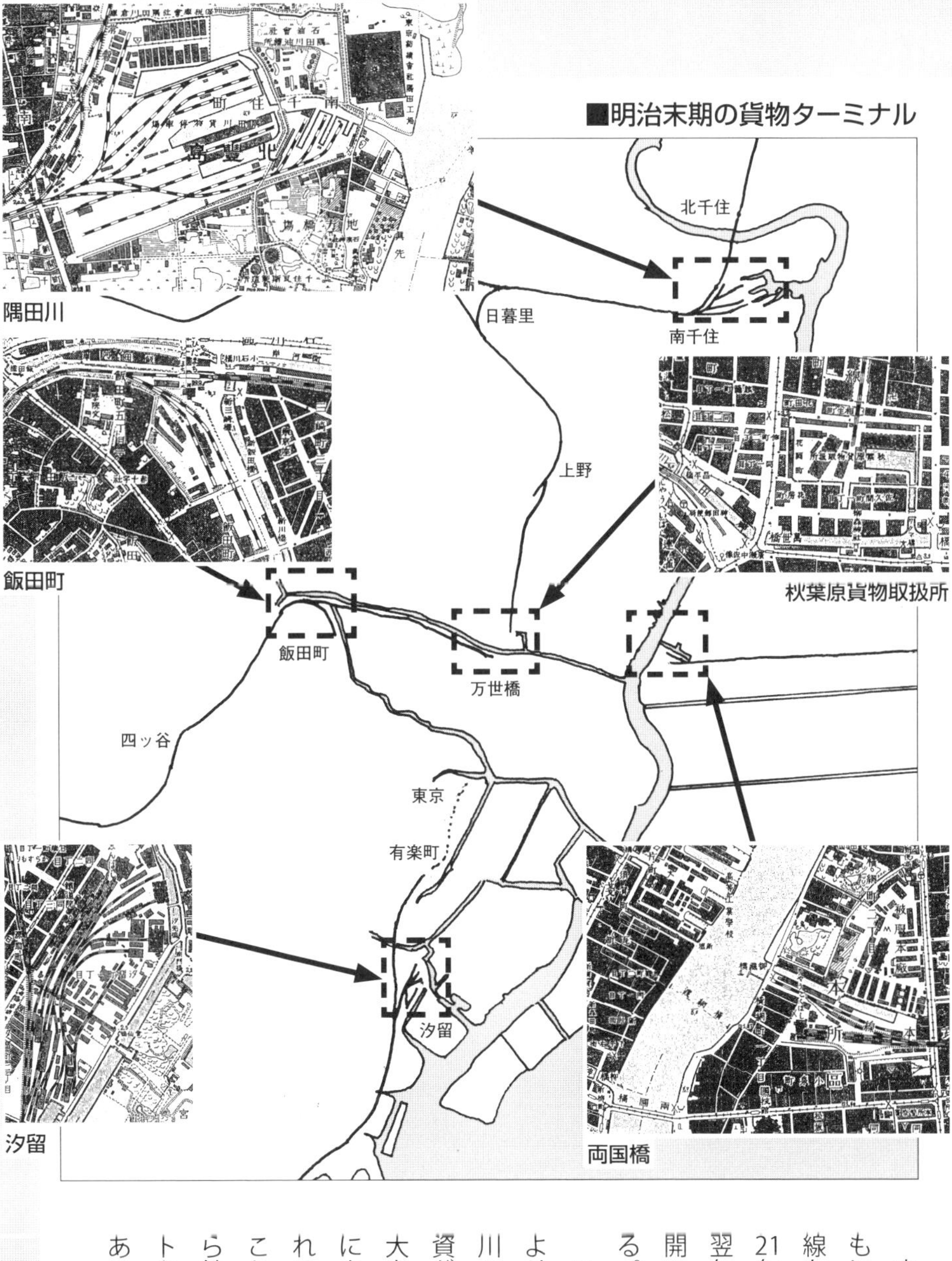

また、水戸線とともに現在のＪＲ両毛線も整備され、明治21年に小山〜桐生、翌年に桐生〜前橋が開通し、全通している。

この両線の開通により、利根川や鬼怒川の上・中流部の物資が集積する規模の大きな湊町が、鉄道によって結びつけられることになった。これも、河川水運から鉄道輸送へのシフトをもたらしたのである。

おわりに

この本では、江戸・東京はどのようにつくられてきたのか？　なぜ発展し続けられたのか？　について、地理的な特徴、経済の発達という視点から話を進めてきた。

この作業を通じて、そうした都市に江戸・東京がなることができた背景には、江戸の地形、関東における地理的条件、日本列島の中での江戸の位置といった物理的な条件はもちろん、そこでの人々の営み、交通や流通の時系列的な積み重なりが強く影響していることがわかるだろう。

それらが融合しあいながら、ヒト・モノ・カネ・情報などの膨大で多様なインプットを引き寄せ、さまざまな分野での新たな価値の創造と発信を続けることができた。

もともと江戸は、そうした活動の舞台となるのに適した地理的条件を備えた場所だった。

鎌倉から室町時代の江戸は、関東一円や東北、甲信地方のほか、大陸からの交易船も呼び寄せる場所であり、少なくとも8世紀にはその片鱗がみえる。豊臣秀吉は、そうした江戸の戦略的価値を認識していたからこそ、徳川家康を江戸に配したのであった。

江戸時代になると、徳川政権によって江戸は大改造された。原地形には手が加えられ、江戸の地理的範囲も拡がった。

中世以来の水運の〝ハブ機能〟を備えた江戸を再編・改造して、インプットとアウトプットの機能を高めたことが、約260年間にわたって徳川氏が政権を維持できた理由の1つである。

それゆえ、江戸時代の早い時期には、すでに資本主義的な世の中が到来していた。貨幣経済の急速な発達、金・銀・銭の変動相場で利益を上げる両替、金融市場や労働市場、米の先物取引などが定着し、人々が使いこなす社会が訪れていたのである。

町人の自治的組織を使った都市行政、列島規模の流通システム、問屋や株仲間を駆使した経済対策のノウハウも蓄積されていた。武家政権であるはずの江戸幕府が、市場メカニズムを前提とする経済政策を展開していたのであった。

日本の教育では、江戸時代と明治時代以降で歴史を区切るのが一般的で、両者の間に大きな断絶があるかのように錯覚することが多い。しかし、これまで述べてきたように、江戸・東京の骨格も、資本主義的なシステムや人々の〝経済との付き合い方〟も江戸時代に確立しており、明治以降の日本に引き継がれ、その発展に大きく寄与している。

それらを浮かび上がらせるのが、「地形」と「経済」を同時にキーワードにしながら、江戸・東京の発展のプロセスをみていく作業なのではないだろうか。

そうした作業は、過去を振り返るためだけのものではない。むしろ、これからの東京の〝集めて発する機能〟をさらに高めていくうえで、なにかしらの貢献に結びつくことを心より願うものである。

最後になりますが、この本の出版にあたっては、日本実業出版社編集部の安村純氏に、ことばで言い表せないほどお世話になりました。この場をお借りして、心より感謝申し上げます。

鈴木浩三

《主要参考文献》
市木武雄『梅花無尽蔵注釈』第一、続群書類従完成会、1993
今井金吾校訂『定本　武江年表　上』ちくま学芸文庫、2003
大石慎三郎『享保改革の経済政策　増補版』御茶の水書房、1979
大石慎三郎『田沼意次の時代』岩波書店、1991
大石慎三郎『吉宗と享保改革』日本経済新聞社、1994
織田完之『平将門故蹟考』碑文協会、1907
神田明神史考刊行会編『神田明神史考』神田明神史考刊行会、1992
クラウゼヴィッツ『戦争論』（中）篠田英雄訳、岩波文庫、1968
幸田成友『江戸と大阪』冨山房、1934
小林清治『伊達政宗の研究』吉川弘文館、2008
嶋崎丞監修『利家とまつ　加賀百万石物語展 ―― 前田家と加賀文化』図録、NHK、2002
鈴木浩三『資本主義は江戸で生まれた』日経ビジネス人文庫、2002
鈴木浩三『江戸のお金の物語』日経プレミアシリーズ、2011
鈴木浩三『江戸商人の経営（ビジネス）戦略』日経ビジネス人文庫、2013
鈴木浩三『江戸の風評被害』筑摩選書、2013
鈴木浩三『江戸の都市力』筑摩新書、2016
鈴木理生『家主さんの大誤算』三省堂、1992
鈴木理生『江戸はこうして造られた』ちくま学芸文庫、2000
鈴木理生『お世継のつくり方』ちくま学芸文庫
鈴木理生『スーパービジュアル版　江戸・東京の地理と地名』日本実業出版社、2006
鈴木理生編『図説　江戸・東京の川と水辺の事典』柏書房、2003
大道寺重祐『岩淵夜話別集』国立国会図書館蔵
大道寺重祐「落穂集追加」『史籍集覧』近藤瓶城校、観奕堂版、1884
東京市『徳川時代の金座』（東京市史外篇第五）、1931
根岸茂夫『大名行列を解剖する　江戸の人材派遣』吉川弘文館、2009
畑市次郎『東京災害史』都政通信社、1952
藤田覚『遠山金四郎の時代』講談社、2015
日本経営史研究所編『三井両替店』三井銀行『三井両替店』編纂委員会、1983
松江城歴史的価値発信事業実行委員会編『松江城と江戸城：共同企画特別展《新発見「江戸始図」関連展示》：国宝になった城と天下人の城』2017
盛本昌広『松平家忠日記』角川選書、1999
柚木学『近世海運史の研究』法政大学出版局、1979
読売新聞北陸支社編『北陸から見た日本史』洋泉社歴史新書、2015

《史料》
『吾妻鏡』上、国書刊行会編、大観堂、1943

『石川正西聞見集』（埼玉県史料集第一集）、埼玉県立図書館編、１９６８
『江戸東京問屋史料　諸問屋沿革誌』東京都公文書館、１９９５
『御触書寛保集成』高柳眞三・石井良助編、岩波書店、１９５８
『御触書天保集成』上、高柳眞三・石井良助編、岩波書店、１９５８
『御触書天保集成』下、高柳眞三・石井良助編、岩波書店、１９５８
『御触書宝暦集成』高柳眞三・石井良助編、岩波書店、１９５８
『鎌倉市史』史料編第二（円覚寺文書）、鎌倉市史編纂委員会編、吉川弘文館、１９６７
『改訂　史籍集覧　編外四　参考源平盛衰記（中）』近藤瓶城編、臨川書店、１９８４
『義経記』（日本古典文学大系37）岡見正雄校注、岩波書店、１９５９
『西鶴集　下』（日本古典文学大系48）野間光辰校注、岩波書店、１９６０
『上水記』東京都水道局編、１９６５
『新修名古屋市史』第二巻、新修名古屋市史編集委員会編、名古屋市、１９９８
『新編武蔵風土記稿』第一巻、蘆田伊人編、雄山閣、１９７２
『増補　續史料大成』第19巻（家忠日記）、竹内理三編、臨川書店、１９８１
『台東区史』通史編Ⅰ、台東区史編纂専門委員会編、東京都台東区、１９９７
『大日本近世史料　諸問屋再興調一』東京大学史料編纂所編、東京大学出版会、１９５６
『大日本近世史料　諸問屋再興調二』東京大学史料編纂所編、東京大学出版会、１９５９
『大日本近世史料　諸問屋再興調十五』東京大学史料編纂所編、東京大学出版会、１９８０
「第四十三　落穂集」『改訂　史籍集覧』第十冊、近藤瓶城編、すみや書房、１９６７（復刻版）
『中央区沿革図集［日本橋篇］』中央区立京橋図書館、１９９５
『中央区史』上巻、東京都中央区役所、１９５８
『東京市史稿』皇城篇第一、東京市役所、１９１１
『東京市史稿』産業篇第二、第三、東京市役所、１９３７・１９４１
『東京市史稿』産業篇第五、第八、第九、第十一、第十二、第十三、第二十、第二十一、第二十二、第二十三、第二十四、第二十六、第二十八、第二十九、第三十三、第三十八、第四十七、第四十八、第四十九、第五十四、第五十五、第五十六、第五十八、東京都公文書館、１９５６～２０１７
『東京市史稿』市街篇第二、東京市役所、１９１４
『東京市史稿』変災篇第四、東京市役所、１９１７
『東京市史稿』上水篇第一、東京市役所、１９１９
『東京百年史』第４、５、６巻、東京都、１９７２
『都史紀要３４　江戸住宅事情』東京都公文書館、１９９０
『日本関係海外史料　イギリス商館長日記』訳文編之上・下、東京大学史料編纂所、東京大学出版会、１９７９・１９８０
「町奉行歴代帳」『金沢市史』資料編６、金沢市史編纂委員会編、金沢市、２０００

《ホームページ》
東叡山寛永寺ホームページ、２０１９年2月27日閲覧。http://kaneiji.jp/
一般財団法人　国民公園協会ホームページ、２０１９年2月27日閲覧。http://fng.or.jp/koukyo/place/gaien-01.html

【さ行】

【た行】

索　引

鈴木浩三（すずき　こうぞう）
1960年東京生まれ。中央大学法学部卒。筑波大学大学院ビジネス科学研究科企業科学専攻修了。博士（経営学）。経済史家。主に経済・経営の視点から近世を研究している。2007年に日本管理会計学会「論文賞」を受賞。著書に、『江戸の風評被害』『江戸の都市力』（以上、筑摩書房）、『資本主義は江戸で生まれた』『江戸のお金の物語』『江戸商人の経営戦略』（以上、日本経済新聞出版社）などがある。

地図《ちず》で読《よ》みとく
江戸《えど》・東京《とうきょう》の「地形《ちけい》と経済《けいざい》」のしくみ

2019年３月20日　初版発行

著　者　鈴木浩三
発行者　吉田啓二

発行所　株式会社 日本実業出版社　東京都新宿区市谷本村町３−29　〒162-0845
大阪市北区西天満６−８−１　〒530-0047
編集部　☎03-3268-5651
営業部　☎03-3268-5161　振　替　00170−1−25349
https://www.njg.co.jp/

印刷／壮光舎　　製本／若林製本

この本の内容についてのお問合せは、書面かFAX（03−3268−0832）にてお願い致します。
落丁・乱丁本は、送料小社負担にて、お取り替え致します。

ISBN 978-4-534-05670-2　Printed in JAPAN

日本実業出版社の本

教養として知っておきたい
「民族」で読み解く世界史

宇山卓栄
定価 本体 1600円(税別)

「中国人」は漢人なのか、WASP（ワスプ）はなぜ混血しなかったのか、「ロヒンギャ問題」とは？　「民族」という視点から人類の壮大な歴史をたどる。人種や血統を手がかりに読み直せば、複雑な世界史は理解できる！

本を読む人だけが手にするもの

藤原和博
定価 本体 1400円(税別)

「なぜ本を読んだほうがいいのか？」という質問に答えられますか？ 教育の世界、ビジネスの世界の両面で活躍する著者だからこそ語ることができる「人生における読書の効能」をひも解く（おすすめ本リスト付き）。

知的生産術

出口治明
定価 本体 1500円(税別)

アウトプットの質が重視される現代に必要な働き方とは？ 還暦でライフネット生命を創業し、現在は立命館アジア太平洋大学（APU）の学長を務める出口治明氏が伝える、速く賢くアイデアと成果を出す方法。

独学で歴史家になる方法

礫川全次
定価 本体 1800円(税別)

定年前後から、あるいは働きながら独学で歴史家になる——在野史家のレジェンドによる歴史家への指南書。史料の探し方・読み方、フィールドワークの手法、研究のまとめ方、発表のノウハウなどを描き尽くす。

定価変更の場合はご了承ください。